图书在版编目(CIP)数据

一本书读懂建设工程法律制度 / 王淑华等著. -- 北京：法律出版社, 2022
ISBN 978-7-5197-6469-2

Ⅰ. ①一… Ⅱ. ①王… Ⅲ. ①建筑法-基本知识-中国 Ⅳ. ①D922.297.4

中国版本图书馆 CIP 数据核字(2022)第033668号

一本书读懂建设工程法律制度
YIBENSHU DU DONG JIANSHE GONGCHENG FALÜ ZHIDU

王淑华 等著

策划编辑 刘秀丽
责任编辑 刘秀丽
装帧设计 马 帅

出版发行 法律出版社
编辑统筹 法商出版分社
责任校对 王晓萍
责任印制 胡晓雅
经　　销 新华书店

开本 710毫米×1000毫米 1/16
印张 20.75　　字数 319千
版本 2022年3月第1版
印次 2022年3月第1次印刷
印刷 固安华明印业有限公司

地址:北京市丰台区莲花池西里7号(100073)
网址:www.lawpress.com.cn
投稿邮箱:info@lawpress.com.cn
举报盗版邮箱:jbwq@lawpress.com.cn
销售电话:010-83938349
客服电话:010-83938350
咨询电话:010-63939796

书号:ISBN 978-7-5197-6469-2　　定价:78.00元
凡购买本社图书,如有印装错误,我社负责退换。电话:010-83938349

一本书读懂建设工程法律制度

王淑华　朱宝丽
陈东强　宋晓光 / 著

法律出版社 LAW PRESS·CHINA
北京

contents **目 录**

Chapter 01

第一章 建设工程法律制度概述

Chapter 02

第二章 建设工程许可制度

Chapter 03

第三章 建设工程招投标制度

Chapter 04

第四章 建设工程的发包与承包制度

Chapter 05

第五章 建设工程合同法律制度

Chapter 09

第九章 建设工程质量管理制度

Chapter 10

第十章 建设工程合同纠纷的处理

Chapter 01

第一章

建设工程法律制度概述

【思维导图】

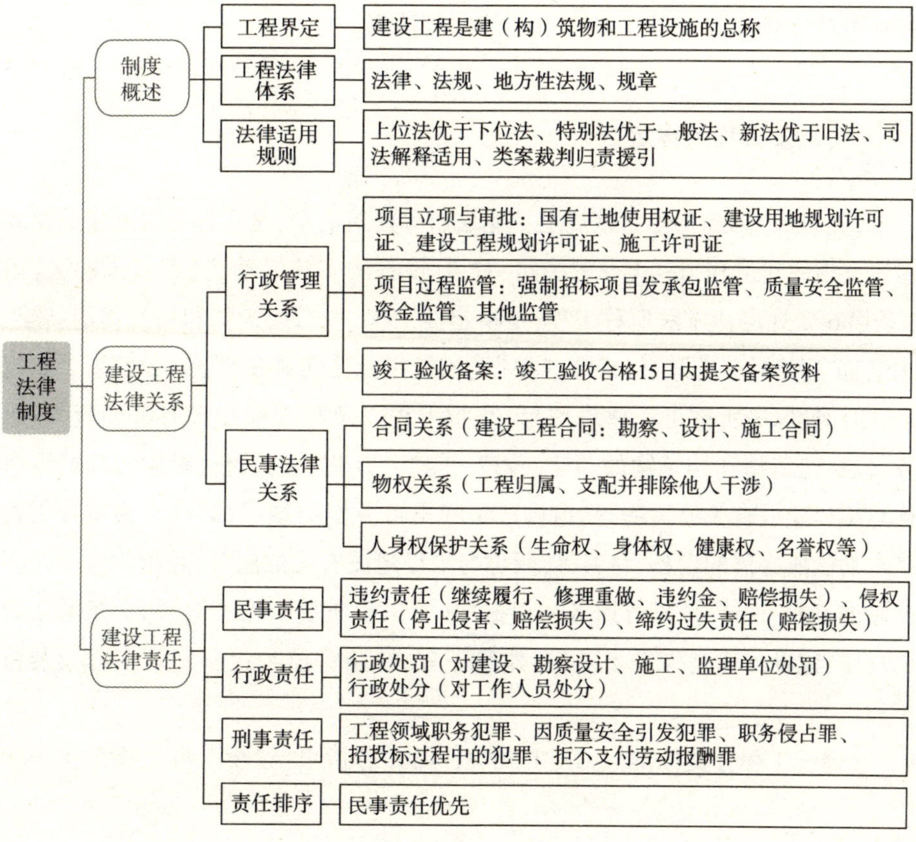

第一节　建设工程法律制度概述

近年来随着经济发展,我国建设行业的投资规模和建设工程总量日益增加,工程领域的法治化建设日益重要。全面推进依法治国,在工程领域体现为需要完善建设工程法律制度,科学立法、严格执法、公正司法、全民守法。经过长期的法制建设,我国形成了以《宪法》为统领,以《民法典》为引领,以《建筑法》为核心,以《招标投标法》《政府采购法》《安全生产法》《城乡规划法》《土地管理法》等法律及《建设工程质量管理条例》《建设工程安全管理条例》等国务院有关工程质量、安全、规范管理的行政法规为主体,以部门规章和规范性文件为补充的工程建设法律制度体系。

一、建设工程的界定

《建筑法》第 2 条第 2 款规定:"本法所称建筑活动,是指各类房屋建筑及其附属设施的建造和与其配套的线路、管道、设备的安装活动。"《政府采购法》第 2 条第 6 款规定:"本法所称工程,是指建设工程,包括建筑物和构筑物的新建、改建、扩建、装修、拆除、修缮等。"根据《招标投标法实施条例》第 2 条第 2 款规定,招标投标法所称工程建设项目,是指工程以及与工程建设有关的货物、服务,包括建筑物和构筑物的新建、改建、扩建及其相关的装修、拆除、修缮等;所称与工程建设有关的货物,是指构成工程不可分割的组成部分,且为实现工程基本功能所必需的设备、材料等;所称与工程建设有关的服务,是指为完成工程所需的勘察、设计、监理等服务。根据《建设工程质量管理条例》第 2 条第 2 款的规定,建设工程是指土木工程、建筑工程、线路管道和设备安装工程及装修工程。

《建设工程分类标准》(GB/T 50841—2013)指出:建设工程是指为人类生

活、生产提供物质技术基础的各类建(构)筑物和工程设施的总称①。建设工程按自然属性分为建筑工程、土木工程和机电工程三大类,从本质上看,建筑工程属土木工程范畴,考虑到建筑工程量大面广,根据国际惯例和满足建设工程监督管理需要,前述标准将建筑工程与土木工程并列。

综上所述,本书所指建设工程,亦称工程,就是指为人类生活、生产提供物质技术基础的各类建(构)筑物和工程设施的总称;工程建设是指对建筑物和构筑物进行新建、改建、扩建及其相关的装修、拆除、修缮等的活动。

二、建设工程法律制度体系

我国建设工程领域的法律制度体系,主要包括五个层次。

(一)工程建设法律

为了维护建筑市场秩序,保证建筑工程的质量和安全,促进建筑业健康发展,我国于 1997 年 11 月通过《建筑法》(1998 年 3 月 1 日起施行,2011 年、2019 年两次修正②),规范在我国境内从事的建筑活动,对确保建筑工程质量和安全符合国家的建筑工程标准,实施对建筑活动的监督管理,制定了明确的规则。如对建筑许可、发包承包、工程监理、建筑安全生产管理、建筑安全质量管理的相关内容及违反《建筑法》的法律责任等进行了明确的规定。

为了规范建设工程招标投标活动,保护国家、社会公共利益和参建各方的合法权益,提高经济效益,保证项目质量,我国于 1999 年 8 月通过《招标投标

---

① 在《建设工程分类标准》(GB/T 50841—2013)中,2.0.2 建筑工程:供人们进行生产、生活或其他活动的房屋或场所。3.1.1 建筑工程按照使用形状可分为民用建筑工程、工业建筑工程、构筑物工程及其他建筑工程等。3.1.2 建筑工程按照组成结构可分为地基与基础工程、主体结构工程、建筑屋面工程、建筑装饰装修工程和室外建筑工程。3.1.3 建筑工程按照空间位置可分为地下工程、地上工程、水下工程、水上工程等。2.0.3. 土木工程:建造在地上或地下、陆上或水中,直接或间接为人类生活、生产、科研等服务的各类工程。2.0.4. 机电工程:按照一定的工艺和方法,将不同规格、型号、性能、材质的设备、管路、线路等有机组合起来,满足使用功能要求的工程。

② 2011 年 4 月 22 日,第十一届全国人民代表大会常务委员会第二十次会议《关于修改〈中华人民共和国建筑法〉的决定》第一次修正,根据 2019 年 4 月 23 日第十三届全国人民代表大会常务委员会第十次会议《关于修改〈中华人民共和国建筑法〉等八部法律的决定》第二次修正。

法》(2000 年 1 月 1 日起实施,2017 年修正①),要求在我国境内进行下列工程建设项目包括项目的勘察、设计、施工、监理以及与工程建设有关的重要设备、材料等的采购,必须进行招标的,应当适用《招标投标法》。如果不是强制招标投标的项目,发包人自愿采用招投标发包的,也适用《招标投标法》。

为了加强安全生产工作,防止和减少生产安全事故,保障人民群众生命和财产安全,促进经济社会持续健康发展,我国于 2002 年 6 月通过《安全生产法》(2002 年 11 月 1 日起实施,2021 年修正),明确安全生产工作应当以人为本,坚持安全发展,坚持安全第一、预防为主、综合治理的方针,强化和落实生产经营单位的主体责任,建立生产经营单位负责、职工参与、政府监管、行业自律和社会监督的机制。

为了规范政府采购行为,提高政府采购资金的使用效益,维护国家利益和社会公共利益,保护政府采购当事人的合法权益,促进廉政建设,我国于 2002 年 6 月 29 日通过《政府采购法》(自 2003 年 1 月 1 日起施行,2014 年修正),规范了各级国家机关、事业单位和团体组织,使用财政性资金采购依法制定的集中采购目录以内的或者采购限额标准以上的货物、工程和服务的行为。

2020 年 5 月 28 日《民法典》颁布,于 2021 年 1 月 1 日实施,《民法典》共 1260 条,合同编共 29 章 526 条,其中第 18 章系"建设工程合同"一章,第 788 条到第 808 条,均系建设工程合同的规定,第 808 条规定"本章没有规定的,适用承揽合同的有关规定","承揽合同"一章有 18 个条文,可作为第 18 章的补充规范。除了前述两章规范工程领域的活动之外,《民法典》的总则等部分均是建设工程法律制度的有机组成部分。

(二)工程建设行政法规

工程建设行政法规是由国务院制定并颁布的属于建设行政主管部门主管业务范围的各项法规。工程建设过程中的永恒主题是质量与安全,我国现行的有关法律、法规、技术标准、设计文件以及当事人的合同中,都对工程的安全、适用、经济、美观等特性提出质量与安全的综合要求。现行建设法规也是以关乎

① 根据 2017 年 12 月 27 日第十二届全国人民代表大会常务委员会第三十一次会议《关于修改〈中华人民共和国招标投标法〉、〈中华人民共和国计量法〉的决定》修正。

工程质量与安全的行政法规为主,同时为了保障工程安全与质量而制定了有关招投标的行政法规。

为了加强对建设工程质量的管理,保证建设工程质量,保护人民生命和财产安全,国务院根据《建筑法》,于2000年1月通过并施行《建设工程质量管理条例》(国务院令第279号,2017年、2019年修订)。凡在中华人民共和国境内从事建设工程的新建、扩建、改建等有关活动及实施对建设工程质量监督管理的,必须遵守本条例。该条例分别确立了建设单位、勘察与设计单位等的责任和义务,并规定了质量保修、监督管理以及罚则,共9章82条。

为了加强建设工程安全生产监督管理,保障人民群众生命和财产安全,国务院根据《建筑法》《安全生产法》,于2003年11月通过《建设工程安全生产管理条例》(国务院令第393号),自2004年2月1日起施行,确定了建设单位、施工单位与勘察、设计、工程监理及其他有关单位的安全责任,共8章71条。

为了规范招标投标活动,根据《招标投标法》,国务院2011年11月通过《招标投标法实施条例》(国务院令第613号,分别于2017年、2018年、2019年修订),自2012年2月1日起施行,分总则、招标、投标、开标、评标和中标、投诉与处理、法律责任,共7章84条。

为了规范使用财政资金的政府采购,根据《政府采购法》,国务院于2015年通过《政府采购法实施条例》(国务院令第658号),自2015年3月1日起实施,分总则、政府采购当事人、采购方式、采购程序等,共9章79条。第7条第1款规定:"政府采购工程以及与工程建设有关的货物、服务,采用招标方式采购的,适用《中华人民共和国招标投标法》及其实施条例;采用其他方式采购的,适用政府采购法及本条例。"第3款规定:"政府采购工程以及与工程建设有关的货物、服务,应当执行政府采购政策。"①

(三)工程建设的部门规章与规范性文件

工程建设的部门规章与规范性文件,是指国务院建设行政主管部门或其与

① 《政府采购法实施条例》第2条第3款规定:"国家机关、事业单位和团体组织的采购项目既使用财政性资金又使用非财政性资金的,使用财政性资金采购的部分,适用政府采购法及本条例;财政性资金与非财政性资金无法分割采购的,统一适用政府采购法及本条例。"

其他国务部委联合制定并发布的规范性法律文件。多集中于对工程的质量与安全的管理及招标投标方面,如《房屋建筑工程和市政基础设施工程竣工验收备案管理暂行办法》(2000 年建设部令第 78 号、2009 年住房和城乡建设部令第 2 号)等。

为了规范建筑工程施工承发包活动,保证工程质量和施工安全,有效遏制违法发包、转包、违法分包及挂靠等违法行为,维护建筑市场秩序和建设工程主要参与方的合法权益,住房和城乡建设部印发《建筑工程施工发包与承包违法行为认定查处管理办法》,自 2019 年 1 月 1 日起施行。

为规范房屋建筑和市政基础设施项目工程总承包活动,提升工程建设质量和效益,住房和城乡建设部、国家发展和改革委员会于 2019 年 12 月 23 日联合发布《房屋建筑和市政基础设施项目工程总承包管理办法》(以下简称《工程总承包管理办法》),自 2020 年 3 月 1 日起施行,规定总承包活动应当遵循合法、公平、诚实守信的原则,合理分担风险等。对于厘清工程总承包与施工总承包的关系,统一解决国内各地关于工程总承包的政策性规定之间存在的矛盾和冲突发挥了重要意义。

(四)地方性工程建设法规

因地区经济发展和地域差异,各省、自治区、直辖市人民代表大会及其常委会往往根据本地实际情况,制定并颁布规范建设工程方面的地方性法规,或经其批准,颁布下级人民代表大会或其常委会制定的规范建设工程方面的地方性建设法规。如山东省人民代表大会常务委员会制定通过《山东省民用建筑节能条例》《山东省建设工程勘察设计管理条例》《山东省建设工程抗震设防条例》《山东省城市建设管理条例》等城乡建设领域的地方性法规。

(五)地方性工程建设规章

省、自治区、直辖市人民政府往往根据本地实际情况,制定并颁布规范建设工程方面的地方性建设规章,或经其批准,颁布由其所辖城市人民政府制定的规范建设工程方面的地方性建设规章。如山东省住房和城乡建设厅制定的《山东省房地产开发项目竣工综合验收备案管理办法》规定房地产开发项目竣工验收合格且备案后,方可交付使用。

前述法律制度体系中,全国人民代表大会及其常务委员会制定和通过的法律的位阶效力最高,逐级递减,下位法不得与上位法抵触,否则无效。地方性法规和规章仅适用于地方区域。

三、建设工程法律规范的适用

建设工程领域的法律规范较多、层次繁多,当同一个建设工程合同纠纷可以援引不同的法律规范且适用后果不同时,会出现法条竞合,在援引适用法律规范时,可能出现"找法"的困惑,因此需要结合我国《立法法》的规定,掌握几个基本的法律适用规则。

(一)上位法的效力高于下位法

解决同一个建设工程的争议,如果有两部以上法律、行政法规等法律规范有不同的规定且发生适用冲突时,应首先援引适用效力等级较高的法律或行政法规。

(二)特别法优于一般法

《立法法》第 92 条规定:"同一机关制定的法律、行政法规、地方性法规、自治条例和单行条例、规章,特别规定与一般规定不一致的,适用特别规定;新的规定与旧的规定不一致的,适用新的规定。"一般法是指适用于全国,对所有主体均具有法律效力并对一般事项均有效的法律,如《民法典》。特别法是指适用于特别的法律关系主体、特别时间、特别地区的法律,如《招标投标法》。以《民法典》总则编、合同编为基础,在其理论框架下学习研究《招标投标法》,先"一般"再"特殊"的方式有利于全面深入掌握《招标投标法》理论体系。[①]《立法法》第 94 条第 2 款规定:"行政法规之间对同一事项的新的一般规定与旧的特别规定不一致,不能确定如何适用时,由国务院裁决。"

---

① 参见白如银编著:《招标投标法注释书》,中国民主法制出版社 2021 年版,第 1 页。

（三）新法优于旧法

新法优于旧法，是指在两个规范性文件都有效的情况下，适用新法律的原则。对于已经失效的旧法，不存在新旧法之区分。《立法法》第94条第1款规定："法律之间对同一事项的新的一般规定与旧的特别规定不一致，不能确定如何适用时，由全国人民代表大会常务委员会裁决。"结合第92条，可以看出通过时间在后的"新法"优先于先前制定的"旧法"，如果新法是一般法而旧法是特别法，如出现法律适用困惑，则予以个案裁决。

法律适用大多不具有溯及力，即新法原则上不溯及既往，今天的法律不能约束昨天的行为。如《建筑法》修改后的法律规范仅适用于修法之后发生的事实。又如《民法典》于2021年1月1日生效，而原《民法总则》《合同法》《物权法》《担保法》《婚姻法》《继承法》等九部法律同时废止，《民法典》生效后订立的工程合同自然不应再适用原《合同法》等法律。当然对于《民法典》生效前订立并履行的建设工程合同，在《民法典》生效后发生争议，如何适用法律，最高人民法院根据《立法法》《民法典》等法律规定，就人民法院在审理民事纠纷案件中有关适用《民法典》时间效力问题作出了规定，《最高人民法院关于适用〈中华人民共和国民法典〉时间效力的若干规定》（法释〔2020〕15号）第1条规定："民法典施行后的法律事实引起的民事纠纷案件，适用民法典的规定。民法典施行前的法律事实引起的民事纠纷案件，适用当时的法律、司法解释的规定，但是法律、司法解释另有规定的除外。民法典施行前的法律事实持续至民法典施行后，该法律事实引起的民事纠纷案件，适用民法典的规定，但是法律、司法解释另有规定的除外。"第20条规定："民法典施行前成立的合同，依照法律规定或者当事人约定该合同的履行持续至民法典施行后，因民法典施行前履行合同发生争议的，适用当时的法律、司法解释的规定；因民法典施行后履行合同发生争议的，适用民法典第三编第四章和第五章的相关规定。"

（四）司法解释的适用

司法解释，是指国家最高司法机关即最高人民法院和最高人民检察院对具体适用法律问题所作的解释。人民法院在审判工作中具体应用法律的问题，由最高人民法院根据法律和有关立法精神，结合审判工作实际需要，制定法律适用规则，作出司法解释[①]，指导实践。司法解释具有普遍的司法效力，属于规范性文件。在实务中，因为法律规范往往比较抽象、原则，司法解释更具体，与具体的案件和法律事实更契合，往往发挥更直接的指导作用。如《民法典》通过后实施前，最高人民法院于 2020 年 12 月颁布《关于审理建设工程施工合同纠纷案件适用法律问题的解释（一）》（法释〔2020〕25 号），为《建筑法》《民法典》等法律规范的适用，正确审理建设工程施工合同纠纷提供了具体操作指南。

当然，司法解释是为了指导法律适用，成为法律规范适用的操作指南与具体化规范，司法解释不能违反其解释的法律及其上位法的原则、规定和立法目的，出现"越位"则不符合法理。另外，除司法解释外，最高人民法院及地方高级人民法院还通过会议纪要等形式发布审理建设工程施工合同纠纷适用法律的司法指导意见。

（五）类案裁判规则的援引

为深化司法责任制综合配套改革，健全完善类案检索制度，进一步统一法律适用，最高人民法院印发了《关于统一法律适用加强类案检索的指导意见（试行）》，于 2020 年 7 月 31 日起试行。该指导意见明确指出：为统一法律适用，提升司法公信力，结合审判工作实际，就人民法院类案检索工作提出了意见。类案是指与待决案件在基本事实、争议焦点、法律适用问题等方面具有相似性，且已经人民法院裁判生效的案件。建设工程纠纷的主要类型有工程款纠纷、工程质量与安全纠纷、工期纠纷，但在具体的诉求、事实和理由，以及证据等方面，往往个案差异较大，甚至出现"同案不同判"的现象。因此，在实务中可以采用关键词检索、法条关联案件检索、案例关联检索等方法进行类案检索，也可以按照将待决案件与检索结果进行相似性识别和比对的方法，确定是否属于类案，以

---

① 《最高人民法院关于司法解释工作的规定》第 27 条。司法解释的形式分为"解释"、"规定"、"规则"、"批复"和"决定"五种，对在审判工作中如何具体应用某一法律或者对某一类案件、某一类问题如何应用法律制定的司法解释，采用"解释"的形式。根据立法精神对审判工作中需要制定的规范、意见等司法解释，采用"规定"的形式。对规范人民法院审判执行活动等方面的司法解释，可以采用"规则"的形式。对高级人民法院、解放军军事法院就审判工作中具体应用法律问题的请示制定的司法解释，采用"批复"的形式。修改或者废止司法解释，采用"决定"的形式。司法解释施行后，人民法院作为裁判依据的，应当在司法文书中援引。人民法院同时引用法律和司法解释作为裁判依据的，应当先援引法律，后援引司法解释。

及是否有类案裁判规则可以援引。通过分类梳理,可以将该类型纠纷中法律规范出现频次较多、适用一般规则和特殊规则的法律规范予以裁判要旨的类型化解析,指导实践。

第二节 建设工程法律关系

一、建设工程法律关系的认定

法律关系,是指法律所调整的人与人之间的权利义务关系,包括自然人与法人(或非法人组织)、法人与法人(或非法人组织)、自然人与自然人之间的社会关系。法律关系具有三要素,其中主体是法律关系中享有相应权利、承担相应义务的当事人,可以是自然人、法人、其他组织,特定情况下可以是国家;客体是指法律关系主体享有的权利和承担的义务所共同指向的对象,主要包括物、行为、智力成果等;内容是指主体之间合同约定和法律规定的权利和义务。

建设工程法律关系,是指法律调整的因工程建设项目而产生的各种社会关系。主体是与工程项目有关,并参与到工程建设相关活动中的法人、组织、自然人等;客体是建设工程项目。建设工程法律关系的分类,从性质上来说,可以分为:纵向的行政管理关系、横向的民事合同关系;从主体上来说,可以分为:发包人与承包人之间的关系,承包人与分包人之间的关系、实际施工人与发包人及转包人和违法分包人之间的关系等。

围绕建设工程项目而展开的社会关系主体众多,纷繁复杂,准确界定不同的法律关系性质以及不同主体之间的权利义务,是处理工程建设的基础性问题。如《建设工程质量管理条例》第 3 条规定:"建设单位、勘察单位、设计单位、施工单位、工程监理单位依法对建设工程质量负责。"第 4 条规定:"县级以上人民政府建设行政主管部门和其他有关部门应当加强对建设工程质量的监督管理。"第 3 条规定的是以工程合同为基础产生的对工程质量负责的横向法律关系,但是当违反强制性规范或发生质量、安全责任事故时,则又涉及第 4 条规定的纵向行政管理关系,甚至涉及定罪量刑的刑事法律关系。

法律关系主体之间的权利义务往往基于工程合同及工程监管而展开,合同具有相对性,如需突破合同相对性将权利义务扩及第三人,则要根据法律关系的性质及法律依据进行认定。如转包、违法分包合同项下实际施工人进行施工而产生的工程款债权,之所以可以向欠款的发包人主张,就是因为其与转包人或违法分包人的无效合同而成为实际施工人,为了其生存利益获得优先保障,法律赋予了实际施工人可以突破合同相对性的工程款债权请求权。发包人应当在其对承包人工程欠款范围内对实际施工人承担责任。

二、建设工程中的行政管理关系

行政管理关系,是指住建等行政主管机关对建设单位、设计单位、施工单位、监理单位以及材料供应商等进行的管理关系,也是与工程有关的行政主管部门代表国家对建设工程项目从立项到竣工验收备案的工程全生命周期过程中的各个环节,基于国家行政权力而进行的审批、监管等行政管理关系。行政管理关系具有双面性,既是对各参建单位进行管控,规范其建设行为及资金、人员、技术合理使用的重要环节,也是确保建设项目质量安全的基础。从项目的生命周期管理的全过程看,可以简单分为如下主要环节。

(一)建设项目的立项、审批

工程建设实行法定许可证,需要办理国有土地使用权证、建设用地规划许可证、建设工程规划许可证、施工许可证,依法获得前述“四证”的过程,也是行政主管机关对项目建设进行审批监管的行政管理过程。

根据《国务院办公厅关于全面开展工程建设项目审批制度改革的实施意见》(国办发〔2019〕11号)的规定,对工程建设项目审批制度实施全流程、全覆盖改革,覆盖工程建设项目审批全过程(包括从立项到竣工验收和公共设施接入服务)。工程建设项目审批流程主要划分为四个阶段:第一个阶段为立项用地规划许可阶段,主要包括项目审批核准、选址意见书核发、用地预审、用地规划许可证核发等;第二个阶段为工程建设许可阶段,主要包括设计方案审查、建设工程规划许可证核发等;第三个阶段为施工许可阶段,主要包括设计审核确认、施工许可证核发等；第四个阶段为竣工验收阶段，主要包括规划、土地、消防、人防、档案等验收及竣工验收备案等。其他行政许可、强制性评估、中介服务、市政公用服务以及备案等事项纳入相关阶段办理或与相关阶段并行推进。

（二）建设项目的过程监管

政府主管部门对建设项目的过程监管，主要包括：

1. 强制招标项目的发承包监管。依据《招标投标法》及其实施条例，以及国家发展改革委《必须招标的工程项目规定》等文件，对于依法必须招标的项目，规范其招投标的过程、方式，监督其招投标发包，且要求招投标合同备案审查。

2. 工程质量与安全的监管。工程质量，关乎百年大计，虽然《建设工程质量管理条例》确定了建设单位组织工程验收的四方验收制度，但建设行政主管部门对工程质量的监管并未放松，如对于工程机械设备的安检、材料试块的送检等，如出现质量隐患，可以下发整改通知书责令停工、要求整改等，还可以给予行政处罚。

3. 工程建设的资金监管。工程投入资金、农民工工资等的监管，是保障工程保质、按期完成的基础，也是社会稳定的重要方面。

4. 其他监管。如要求统一缴纳工程保证金、农民工工资保证金、工程款清欠、办理工程保险等的监管。

（三）建设项目的竣工验收备案

《建设工程质量管理条例》和《房屋建筑工程和市政基础设施工程竣工验收备案管理暂行办法》，规定了建设项目实行竣工验收备案制，建立健全了县级以上地方人民政府建设行政主管部门对建设单位和施工单位等参建单位的工程质量监督进行的纵向行政管理的法律制度。

1. 按照规定办理竣工验收备案

根据《房屋建筑工程和市政基础设施工程竣工验收备案管理暂行办法》第4条、第5条规定，建设单位应当自工程竣工验收合格之日起15日内，提交工程竣工验收备案表、竣工验收报告、工程质量保修书等，向工程所在地的县级以上地方人民政府建设行政主管部门备案。

2. 竣工验收备案过程中受到监管

《房屋建筑工程和市政基础设施工程竣工验收备案管理暂行办法》第 8 条规定:“备案机关发现建设单位在竣工验收过程中有违反国家有关建设工程质量管理规定行为的,应当在收讫竣工验收备案文件 15 日内,责令停止使用,重新组织竣工验收。”

工程建设中的横向与纵向关系应予以区分,如竣工验收是建设单位组织的工程项目质量验收,是根据合同约定进行的验收,属于横向合同关系;竣工验收备案则是建设单位按照政府主管部门有关规定提交完整资料归档备案,属于纵向行政管理关系。

三、建设工程中的民事法律关系

民事法律关系是平等主体之间的人身和财产关系,主要包括合同关系、物权关系与人身权保护的法律关系。

(一)合同关系

合同关系,是指工程项目在建设过程中,民事主体基于意思自治而在平等自愿、协商一致基础上订立的建设工程合同等各种民事经济合同关系,如建设单位与勘察人之间的委托勘察合同、建设单位与设计人之间的委托设计合同关系、发包人与承包人之间的建设工程施工合同关系、建设单位与监理人之间的委托监理合同关系等。合同关系具有相对性,一方不履行或未能全部履行合同,应对合同另一方承担违约责任。

(二)物权关系

物权关系主要是指建设单位作为工程建设项目的归属主体,有权对工程项目进行支配并排除他人干涉,任何一方应对他方及其人员的财产予以关照,防止非法毁损财产。物权关系具有绝对性,物权人对建设工程具有绝对的支配权与排他权,非物权人不得侵害合法物权。在建工程与完工工程的所有权均归属于建设单位,施工单位应在工程交付前对工程予以照管,任何人不得因工程欠款等原因而毁损工程及工程设施、设备等,如有毁损,则应承担侵权损害赔偿责任。

（三）人身权保护关系

目前的建筑业是个劳动力密集的行业，注意人身权保护极为重要。人身权保护关系就是工程建设过程中，相关单位应当采取得力措施确保参建各方主体工作人员的生命权、身体权、健康权、名誉权等获得有效保护。人身权关系具有绝对性，任何人都不得非法侵害，如有侵害则应承担侵权责任。

四、建设工程中交织的法律关系常态

建设工程中的法律关系错综复杂，往往交织在一起。法律关系的明晰是正确处理工程及相关问题的法律基础。

1. 建设工程合同关系。建设单位作为业主将工程发包给施工方承包建设，双方签订建设工程发承包合同或施工合同。在承包方施工前，建设单位会委托第三方对工程项目进行勘察、设计，或者直接发包给总承包方进行勘察、设计、施工。双方均应按照合同约定履行，发包方有权要求承包方完成合同约定的工程设计、施工等任务，承包方则有权请求发包方支付设计费、工程款等。

2. 委托监理合同关系。为了保障承包方施工的质量、安全与工期，发包方会签订委托监理合同，聘请监理单位对施工方予以“三控”（控工程质量、资金、工期），“两管”（合同关系、信息管理），“一协调”（协调建设单位与施工单位）。监理单位按照合同开展监理业务，并有权请求支付监理报酬。

3. 转包或违法分包关系。总包方可以将工程中的专项或劳务合法分包给分包商，也可能发生违法分包，甚至可能以分包的名义，将工程转包给第三人施工。基于违法分包与转包合同而进行工程施工的一方，称为实际施工人。

4. 工程建设相关合同关系。工程建设中，业主、总包方、分包商、实际施工人等，都可能发生材料购销、设备租赁等合同关系，发生与建设工程合同密切相关的各类经济合同关系。

第三节 建设工程法律责任

在建设工程领域,较为常见的法律责任形式是民事责任和行政责任,当然,刑事责任也无法避免。三种不同的责任形式,是因当事人违反不同的法律规范所导致的。如违反双方建设工程合同约定的质量标准进行施工,发生质量事故,承包人不但应承担违约的民事责任,进行工程整改,承担逾期交工的违约金,而且还可能招致建设行政部门给予的停工整改等行政处罚,甚至导致责任人被追究刑事责任,并可附带民事责任。

一、民事责任

(一)民事责任的类型

民事责任,是指行为人违反双方合同的约定义务或民事法律规定的法定义务所应承担的对己不利的后果,包括违约责任、侵权责任与缔约过失责任。建设工程领域的民事责任是建设工程参建各方因违反工程合同约定或法律规定而损害其他参建各方合法利益,或导致受害人合法利益损害而应当给予补救的责任形式,包括三种责任类型。

1. 违约责任

违约责任,是指行为人不履行合同义务或者履行合同义务不符合合同约定所产生的民事责任。如没有按期竣工导致工期延长或工程质量不合格而需要返工整改,行为人应承担违约责任。违约责任的承担以双方建设工程合同有效为前提。责任方式多为继续履行、支付违约金、赔偿损失。

2. 侵权责任

侵权责任,是指行为人侵犯国家、集体和自然人的财产权利或人身权时所产生的民事责任。如工程质量瑕疵导致建筑物毁损或工程坍塌导致人身伤害的赔偿责任,责任方式多为损失赔偿。

分。主要体现在参建单位违反行政法律法规受到的行政处罚,以及工程参建人员违反行政法应受到的行政处分。

(一)行政处罚

1. 概念

行政处罚,是指行政机关依法对违反行政管理秩序的公民、法人或者其他组织,以减损权益或者增加义务的方式予以惩戒的行为。① 建设行政处罚是指建设行政执法机关对违反建设法律、法规、规章的公民、法人和其他组织而实施的行政处罚,建设行政执法机关是指依法取得行政处罚权的建设行政主管部门、建设系统的行业管理部门以及依法取得委托执法资格的组织。②

在我国工程建设领域,给予建设单位、勘察、设计单位、施工单位、工程监理单位等单位行政处罚是常见的行政责任形式。

2. 建设行政处罚的种类

1999 年《建设行政处罚程序暂行规定》系根据 1996 年《行政处罚法》制定,该规定第 3 条列举的行政处罚包括:(1)警告;(2)罚款;(3)没收违法所得、没收违法建筑物、构筑物和其他设施;(4)责令停业整顿、责令停止执业业务;(5)降低资质等级、吊销资质证书、吊销执业资格证书和其他许可证、执照;(6)法律、行政法规规定的其他行政处罚。2021 年新修订的《行政处罚法》第 9 条规定的行政处罚的种类包括:(1)警告、通报批评;(2)罚款、没收违法所得、没收非法财物;(3)暂扣许可证件、降低资质等级、吊销许可证件;(4)限制开展生产经营活动、责令停产停业、责令关闭、限制从业;(5)行政拘留;(6)法律、行政法规规定的其他行政处罚。据此,建设领域的行政处罚种类应当与新修订《行政处罚法》第 9 条规定的种类相同。

3. 建设行政处罚程序

执法机关对当事人作出行政处罚,必须制作行政处罚决定书,被处罚人如果不服行政处罚决定,可以在法定期限内申请行政复议或提起行政诉讼。行政处罚决定生效后,任何人不得擅自变更或解除。处罚决定确有错误需要变更或

① 参见 2021 年新修订的《行政处罚法》第 2 条。

② 参见 1999 年《建设行政处罚程序暂行规定》(中华人民共和国建设部令第 66 号发布)第 2 条。

者修改的，应当由原执法机关撤销原处罚决定，重新作出处罚决定。

《建设行政处罚程序暂行规定》基于建设行政处罚的不同情况，规定了三种程序：简易程序①、一般程序②、听证程序。其中，听证程序是指针对行政执法机关作出吊销资质证书、执业资格证书，责令停产停业，责令停业整顿（包括属于停业整顿性质的，责令在规定的时限内不得承接新的业务），责令停止执业业务，没收违法建筑物、构筑物和其他设施以及处以较大数额罚款等行政处罚而设定的行政处罚程序。对于适用听证程序的行政处罚，行政机关在作出行政处罚决定前，应当告知当事人有要求举行听证的权利，当事人要求听证的，行政机关应当组织听证，当事人不承担行政机关组织听证的费用。

4. 建设领域的行政处罚

按照处罚的对象不同，建设领域的行政处罚主要有：

（1）对建设单位的行政处罚。如根据《建筑法》的规定，发包单位将工程发包给不具有相应资质条件的承包单位的，责令改正，处以罚款。

（2）对勘察、设计单位的行政处罚。如根据《建筑法》的规定，超越本单位资质等级承揽工程的，责令停止违法行为，处以罚款，可以责令停业整顿，降低资质等级；情节严重的，吊销资质证书；有违法所得的，予以没收。未取得资质证书承揽工程的，予以取缔，并处罚款；有违法所得的，予以没收。

（3）对施工单位的行政处罚。如根据《建筑法》的规定，超越本单位资质等级承揽工程的，责令停止违法行为，处以罚款，可以责令停业整顿，降低资质等级；情节严重的，吊销资质证书；有违法所得的，予以没收。未取得资质证书承揽工程的，予以取缔，并处罚款；有违法所得的，予以没收。以欺骗手段取得资质证书的，吊销资质证书，处以罚款；构成犯罪的，依法追究刑事责任。

（4）对监理单位的行政处罚。如根据《建筑法》的规定，超越本单位资质等级承揽工程的，责令停止违法行为，处以罚款，可以责令停业整顿，降低资质等级；情节严重的，吊销资质证书；有违法所得的，予以没收。未取得资质证书承揽工程的，予以取缔，并处罚款；有违法所得的，予以没收。以欺骗手段取得资

---

① 《建设行政处罚程序暂行规定》第 24 条规定："违法事实清楚、证据确凿，对公民处以 50 元以下、对法人或者其他组织处以 1000 元以下罚款或者警告的行政处罚，可以当场作出处罚决定。"

② 执法机关对于发现的违法行为，认为应当给予行政处罚的，应当立案，但适用简易程序的除外。

质证书的，吊销资质证书，处以罚款；构成犯罪的，依法追究刑事责任。

（二）行政处分

1. 概念

行政处分，是由国家机关、企事业单位对其工作人员违反行政法规或政纪的行为所实施的制裁。

2. 种类

一般工作人员的行政处分，主要有警告、记过、记大过、降职、降薪、撤职、留用察看、开除八种。2005 年通过的《公务员法》（2017 年、2018 年修正）规定，国家公务员如有所列违纪行为，尚未构成犯罪的，或者虽然构成犯罪但是依法不追究刑事责任的，应当给予行政处分；违纪行为情节轻微，经过批评教育后改正的，也可以免予行政处分。公务员行政处分分为：警告、记过、记大过、降级、撤职、开除。受撤职处分的，同时降低级别和职务工资。

为进一步促进行政机关公务员廉洁从政，规范工程建设秩序，惩处违反规定插手干预工程建设领域行为，确保工程建设项目安全、廉洁、高效运行，2010 年监察部、人力资源社会保障部和国家公务员局审议通过《违反规定插手干预工程建设领域行为处分规定》，根据《公务员法》和《行政机关公务员处分条例》等有关法律、行政法规，对副科级以上行政机关公务员违反法律、法规、规章或者行政机关的决定、命令，利用职权或者职务上的影响向相关部门、单位或者有关人员以指定、授意、暗示等方式提出要求，影响工程建设正常开展或者干扰正常监管、执法活动的行为，确立了如下行政处分：一般给予记过或者记大过处分；情节较重的，给予降级或者撤职处分；情节严重的，给予开除处分。2020 年 6 月 20 日实施的《政务处分法》第 7 条确立了政务处分的种类为：“（一）警告；（二）记过；（三）记大过；（四）降级；（五）撤职；（六）开除。”建设领域的行政处分也主要有前述六种。

另外，行为违法人员属于党员干部的，还应受到党纪处分。如果有违反规定插手干预工程建设领域行为，应当给予党纪处分的，移送党的纪律检查机关处理；涉嫌犯罪的，移送司法机关依法追究刑事责任。2018 年 10 月实施的《中国共产党纪律处分条例》对于党纪处分有明确的规定，包括警告；严重警告；撤销党内职务；留党察看；开除党籍。

三、刑事责任

(一)概念

刑事责任,是指犯罪主体实施了刑法所禁止的违法行为必须承担的法律后果,包括定罪与量刑。

负刑事责任应当具备犯罪构成四要件:一是犯罪主体适格,即法律规定达到一定年龄、具有辨认和控制自己行为能力的自然人,或为可以独立承担刑事责任能力的企事业单位、国家机关、社会团体等;二是具备犯罪主观要件,故意或过失犯罪;三是具备犯罪的客体:行为人的行为侵害刑法所保护的社会关系,并有社会危害性;四是具备客观要件,即行为违反刑法规定。具备犯罪构成四要件的自然人或单位,应负刑事法律责任。当然,有的行为从表面上看似乎具备了犯罪构成要件,但因实际上缺乏社会危害性或违法性,法律明文规定不负刑事法律责任。

(二)刑事责任的类别

1. 建设工程领域职务犯罪

建设工程领域职务犯罪,是指建设单位、施工单位、建筑中介、行政管理部门的公职人员在工程建设过程中,利用职务上的便利,私用或滥用公共权力,牟取非法经济利益,破坏建筑市场正常秩序,造成重大损失,依照刑法规定应当受到刑罚处罚的犯罪行为的总称。

其法律特征如下:犯罪客体是复杂客体,既侵犯了国家、集体财产所有权,又破坏了建筑市场秩序,危害建筑工程的质量和安全;犯罪客观方面是在建筑活动过程中,利用职务上的便利,采取各种手段,进行贪污、受贿等行为,牟取非法经济利益;犯罪主体是各类建设单位、建筑企业、其他单位或者国家机关工作人员;犯罪主观方面是故意,且一般是直接故意,过失不构成此类犯罪。

建设工程领域职务犯罪的主要罪名有:

(1)贪污挪用类犯罪,包括贪污罪与挪用公款罪

贪污罪,是指国家工作人员利用职务上的便利,侵吞、窃取、骗取或者以其

他手段非法占有公共财物的行为。挪用公款罪,是指国家工作人员利用职务上的便利,挪用公款归个人使用,进行非法活动的,或者挪用公款数额较大、进行营利活动的,或者挪用数额较大、超过3个月未还的行为。

两罪的主体均是特殊主体,即国家工作人员,主体具有特定性和公务(职务)性。国家工作人员包括:在国家机关中从事公务的国家工作人员;在国有公司、企事业单位和人民团体中从事公务的人员;受国有单位委派到非国有单位中从事公务的人员;其他依照法律从事公务的人员。

(2)贿赂类犯罪,包括受贿罪、行贿罪

受贿罪,是指国家工作人员利用职务上的便利,索取他人财物,或者非法收受他人财物,为他人谋取利益的行为。

行贿罪,是指为谋取不正当利益,给予国家工作人员以财物的,或者在经济往来中,违反国家规定,给予国家工作人员以财物,数额较大的,或者违反国家规定,给予国家工作人员以各种名义的回扣、手续费等行为。

(3)渎职类犯罪,包括滥用职权罪、玩忽职守罪

滥用职权罪,是指国家机关工作人员违反法律规定的权限和程序,非法行使职权,或者超越权力实施有关行为,致使公共财产、国家和人民利益遭受重大损失的行为。

玩忽职守罪,是指国家机关工作人员严重不负责任,不履行职责或不认真履行职责,致使公共财产、国家和人民利益遭受重大损失的行为。

2. 因工程质量安全等发生的刑事犯罪类型

(1)重大责任事故罪,是指在生产、作业中违反有关安全管理的规定,因而发生重大伤亡事故或者造成其他严重后果的行为。重大责任事故罪是《刑法》分则第二章危害公共安全罪中的罪名。

(2)重大劳动安全事故罪,是指安全生产设施或者安全生产条件不符合国家规定,因而发生重大伤亡事故或者造成其他严重后果的行为。

(3)工程重大安全事故罪,是指建设单位、设计单位、施工单位、工程监理单位违反国家规定,降低工程质量标准,造成重大安全事故的行为。

3. 工程建设领域职务侵占罪

职务侵占罪,是指工程建设领域的公司、企业或者其他单位的人员,以非法占有为目的,利用职务上的便利(因本人的职权范围,或者因执行职务而产生的

主管、管理、经手单位财物的便利条件），将本单位财物非法占为己有，且数额较大的行为。

4. 招投标过程中的犯罪

串通投标罪，是指投标者相互串通投标报价，损害招标人或者其他投标人利益，或者投标者与招标者串通投标，损害国家、集体、公民的合法权益，情节严重的行为。[①]

5. 拒不支付劳动报酬罪

拒不支付劳动报酬罪，是指以转移财产、逃匿等方法逃避支付劳动者的劳动报酬或者有能力支付而不支付劳动者的劳动报酬，数额较大，经政府有关部门责令支付仍不支付的行为。工程建设中，恶意拖欠农民工工资的，经常可构成本罪。

四、多种责任并存时的优先顺序

建设领域的一种违法行为可能构成多种责任方式的构成要件，多种责任并存时，既可能同时承担，也可能因为财产不足而只能承担部分责任，排序在先的责任形式优先适用。《民法典》第 187 条规定了民事责任优先承担的规则，即民事主体因同一行为应当承担民事责任、行政责任和刑事责任的，承担行政责任或者刑事责任不影响承担民事责任；民事主体的财产不足以支付的，优先用于承担民事责任。因此，当工程建设中出现质量事故损害施工人员的人身利益时，涉及建设单位或施工单位对施工人的损失赔偿责任及支付建设行政主管部门的行政罚款，当期支付能力不足以同时支付时，应首先承担民事责任，让施工人员的人身损害赔偿请求权优先受到保护。

---

① 《刑法》第 223 条规定："投标人相互串通投标报价，损害招标人或者其他投标人利益，情节严重的，处三年以下有期徒刑或者拘役，并处或者单处罚金。投标人与招标人串通投标，损害国家、集体、公民的合法利益的，依照前款的规定处罚。"

Chapter 02

第二章 建设工程许可制度

【思维导图】

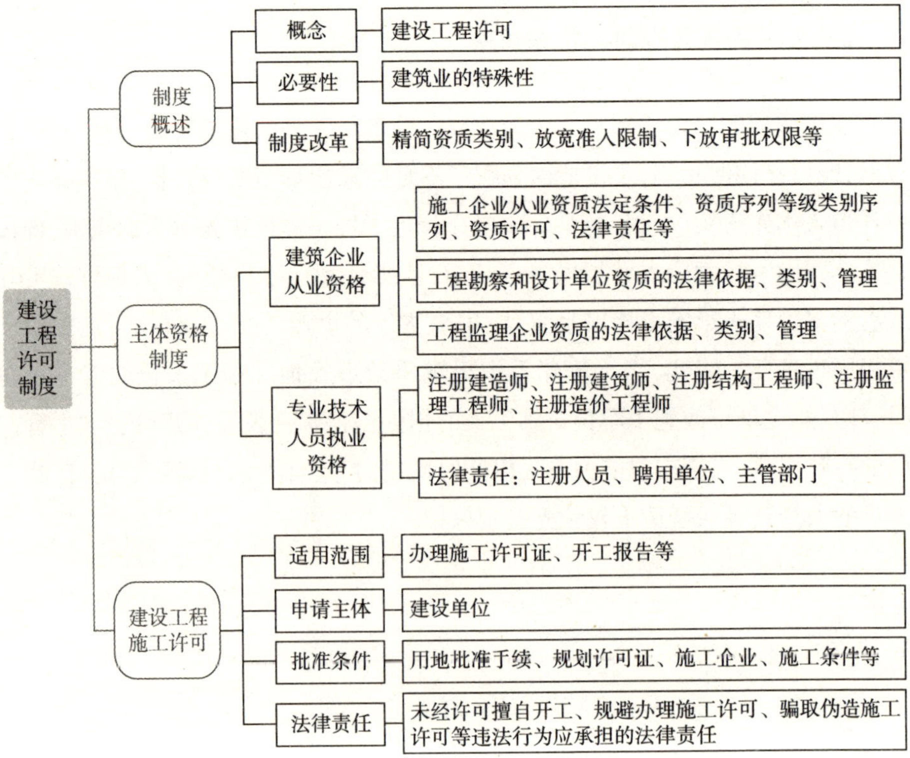

第一节 建设工程许可制度

一、建设工程许可制度的概念

建设工程许可,是指建设行政主管部门或者其他有关行政主管部门准许、变更或终止公民、法人和其他组织从事建筑活动的具体行政行为。[①] 根据《建筑法》的规定,主要包括两项许可制度,即建筑工程施工许可制度和从业资格许可制度,从业资格许可制度包括从事建筑活动单位资质制度和从事建筑活动的个人资格制度。[②]

二、实施建设工程许可的必要性

相较于其他产业,尤其是其他制造业,建筑业在产品的性状、技术要求、施工条件、市场构造、组织行为和竞争格局等方面具有其独特的运营机制。建筑产品质量具有特殊性,建筑产品的质量与民众的日常生活、财产安全息息相关,对质量耐久性的要求特别严格。建筑业在材料、施工技术上具有较高的复杂度和较高的关联度;建筑业市场组织呈现极端的网络性,完整的建设工程项目包括勘察、设计、施工三个阶段,涉及业主、勘察企业、设计企业、咨询机构(包括项目管理公司、监理等)、总承包企业、专业工程承包企业(包括地基与基础工程企业、防水工程企业等)[③]、劳务分包企业、材料设备供应企业(包括钢筋、机电设备、门窗等)、机械租赁企业(包括塔吊设备租赁、脚手架租赁等),这样众多的企业协同工作形成一个复杂的网络。由于建筑产品的后验性和多生产过程的特征,决定了建筑市场中厂商占有信息主导优势,信息不对称的问题更加突出,这

① 参见戴谋富编著:《工程法概论》,人民交通出版社2013年版,第28页。

② 工程质量与安全许可事项等见本书第八章"建设工程安全生产管理制度"和第九章"建设工程质量管理制度"。

③ 中国目前有60种专业工程承包资质。

些都需要通过建设工程许可的方式予以规制。

三、建设工程许可制度改革

国务院推行简政放权审批权限下放改革以来，一批涉及企业投资项目核准、企业生产经营许可以及对企业、社会组织和个人资质资格的认定事项被取消或下放。

建筑行业资质管理对企业影响很大，与企业的竞争力息息相关，但资质管理也存在资质划分过细、建筑市场集中度低、审批流程复杂效率低等约束企业健康发展的问题。简政放权是推进政府职能转变的重要任务之一。2014 年 7 月至 2016 年 12 月，国务院先后分七批取消 434 项职业资格，占国务院部门设置职业资格总数的 70% 以上，其中涉及工程建设行业的共 58 项。2017 年 9 月，人力资源和社会保障部向社会公布了国家职业资格目录，共包括 140 项职业资格。2019 年 12 月 30 日，国务院总理李克强主持召开国务院常务会议，决定分步取消水平评价类技能人员职业资格，推行社会化职业技能等级认定。此举为建筑企业的正常运营降低了成本，提高了建筑业市场活力。

国务院、住房和城乡建设部及相关部委也密集出台一系列重量级的改革政策。包括：被称为建筑业深化改革纲领性文件的《关于推进建筑业发展和改革的若干意见》，将改变招投标方式的《关于扎实开展国家电子招标投标试点工作的通知》，企业资质管理系列文件《建筑业企业资质等级标准》《建筑业企业资质管理规定》《建筑业企业资质管理规定和资质标准实施意见》《建筑业企业资质管理有关问题的通知》，还有业界高度关注的《推动建筑市场统一开放的若干规定》等。①

2020 年 11 月《建设工程企业资质管理制度改革方案》（以下简称《改革方案》）提出了以下 6 方面改革举措②：

一是精简资质类别，归并等级设置。改革后，原有的 593 项企业资质类别

---

① 2020 年 7 月，住房和城乡建设部发布《建设工程企业资质标准框架（征求意见稿）》，拉开了新一轮资质改革的大幕。将工程勘察、设计、施工、监理企业资质类别和等级由 593 项减少至 245 项目，将测绘资质类别和等级由 138 项减至 20 项，解决资质类别过细、等级过多等问题。多种建筑资质面临取消、合并。

② 《住房城乡建设部：建设工程企业资质审批条件进一步大幅精简》，载中华人民共和国中央政府门户网，http://www.gov.cn/xinwen/2020-11/25/content_5564099.htm。

和等级将压减至245项,其中勘察资质由26项压减为7项、设计资质由395项压减为156项、施工资质由138项压减为61项、监理资质由34项压减为21项,压减幅度为59%。

二是放宽准入限制,激发企业活力。在压减资质数量的同时,进一步精简企业资质审批条件和资质标准,重点放宽资金、人员、业绩、技术装备等指标要求,大幅放宽准入限制。

三是下放审批权限,方便企业办事。开展企业资质审批权下放试点,试点内容是:除最高等级综合资质和需跨部门审批的资质外,将其他等级资质下放至省级及以下有关主管部门审批。

四是优化审批服务,推行告知承诺制。加快推行资质审批告知承诺制,大幅削减不必要的证明材料,全面实行全程网上申报和审批,大幅提升企业资质审批的规范化和便利化水平。

五是加强事中事后监管,保障工程质量安全。加大审批后动态监管力度,积极推进信用体系建设。强化个人执业资格管理,建立个人执业责任保险制度。

六是完善招投标制度,发挥市场机制作用。继续完善招投标制度,优化调整招标条件设置,引导建设单位更多从企业实力、技术力量、管理经验等方面选择企业,推行工程担保和保险制度。

第二节　建设工程主体资格制度

一、建筑业企业从业资格制度

根据《建筑法》规定,从事建筑活动的建筑施工企业、勘察单位、设计单位和工程监理单位,应当具备下列条件:(1)有符合国家规定的注册资本;(2)有与其从事的建筑活动相适应的具有法定执业资格的专业技术人员;(3)有从事相关建筑活动所应有的技术装备;(4)法律、行政法规规定的其他条件。其他专业建筑工程的许可、发包、承包、监理、安全和质量管理等建筑活动也适用。

2018年12月,住房和城乡建设部经修改后发布的《建筑业企业资质管理规定》中规定，建筑业企业，是指从事土木工程、建筑工程线路管道设备安装工程的新建、扩建、改建等施工活动的企业。企业应当按照其拥有的资产、主要人员、已完成的工程业绩和技术装备等条件申请建筑业企业资质，经审查合格，取得建筑业企业资质证书后，方可在资质许可的范围内从事建筑施工活动。

（一）施工企业从业资格制度

1.施工企业资质的法定条件

具有法人资格的企业申请建筑业企业资质应当具备如下条件：

（1）具有满足要求的资产。企业资产，是指企业拥有或控制的能以货币计量的经济资源，包括各种财产、债权和其他权利。企业资产是指企业的资产总额减去负债以后的净额。相对于注册资本而言，净资产是属于企业所有并可以自由支配的资产，它能够更准确地体现企业的经济实力。

（2）有满足要求的注册建造师及其他注册人员、工程技术人员、施工现场管理人员和技术工人。工程建设施工活动专业性、技术性较强，建筑业企业应当拥有注册建造师及其他注册人员、工程技术人员、施工现场管理人员和技术工人。

（3）具有满足要求的工程业绩。标准要求的工程业绩是申请资质企业依法承揽并独立完成的工程业绩。2016年《住房和城乡建设部关于简化建筑业企业资质标准部分指标的通知》（建市〔2016〕226号）中要求，调整建筑工程施工总承包一级及以下资质的建筑面积考核指标。①

---

① 按照调整后的企业工程业绩考核指标，建筑工程施工总承包的一级企业：近5年承担过下列4类中的2类工程的施工总承包或主体工程承包工程质量合格。（1）地上25层以上的民用建筑工程1项或地上18～24层的民用建筑工程2项；（2）高度100米以上的构筑物工程1项或高度80～100米（不含）的构筑物工程2项；（3）建筑面积12万平方米以上的建筑工程1项或建筑面积10万平方米以上的建筑工程2项；（4）钢筋混凝土结构单跨30米以上（或钢结构单跨36米以上）的建筑工程1项或钢筋混凝土结构单跨27～30米（不含）［或钢结构单30～36米（不含）］的建筑工程2项。二级企业：近5年承担过下列4类中的2类工程的施工总包或主体工程承包，工程质量合格。（1）地上12层以上的民用建筑工程1项或地上8～11层的民用建筑工程2项；（2）高度50米以上的构筑物工程1项或高度35～50米（不含）的构筑物工程2项；（3）建筑面积6万平方米以上的建筑工程1项或建筑面积5万平方米以上的建筑工程2项；（4）钢筋混凝土结构单路21米以上（或钢结构单跨24米以上）的建筑工程1项或钢筋混凝土单跨18～21米（不含）［或钢结构单跨21～24米（不含）］的建筑工程2项。三级企业不再要求已完成的工程业绩。同时，《关于简化建筑业企业资质标准部分指标的通知》进一步规定，对申请建筑工程、市政公用工程施工总承包特级、一级资质的企业，未进入全国建筑市场监管与诚信信息发布平台的企业业绩，不作为有效业绩认定。

(4)有必要的技术装备。由于许多大中型机械设备可以采用租赁或融资租赁的方式取得,因此,目前的企业资质标准中对技术装备的要求并不多。

2. 施工企业的资质序列、类别和等级

(1)施工企业的资质序列

《建筑业企业资质管理规定》规定,建筑业企业资质分为施工总承包资质、专业承包资质、施工劳务资质三个序列。

(2)施工企业的资质类别和等级

施工总承包资质、专业承包资质按照工程性质和技术特点分别划分为若干资质类别,各资质类别按照规定的条件划分为若干资质等级。施工劳务资质不分类别与等级。

《建筑业企业资质管理规定》中规定,建筑业企业资质分为施工总承包资质(12 个类别、4 个等级)、专业承包资质(36 个类别、2 个等级)和施工劳务资质(不分类别与等级)3 个序列。2020 年 11 月《改革方案》提出精简资质类别,企业资质类别和等级数量由 593 项压减至 245 项,同时,大幅放宽市场准入限制。改革后,房建、公路、铁路、港口与航道、水利水电、电力、矿山、冶炼、石油化工和市政 10 个类别施工特级资质整合为综合资质,可以承接各行业、各等级施工总承包业务,大大拓宽了企业承揽业务范围,实现了横向全部打通目标。只要企业有信誉、有能力,就可以跨行业承揽业务。

《改革方案》大幅精简审批条件,适当放宽有关指标要求,特别是对反映较多的注册人员、技术装备、工程业绩等指标的要求大幅放宽。同时,实行告知承诺制,更有利于企业便利化申报,为企业提供了方便。此外,将所有的资质等级原则上都压减为甲乙两级,有的资质只设置一个等级,放宽部分资质承揽业务范围,对中小企业是极大利好,有利于企业孵化和成长,促进建筑业健康发展。

《国务院关于深化"证照分离"改革进一步激发市场主体发展活力的通知》规定,自 2021 年 7 月 1 日起,在全国范围内实施涉企经营许可事项全覆盖清单管理,按照直接取消审批、审批改为备案、实行告知承诺、优化审批服务等四种方式分类推进审批制度改革,同时在自由贸易试验区进一步加大改革试点力度。在全国范围内直接取消部分工程资质审批,其中包括工程造价、施工三级等资质:取消"工程造价咨询企业甲级资质认定";取消"工程造价咨询企业乙级资质认定";将施工企业资质由三级调整为两级,取消三级资质,相应调整二级资质的许可条件。

3. 施工企业的资质许可

我国对建筑业企业的资质管理，实行分级实施与有关部门相配合的管理模式。

《建筑业企业资质管理规定》中规定，国务院住房城乡建设主管部门负责全国建筑业企业资质的统一监督管理。国务院交通运输、水利、工业信息化等有关部门配合国务院住房城乡建设主管部门实施相关资质类别建筑业企业资质的管理工作。

省、自治区、直辖市人民政府住房城乡建设主管部门负责本行政区域内建筑业企业资质的统一监督管理。省、自治区、直辖市人民政府交通运输、水利、通信等有关部门配合同级住房城乡建设主管部门实施本行政区域内相关资质类别建筑业企业资质的管理工作。

由国务院住房城乡建设主管部门，企业工商注册所在地省、自治区、直辖市人民政府住房城乡建设主管部门，企业工商注册所在地设区的市人民政府住房城乡建设主管部门，根据各自的权限对建筑业企业不同序列等级资质进行许可。

4. 施工企业资质证书的申请、延续和变更

(1)企业资质的申请

《建筑业企业资质管理规定》中规定，企业可以申请一项或多项建筑业企业资质。企业首次申请或增项申请资质，应当申请最低等级资质。住房和城乡建设部负责审批的建筑工程、市政公用工程施工总承包一级资质(不含重新核定、延续)实行告知承诺审批，①不再要求企业提交证明材料。强化审批事中事后监管力度，实现对企业承诺的业绩现场核查全覆盖。对以虚构、造假等欺骗手段取得资质的企业，依法撤销其相应资质，并列入建筑市场主体"黑名单"。

(2)企业资质证书的使用与延续

《建筑业企业资质管理规定》中规定，资质证书有效期为5年。建筑业企业资质证书有效期届满，企业继续从事建筑施工活动的，应当于资质证书有效期

---

① 《住房和城乡建设部办公厅关于实行建筑业企业资质审批告知承诺制的通知》(建办市〔2019〕20号)。

届满3个月前,向原资质许可机关提出延续申请。资质许可机关应当在建筑业企业资质证书有效期届满前做出是否准予延续的决定;逾期未做出决定的,视为准予延续。

(3)企业资质证书的变更

企业需更换、补办建筑业企业资质证书的,应当持建筑业企业资质证书更换、遗失补办申请等材料向资质许可机关申请办理。企业遗失建筑业企业资质证书的,在申请补办前应当在公众媒体上刊登遗失声明。企业发生合并、分立、重组以及改制等事项,需承继原建筑业企业资质的,应当申请重新核定建筑业企业资质等级。

(4)企业资质证书的撤回、撤销和注销

①撤回。企业不再符合相应建筑业企业资质标准要求条件的,资质许可机关可以撤回其建筑业企业资质证书。

②撤销。具有下列情形之一的,资质许可机关应当撤销建筑业企业资质:资质许可机关工作人员滥用职权、玩忽职守准予资质许可的;超越法定职权准予资质许可的;违反法定程序准予资质许可的;对不符合资质标准条件的申请企业准予资质许可的;以欺骗、贿赂等不正当手段取得资质许可的;依法可以撤销资质许可的其他情形的。

③注销。当企业具有资质证书有效期届满,未依法申请延续的;建筑业企业依法终止的;建筑业企业资质依法被注销、撤回或吊销的;企业提出注销申请的;法律、法规规定的应当注销资质的其他情形。具有以上这些情形之一的,资质许可机关应当依法注销建筑业企业资质,并公告其资质证书作废,建筑业企业应当及时将资质证书交回资质许可机关。

5. 法律责任

《建筑法》规定,未取得资质证书承揽工程的,予以取缔,并处罚款;有违法所得的,予以没收。超越本单位资质等级承揽工程的,责令停止违法行为,处以罚款,可以责令停业整顿,降低资质等级;情节严重的,吊销资质证书;有违法所得的,予以没收。

建筑施工企业转让、出借资质证书或者以其他方式允许他人以本企业的名义承揽工程的,责令改正,没收违法所得,并处罚款,可以责令停业整顿,降低资质等级;情节严重的,吊销资质证书。对因该项承揽工程不符合规定的质量标准造成的损失，建筑施工企业与使用本企业名义的单位或者个人承担连带赔偿责任。

（二）工程勘察和设计单位资质管理

国家对从事建设工程勘察设计活动的单位实行统一的资质管理制度，《行政许可法》《建筑法》《建设工程质量管理条例》《建设工程勘察设计管理条例》《建设工程勘察设计资质管理规定》等法律、行政法规及规范性文件是工程勘察和设计单位资质管理的依据。

工程勘察资质分为工程勘察综合资质、工程勘察专业资质、工程勘察劳务资质。工程勘察综合资质只设甲级，取得工程勘察综合资质的企业，可以承接各专业（海洋工程勘察除外）工程勘察业务。工程勘察专业资质设甲级、乙级，根据工程性质和技术特点，部分专业可以设丙级，取得工程勘察专业资质的企业，可以承接相应等级相应专业的工程勘察业务。工程勘察劳务资质不分等级，取得工程勘察劳务资质的企业，可以承接岩土工程治理、工程钻探、凿井等工程勘察劳务业务。

工程设计资质分为工程设计综合资质、工程设计行业资质、工程设计专业资质和工程设计专项资质。工程设计综合资质只设甲级；工程设计行业资质、工程设计专业资质、工程设计专项资质设甲级、乙级。根据工程性质和技术特点，个别行业、专业、专项资质可以设丙级，建筑工程专业资质可以设丁级。取得工程设计综合资质的企业，可以承接各行业、各等级的建设工程设计业务；取得工程设计行业资质的企业，可以承接相应行业相应等级的工程设计业务及本行业范围内同级别的相应专业、专项（设计施工一体化资质除外）工程设计业务；取得工程设计专业资质的企业，可以承接本专业相应等级的专业工程设计业务及同级别的相应专项工程设计业务（设计施工一体化资质除外）；取得工程设计专项资质的企业，可以承接本专项相应等级的专项工程设计业务。

国务院建设行政主管部门对全国的建设工程勘察、设计活动实施统一监督管理。国务院铁路、交通、水利等有关部门按照国务院规定的职责分工，负责对全国的有关专业建设工程勘察、设计活动的监督管理。县级以上地方人民政府建设行政主管部门对本行政区域内的建设工程勘察、设计活动实施监督管理。县级以上地方人民政府交通、水利等有关部门在各自的职责范围内，负责对本行政区域内的有关专业建设工程勘察、设计活动的监督管理。

《国务院关于修改部分行政法规的决定》(2017 年国务院令第 687 号)第 8 条将《建设工程勘察设计管理条例》第 33 条第 1 款修改为:"施工图设计文件审查机构应当对房屋建筑工程、市政基础设施工程施工图设计文件中涉及公共利益、公众安全、工程建设强制性标准的内容进行审查。县级以上人民政府交通运输等有关部门应当按照职责对施工图设计文件中涉及公共利益、公众安全、工程建设强制性标准的内容进行审查。"

《建设工程质量管理条例》第 11 条规定:"施工图设计文件审查的具体办法,由国务院建设行政主管部门、国务院其他有关部门制定。施工图设计文件未经审查批准的,不得使用。"

(三)工程监理单位资质管理

国家对工程监理单位实行资质许可制度。《建设工程质量管理条例》第 34 条规定:"工程监理单位应当依法取得相应等级的资质证书,并在其资质等级许可的范围程监理业务。禁止工程监理单位超越本单位资质等级许可的以其他工程监理单位的名义承担工程监理业务。禁止工程监理单位允许其他单位或本单位的名义承担工程监理业务。工程监理单位不得转让工程监理业务。"

工程监理企业资质分为综合资质、专业资质。其中,专业资质按照工程性质和技术特点划分为若干工程类别。专业资质分为甲级、乙级,取消专业资质丙级和事务所资质。①

县级以上人民政府建设主管部门和其他有关部门应当依照有关法律、法规和本规定,加强对工程监理企业资质的监督管理。建设主管部门进行监督检查时,应当有两名以上监督检查人员参加,并出示执法证件,不得妨碍被检查单位的正常经营活动,不得索取或者收受财物、谋取其他利益。有关单位和个人对依法进行的监督检查应当协助与配合,不得拒绝或者阻挠。监督检查机关应当将监督检查的处理结果向社会公布。工程监理企业违法从事工程监理活动的,违法行为发生地的县级以上地方人民政府建设主管部门应当依法查处,并将违

① 《国务院关于深化"证照分离"改革进一步激发市场主体发展活力的通知》,载搜狐网 2021 年 6 月 3 日,https://www.sohu.com/a/471082125_121123690。

法事实、处理结果或处理建议及时报告该工程监理企业资质的许可机关。

二、专业技术人员从事建筑活动的执业资格制度

(一)工程建设人员执业资格制度概述

工程建设人员执业资格制度是指对具备一定专业学历、资历的从事建筑活动的专业技术人员,通过考试和注册确定其执业的技术资格,获得相应建筑工程文件签字权的一种制度。①

《国务院办公厅关于促进建筑业持续健康发展的意见》(国办发〔2017〕19号)深化建筑业简政放权改革提出:"优化资质资格管理。强化个人执业资格管理,明晰注册执业人员的权利、义务和责任,加大执业责任追究力度。有序发展个人执业事务所,推动建立个人执业保险制度"。为什么要进行"淡化企业资质、强化个人执业资格"方向的资质改革?几十年来,在市场准入方面,我国一直实行的是企业资质管理制度,对工程建设执业人员实行间接管理模式,即政府只管企业,个人的执业活动则由企业进行监管。政府对企业的生产经营活动严格监管,对个人的执业能力、水平及执业责任的追究全由企业负责。在计划经济体制下,由于政企不分,企业对员工拥有实际的控制权,所以企业对每个员工的管理与责任追究是十分有效、非常到位的,但在市场经济体制下,企业员工流动频繁,其对员工的约束力已减弱。企业资质管理制度与市场经济体制已完全不适应,此时仍实行单位资质管理制度必然会带来一系列的问题,表现在:以企业资质等级来作为完成工程项目业务能力水平的标准已不准确;具体从事工程建设活动的个人行为将处于失控状态。在这样的背景下,住房和城乡建设部提出淡化工程建设企业资质、强化个人执业资格方向,并在此基础上进行市场准入制度的改革。②

我国目前工程建设人员执业资格主要有注册建造师、注册建筑师、注册结

---

① 参见张培忠、隋卫东主编:《建筑与招投标法规教程》,山东人民出版社2010年版,第116页。

② 朱宏亮:《为什么要"淡化企业资质、强化个人执业资格"?》,节选自中国建设报"解读《关于推进建筑业发展与改革的若干意见》"中的"清华大学土木水利学院教授、博士生导师朱宏亮先生"解读的内容,载搜狐网2019年3月26日,https://www.sohu.com/a/303949060_472913。

构工程师、注册造价工程师、注册监理工程师等。我国《注册造价工程师管理办法》等规定,工程建设人员受聘于一个工程造价咨询企业或者工程建设领域的建设、勘察设计、施工、招标代理、工程监理、工程造价管理等单位。为遏制工程建设领域专业技术人员职业资格"挂证"现象,维护建筑市场秩序,促进建筑业持续健康发展,住房和城乡建设部、人力资源和社会保障部、工业和信息化部、交通运输部、水利部、国家铁路局、民航局开展工程建设领域专业技术人员职业资格"挂证"等违法违规行为专项整治活动,对违规的专业技术人员撤销其注册许可,自撤销注册之日起3年内不得再次申请注册,记入不良行为记录并列入建筑市场主体"黑名单",向社会公布;对违规使用"挂证"人员的单位予以通报,记入不良行为记录,并列入建筑市场主体"黑名单",向社会公布;对违规的人力资源服务机构,要依法从严查处,限期责令整改,情节严重的,依法从严给予行政处罚,直至吊销人力资源服务许可证。对发现存在"挂证"等违规行为的国家机关和事业单位工作人员,通报其实际工作单位和有关国家监察机关。①

(二)工程建设人员执业资格管理

1.注册建造师

注册建造师,是指通过考核认定或考试合格取得中华人民共和国建造师资格证书,并按照规定注册,取得中华人民共和国建造师注册证书和执业印章,担任施工单位项目负责人及从事相关活动的专业技术人员。

建造师分为一级建造师和二级建造师。一级建造师具有较高的标准、较高的素质和管理水平,有利于开展国际互认。同时,考虑我国工程建设项目量大面广,工程项目的规模差异悬殊,各地经济、文化和社会发展水平有较大差异,以及不同工程项目对管理人员的要求也不尽相同,设立二级建造价以适应施工管理的实际需求。

大中型工程施工项目负责人必须由本专业注册建造师担任。一级注册建

---

① 《住房城乡建设部办公厅等关于开展工程建设领域专业技术人员职业资格"挂证"等违法违规行为专项整治的通知》(建办市〔2018〕57号),载中华人民共和国住房和城乡建设部网,http://www.mohurd.gov.cn/wjfb/201811/t20181127_238529.html。

造师可担任大、中、小型工程施工项目负责人,二级注册建造师可以承担中、小型工程施工项目负责人。一级注册建造师可在全国范围内以一级注册建造师名义执业。通过二级建造师资格考核认定,或参加全国统考取得二级建造师资格证书并经注册人员,可在全国范围内以二级注册建造师名义执业。工程所在地各级建设主管部门和有关部门不得增设或者变相设置跨地区承揽工程项目执业准入条件。

取得资格证书的人员,经过注册方能以注册建造师的名义执业。未取得注册证书和执业印章的,不得担任大中型建设工程项目的施工单位项目负责人,不得以注册建造师的名义从事相关活动。建立建造师执业资格制度后,一旦工程项目发生重大施工质量安全事故或出现违法违规行为,不仅可以依法追究有关单位的责任,还可以依法追究负责该项目的注册建造师的责任,视其情节予以停止执业、吊销执业资格证书和注册证书等处罚,使质量安全事故和违法违规行为的责任追究到人。因此,建立建造师执业资格制度是规范建筑市场秩序、保证工程质量安全的重要举措。

注册建造师经注册后,有权以建造师名义担任建设工程项目施工的项目经理及从事其他施工活动的管理,除法律规定的情形外,不得同时担任两个及以上建设工程施工项目负责人。同时,注册建造师担任施工项目负责人,在其承建的建设工程项目竣工验收或移交项目手续办结前,除法律规定的情形外,不得变更注册至另一企业。

2. 注册建筑师

1995 年 9 月国务院发布的《注册建筑师条例》和 2008 年 1 月 29 日原建设部发布的《注册建筑师条例实施细则》,对注册建筑师执业资格作了具体规定。

注册建筑师,是指依法取得注册建筑师证书并从事房屋建筑设计及相关业务的人员。我国注册建筑师分为两级,即一级注册建筑师和二级注册建筑师。一级注册建筑师的执业范围不受工程项目规模和工程复杂程度的限制。二级注册建筑师的执业范围只限于承担工程设计资质标准中建设项目设计规模划分表中规定的小型规模的项目。注册建筑师的执业范围不得超越其聘用单位的业务范围。注册建筑师的执业范围与其聘用单位的业务范围不符时,个人执业范围服从聘用单位的业务范围。

根据《建设工程质量管理条例》第 19 条第 2 款规定,注册建筑师、注册结构工程师等注册执业人员应当在设计文件上签字,对设计文件负责。注册建筑师、注册结构工程师作为设计单位完成设计的主要技术人员,其工作质量直接影响设计的质量,因此应对设计的质量负责。注册执业人员的责任在《注册建筑师条例》和《刑法》中已有明确规定。《注册建筑师条例》第 24 条规定:"因设计质量造成的经济损失,由建筑设计单位承担赔偿责任;建筑设计单位有权向签字的注册建筑师追偿。"《注册建筑师条例》第 32 条规定:"因建筑设计质量不合格发生重大责任事故,造成重大损失的,对该建筑设计负有直接责任的注册建筑师,由县级以上人民政府建设行政主管部门责令停止执行业务;情节严重的,由全国注册建筑师管理委员会或者省、自治区、直辖市注册建筑师管理委员会吊销注册建筑师证书。"

3. 注册结构工程师

1997 年 9 月 1 日原建设部、原人事部联合发布的《注册结构工程师执业资格制度暂行规定》,对注册结构工程师的执业资格作出了规定。注册结构工程师是指取得中华人民共和国注册结构工程师执行资格证书和注册证书,从事房屋结构、桥梁结构及塔架结构等工程设计及相关业务的专业技术人员。注册结构工程师分为一级注册结构工程师和二级注册结构工程师。一级注册结构工程师的执业范围不受工程规模及工程复杂程度的限制;二级注册结构工程师执业范围另行规定。注册结构工程师执行业务,应当加入一个勘察设计单位,由勘察设计单位统一接受业务并统一收费。

根据我国注册结构工程师的有关管理规定,因结构设计质量造成的经济损失,由勘察设计单位承担赔偿责任。勘察设计单位有权向签字的注册结构工程师追偿。

4. 注册监理工程师

2006 年 1 月,原建设部以部令第 147 号发布了《注册监理工程师管理规定》,对注册监理工程师的注册、执业、继续教育和监督管理作出了规定。监理工程师系岗位职务,是指经全国统一考试合格并经注册取得监理工程师岗位证书的工程建设监理人员。经全国统一考试合格只是成为监理工程师的一个前提条件。同时,还应在建设监理岗位上工作,才能申请注册,经过注册,取得监理工程师岗位证书,就成为监理工程师。不从事监理工作,就不再具有监理工程师岗位职务。目前,我国还没有设计监理工程师,国际上很多发达国家已设立了设计监理工程师。监理工程师一经政府注册确认,即意味着具有相应于岗位责任的签字权,监理单位任命的工程项目总监理工程师具有对外签字权。

未取得注册证书和执业印章的人员,不得以注册监理工程师的名义从事工程监理及相关业务活动。取得注册监理工程师资格证书的人员,应当受聘于一个具有建设工程勘察、设计、施工、监理、招标代理、造价咨询等一项或者多项资质的单位,经注册后方可从事相应的执业活动。工程监理活动中形成的监理文件由注册监理工程师按照规定签字盖章后方可生效。修改经注册监理工程师签字盖章的工程监理文件,应当由该注册监理工程师进行;因特殊情况,该注册监理工程师不能进行修改的,应当由其他注册监理工程师修改,并签字、加盖执业印章,对修改部分承担责任。注册监理工程师依据其所学专业、工作经历、工程业绩,按照《工程监理企业资质管理规定》(2018 年修正)划分的工程类别,按专业注册。每人最多可以申请两个专业注册。注册监理工程师可以从事工程监理、工程经济与技术咨询、工程招标与采购咨询、工程项目管理服务以及国务院有关部门规定的其他业务。

5. 注册造价工程师

造价工程师,是指经全国统一考试合格,取得造价工程师执业资格证书,并经注册从事工程建设造价业务活动的专业技术人员。凡从事工程建设活动的建设、设计、施工、工程造价咨询、工程造价管理等单位和部门,必须在计价、评估、审查(核)、控制及管理等岗位配备有造价工程师执业资格的专业技术人员。

6. 注册人员及相关单位的违法行为和法律责任

(1)注册建造师、注册建筑师、结构工程师、土木工程师、造价工程师等注册人员具有隐瞒有关情况或者提供虚假材料申请的;以欺骗、贿赂等不正当手段取得注册证书的;未办理变更注册而连续执业的;注册人员或者其聘用单位未按照要求提供注册人员信用档案信息的;未取得注册建造师注册证书和执业印章,担任大中型建设工程项目施工单位项目负责人,或者以注册建造师的名义从事相关活动的;建筑师、未受聘并注册于中华人民共和国境内一个具有工程设计资质的单位,从事建筑工程设计执业活动的;监理工程师,未经注册,擅自以注册监理工程师的名义从事工程监理及相关业务活动的;造价工程师,未经注册而以注册造价工程师的名义从事工程造价活动的,注册人员均将承担相应的法律责任；违反《建设工程质量管理条例》规定，注册执业人员因过错造成质量事故的等应承担相应的法律责任。

(2)聘用单位的违法行为和法律责任。聘用单位为申请人提供虚假注册材料的，由县级以上地方人民政府建设主管部门或者其他有关部门给予警告，并可处以10,000元以上30,000元以下的罚款。

(3)建设行政主管部门的违法行为和法律责任。县级以上人民政府建设主管部门及有关部门的工作人员，在注册工程师管理工作中，有对不符合法定条件的申请人办理注册证书和执业印章的、符合法定条件的申请人不予颁发注册证书和执业印章的、对符合法定条件的申请人未在法定期限内颁发注册证书和执业印章的、利用职务上的便利收受他人财物或者其他好处的、依法履行监督管理职责或者发现违法行为不予查处的等情形之一的，依法给予行政处分；构成犯罪的，依法追究刑事责任。

第三节　建设工程施工许可制度

建设工程施工许可，是指由国家授权有关行政主管部门，在建筑工程施工开始以前，对该项工程是否符合法定的开工必要条件进行审查，对符合条件的建筑工程发给施工许可证，允许该工程开工建设的制度。对有关建筑工程实行施工许可制度，有利于保证开工建设的工程符合法定条件，开工后能够顺利进行；同时也便于有关行政主管部门全面掌握和了解其管辖范围内的有关建筑工程的数量、规模、施工队伍等基本情况，及时对各个建筑工程依法进行监督和指导，保证建筑活动的依法进行。我国《建筑法》和《建筑工程施工许可管理办法》确立了建筑施工许可制度，目前对建设工程开工条件的审批，存在颁发“施工许可证”和批准“开工报告”两种形式。多数工程是办理施工许可证，少数工程则为批准开工报告。

一、施工许可证的适用范围

(一)需要办理施工许可证的建设工程

依照《建筑法》第 2 条的规定纳入《建筑法》适用范围的各类房屋建筑工程(包括其附属设施的建造和配套线路、管道、设备的安装工程)都属于需要申请施工许可证的建筑工程范围。《建筑工程施工许可管理办法》规定在中华人民共和国境内从事各类房屋建筑及其附属设施的建造、装修装饰,安装与其配套的线路、管道、设备,以及进行城镇市政基础设施工程的施工,建设单位在开工前应当依照本办法的规定,向工程所在地的县级以上地方人民政府住房城乡建设主管部门(以下简称发证机关)申请领取施工许可证。

(二)不需要办理施工许可证的建设工程

根据《建筑法》第 7 条的规定,有两类情况可以不必领取施工许可证:一是限额以下的小型工程。工程投资额在 30 万元以下或者建筑面积在 300 平方米以下的建筑工程,可以不申请办理施工许可证。省、自治区、直辖市人民政府建设行政主管部门可以根据当地的实际情况,对限额进行调整,并报国务院建设行政主管部门备案。[①] 二是抢险救灾等工程。《建筑法》规定,抢险救灾及其他临时性房屋建筑和农民自建低层住宅的建筑活动,不适用本法。

(三)不重复办理施工许可证的建设工程

为避免同一建设工程的开工由不同行政主管部门重复审批的现象,《建筑法》规定,按照国务院规定的权限和程序批准开工报告的建筑工程,不再领取施

---

① 山东省住房和城乡建设厅、山东省人民防空联合办公室和山东省公共资源交易中心于 2021 年 6 月 21 日联合下发的《关于进一步优化房屋建筑和市政基础设施工程许可办理环节营商环境的通知》规定,自 2022 年 1 月 1 日起,全省行政区域内工程投资额在 100 万元以下(含)或者建筑面积在 500 平方米以下(含)的房屋建筑和市政基础设施工程,可以不申请办理施工许可证。济南市住建局对施工许可证限额调整的问题进行了合法性论证,根据《建筑法》及《立法法》所确定的部门规章与地方性法规发生矛盾时的处理程序,以及《施工许可证管理办法》赋予的"省、自治区、直辖市根据自身实际情况调整限额权限、程序上需要报国务院城乡建设主管部门备案"的规定,在法律授权范围内做出改革创新,于 2021 年 6 月 29 日以鲁建函的形式予以发布实施。

工许可证。

（四）另行规定的建设工程

《建筑法》规定，军用房屋建筑工程建筑活动的具体管理办法，由国务院、中央军事委员会依据本法制定。据此，军用房屋建筑工程是否实行施工许可，由国务院、中央军事委员会另行规定。

（五）实行开工报告制度的建设工程

开工报告制度是我国沿用已久的一种建设项目开工管理制度，1979 年，原国家计划委员会、国家基本建设委员会设立了该项制度。1984 年将其简化，1988 年以后，又恢复了开工报告制度。开工报告审查的内容主要包括：资金到位情况；投资项目市场预测；设计图纸是否满足施工要求；现场条件是否具备“三通平”等的要求。

二、施工许可证的申请主体

根据《建筑法》规定，建设单位应当按照国家有关规定向工程所在地县级以上人民政府建设行政主管部门申请领取施工许可证。施工许可证的申请领取，应该是由建设单位负责，而不是施工单位或其他单位。

三、施工许可证的法定批准条件

《建筑法》和《建筑工程施工许可管理办法》均规定了申请领取施工许可证应当具备的条件，包括：（1）已经办理该建筑工程用地批准手续；（2）依法应当办理建设工程规划许可证的，已经取得建设工程规划许可证；（3）施工场地已经基本具备施工条件，需要拆迁、征收房屋的，其拆迁进度符合施工要求；（4）已经确定建筑施工企业；（5）有满足施工需要的资金安排、施工图纸及技术资料，建设单位应当提供建设资金已经落实承诺书；（6）有保证工程质量和安全的具体措施；（7）法律、行政法规规定的其他条件。

四、法律责任

办理施工许可证或开工报告违法行为应承担的主要法律责任如下：

（一）未经许可擅自开工应承担的法律责任

根据《建筑法》与《建设工程质量管理条例》的规定，建设单位未取得施工许可证或者开工报告未经批准，擅自施工的，责令停止施工，限期改正，处工程合同价款1%以上2%以下的罚款。

（二）规避办理施工许可证应承担的法律责任

《建筑工程施工许可管理办法》规定，对于未取得施工许可证或者为规避办理施工许可证将工程项目分解后擅自施工的，由有管辖权的发证机关责令改正，对于不符合开工条件的，责令停止施工，并对建设单位和施工单位分别处以罚款。

（三）骗取和伪造施工许可证应承担的法律责任

《建筑工程施工许可管理办法》规定，对于采用虚假证明文件骗取施工许可证的，由原发证机关收回施工许可证，责令停止施工，并对责任单位处以罚款；构成犯罪的，依法追究刑事责任。对于伪造施工许可证的，该施工许可证无效，由发证机关责令停止施工，并对责任单位处以罚款；构成犯罪的，依法追究刑事责任。对于涂改施工许可证的，由原发证机关责令改正，并对责任单位处以罚款；构成犯罪的，依法追究刑事责任。

（四）对违法行为的罚款额度

《建筑工程施工许可管理办法》规定，本办法中的罚款，法律、法规有幅度规定的从其规定；无幅度规定的，有违法所得的处5000元以上30,000元以下的罚款，没有违法所得的处5000元以上10,000元以下的罚款。

建设项目未经许可、缺乏资质或者“四证”不齐，违反了相关法律行政法规，但不必然导致发包人与承包人签订的建设工程施工合同无效，“许可”对建设工程施工合同效力的影响不能一概而论，在第五章第三节“建设工程合同的效力”部分详细论述。

Chapter 03 第三章

建设工程招投标制度

【思维导图】

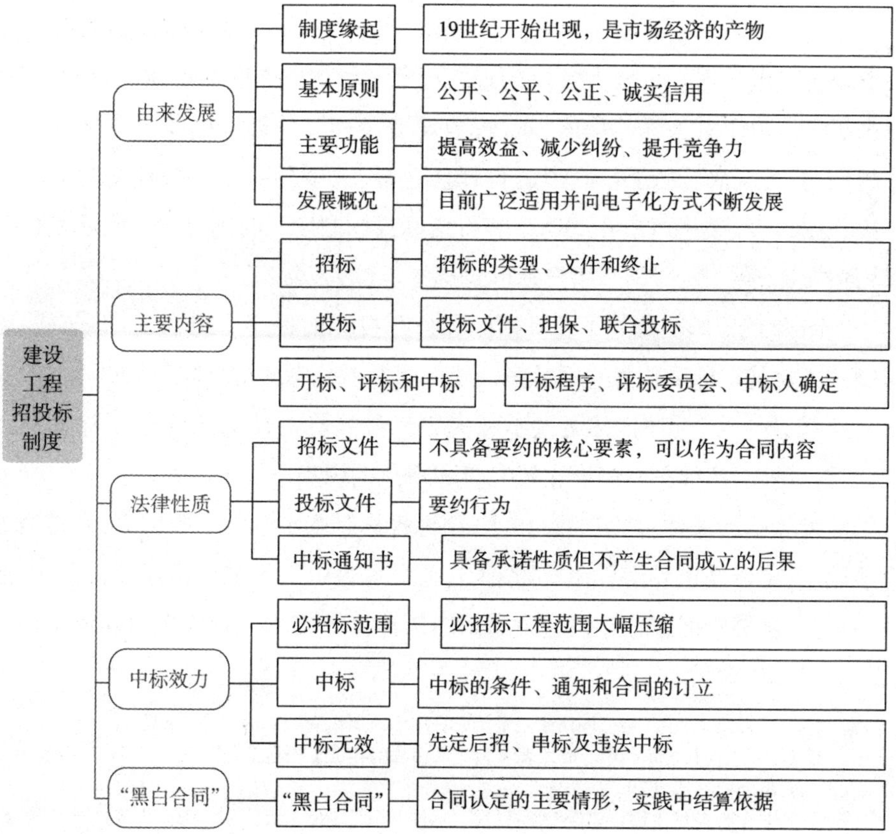

第一节　建设工程招投标法律制度的由来和发展

建设工程招投标制度,是指建设工程的招标人通过发送招标公告或者招标邀请书的方式,公布特定的标准或者条件告知投标人参加投标,按照规定的程序和标准确定中标人,并订立建设工程合同的法律制度。[①]

一、招投标制度的缘起

招标投标最早起源于英国[②],是市场经济的产物。早在 19 世纪初期,各主要资本主义国家进行了较大规模的经济建设,大力发展建筑业,承包商的数量越来越多。由于对工程的功能、质量,建设速度和设计施工的技术水平要求越来越高,需要从众多的承包商中进行择优选择,这就导致了招投标交易方式的出现。1830 年,英国政府正式明令实行招标投标制度。明确要求工程承发包要采用招投标的方法,即利用招投标形式选择承包方。[③]

1868 年美国国会确定了公开招标和公开投标的程序。20 世纪 30 年代,美国颁布了对其招标采购发生重大影响的《联邦政府采购法》和《购买美国产品法》,在最近的几十年内,又通过不断完善招标投标的法律来规范招标投标活动,成为世界上招标投标制度比较完善和规范的国家之一。

从世界范围来看,自“二战”以来,招标投标制度影响力不断扩大,先是西方发达国家,接着是世界银行在货物采购、工程承包中大量推行招标投标方式,近几十年来,发展中国家也日益重视和采用招标投标方式进行货物采购和工程建

---

① 参见王建东:《建设工程合同法律制度研究》,中国法制出版社 2004 年版,第 85 页。

② 最高人民法院民事审判第一庭编著:《最高人民法院建设工程施工合同司法解释(二)理解与适用》,人民法院出版社 2019 年版,第 39 页。

③ 参见刘旭灵、陈博主编:《建设工程招投标与合同管理》(第 2 版),中南大学出版社 2018 年版,第 14 页。

设。招标投标作为一种成熟的交易方式,其重要性和优越性在国内、国际经济活动中日益被各国和各种国际经济组织广泛认可,进而在相当多的国家和国际组织中得到立法推行。

二、建设工程招投标活动的基本原则

根据《民法典》第 790 条的规定,建设工程的招标投标活动,应当依照有关法律的规定公开、公平、公正进行。根据《建筑法》第 16 条的规定,建筑工程发包与承包的招标投标活动,应当遵循公开、公正、平等竞争的原则,择优选择承包单位。建筑工程的招标投标,本法没有规定的,适用有关招标投标法律的规定。根据《招标投标法》第 5 条的规定,招投标活动应当遵循公开、公平、公正和诚实信用原则。

(一)公开原则

招标投标活动应当保证充分的透明度,招标投标程序设置、投标人的资格条件、评标标准和方法、评标和中标结果等信息要公开,保证每个投标人能够在获得相同信息的基础上参与投标竞争。同时,招标投标活动的公开透明,也为当事人、行政和社会监督提供了条件。公开是公平、公正的前提和基础。例如,根据《招标投标法》第 16 条的规定,招标人采用公开招标方式的,应当发布招标公告。依法必须进行招标的项目的招标公告,应当通过国家指定的报刊、信息网络或者其他媒介发布。根据《招投标法实施条例》第 15 条第 3 款的规定,依法必须进行招标的项目的资格预审公告和招标公告,应当在国务院发展改革部门依法指定的媒介发布。

(二)公平原则

招标人在招标投标各程序环节中一视同仁地给予潜在投标人或者投标人平等竞争的机会,享有的权利和义务应当同等。公平原则主要体现在两个方面:一方面,机会均等,即潜在投标人具有均等的投标竞争机会,如《招投标法实施条例》第 15 条第 3 款规定,在不同媒介发布的同一招标项目的资格预审公告或者招标公告的内容应当一致;另一方面,各方权利义务平等,即招标人和所有投标人之间权利义务均衡。

(三)公正原则

招标人必须依法设定科学、合理和统一的程序、方法和标准,并严格据此接受和客观评审投标文件,真正择优确定中标人,保证各投标人的合法平等权益。为此,招标投标法及其配套规定对招标、投标、开标、评标、中标、签订合同等作了相关规定,以保证招标投标的程序、方法、标准、权益及其实体结果的公正。

(四)诚实信用原则

招标投标各方当事人在招标投标活动中应当以守法、诚实、守信、善意的意识和态度行使权利和履行义务,不得故意隐瞒真相或者弄虚作假,不得串标、围标和恶意竞争,在追求自己合法利益的同时不得损害他人的合法利益和社会利益,依法维护双方利益以及与社会利益的平衡。

三、建设工程招投标制度的主要功能

建设工程招投标制度在建筑市场深入推行,在程序性、规范性、公开性和透明度方面,有严格要求和积极意义。[①] 主要能够发挥以下几个方面的作用:

1. 有利于提高投资的经济效益,节约建设资金。通过建设工程招投标,建设单位可以降低工程价格,控制投资总额,选择价格适合的承包单位。

2. 能够减少纠纷产生,建设工程招投标涉及建设工程的各个领域,勘察、设计、施工、监理等各方面内容均可以在工程招投标过程中进行明确,权利义务的确定有利于各方诚信履行。

3. 促进建筑企业加强自身管理、提高企业竞争力,不断提高工程质量、缩短工期、降低成本,增强生产效率,进而降低工程投标报价,在确保质量的情况下,取得竞争优势。

---

① 参见杜万华主编:《第八次全国法院民事商事审判工作会议(民事部分)纪要》,人民法院出版社2017年版,第472页。

四、我国建设工程招投标制度的发展

（一）招投标制度的初步设立

我国最早采用招标投标方式承包工程的是1902年张之洞创办的湖北制革厂。1929年，当时的武汉市采办委员会曾公布招标规则，规定公有建筑或一次采购物料达3000元以上者，均须通过招标决定承办厂商。20世纪80年代中期，招标管理机构在全国各地陆续成立，有关招标投标方面的法规建设开始起步。招标方式基本以议标为主，招标投标很大程度上还流于形式，招标的公正性得不到有效监督。

20世纪90年代初期到中后期，全国各地相继成立招标投标监督管理机构，招标投标法制建设步入正轨。自1995年起，全国各地陆续开始建立建设工程交易中心，2000年颁布实施《招标投标法》明确了我国招标方式只有公开招标和邀请招标两种，不再包括议标。

招标投标法律、法规和规章不断完善和细化，招标程序不断规范，全国范围内开展整顿和规范建设市场工作，加大对工程建设领域违法违纪行为的查处力度，招标投标管理全面纳入建设市场管理体系，管理的手段和水平得到全面提高。

（二）建设工程招投标制度广泛适用

随着《政府采购法》《招标投标法》等有关招投标法律的相继颁布，国务院也公布了《招标投标法实施条例》《政府采购法实施条例》。财政部等有关部门陆续出台《政府采购非招标采购方式管理办法》《政府采购进口产品管理办法》《招标公告发布暂行办法》《政府采购评审专家管理办法》《政府采购货物和服务招标投标管理办法》《政府采购促进中小企业发展暂行办法》。各省市等地区在国家法律法规的基础上进一步细化，根据各地的实际情况颁布了适用于本地的地方性法规。

（三）电子化招标投标方式兴起

随着科技发展，工程招投标过程中重要的交易信息发布、招标文件制作、投标文件制作、招标文件审批、项目开标和专家评标、行政部门监管等环节全程电子化。这种新模式在节能减排、提高效率、有效遏制围标、串标等不正当行为方面有巨大优势。

自2000年以来,我国在政府采购领域开始试行电子化采购系统。目前,全国许多省市已将房屋建筑及市政工程招投标活动付诸电子化招标实践,并积累了宝贵的运行经验。2013年5月1日,国家发改委、工业和信息化部、住房和城乡建设部等八部委颁布实施《电子招标投标办法》,对电子化环境下的招投标规则进行了明确,进一步推动了电子招投标事业的发展。

2020年年初的新冠肺炎疫情给招投标工作带来了新的变化,国家发改委在(发改电〔2020〕170号)文件中要求全面推行在线投标、开标。为有效降低现场投标、开标带来的人员聚集风险,同时降低企业交易成本,依托电子招投标交易平台,加快部署在线投标、开标系统。积极推广电子评标和远程异地评标。加快建设完善电子评标系统,应用信息化工具辅助评标,提高评标效率;完善远程异地评标系统及技术规范,尽早实现省内常态化运行,并为跨省运行创造条件,有效减少评标人员聚集,实现有限专家资源充分共享。在监管到位的前提下,选择适当的招标项目探索开展基于网络协同的专家分散评标。

第二节　我国建设工程招投标制度的主要内容

工程招投标是工程发承包活动日益规范的产物,工程投标一般由若干施工单位参与,建设单位根据规定程序择优选取,双方在平等互利的基础上签订工程合同,明确各自的责任、权利和义务,以保证工程任务在合同造价内按期、按质、按量全面完成,是一种公开、竞争、择优的市场交易行为。工程招投标主要包括招标、投标、开标、评标、中标等环节。

一、招标

招标,是指发包方作为招标人发出招标公告或者投标邀请书,公布信息、提出条件,邀请有意向的承包方进行投标,以期与中标人签订合同的交易环节。根据《建筑法》第24条第1款的规定,国家提倡对建筑工程实行总承包,禁止将建筑工程肢解发包。

(一)招标的主要类型划分

1.《招标投标法》第10条第1款规定,招标分为公开招标和邀请招标。公开招标与邀请招标、竞争性谈判、单一来源采购询价、国务院政府采购监督管理部门认定的其他采购方式等,并列为《政府采购法》确定的政府采购方式。

2. 招标分为招标人自行组织招标和委托招标代理机构代理招标两种组织形式。招标人应当具有编制招标文件和组织评标能力,具有与招标项目规模和复杂程度相适应的技术、经济等方面的专业人员。具备上述条件的招标人可以自行招标,也可以委托招标代理机构进行招标。不具备编制招标文件和组织评标能力的招标人,可以委托招标代理机构招标。

3. 根据是否必须进行招标,建设工程可以分为必须招标的工程和非必须招标的工程。根据《招标投标法》第3条的规定,在中华人民共和国境内进行下列工程建设项目包括项目的勘察、设计、施工、监理以及与工程建设有关的重要设备、材料等的采购,必须进行招标:(1)大型基础设施、公用事业等关系社会公共利益、公众安全的项目;(2)全部或者部分使用国有资金投资或者国家融资的项目;(3)使用国际组织或者外国政府贷款、援助资金的项目。前款所列项目的具体范围和规模标准,由国务院发展计划部门会同国务院有关部门制定,报国务院批准。法律或者国务院对必须进行招标的其他项目的范围有规定的,依照其规定。

(二)公开招标和邀请招标

1. 公开招标

公开招标,是指招标人以招标公告的方式,邀请不特定的法人或者其他组织投标的一种招标方式。

(1)招标人采用公开招标方式的,应当发布招标公告。对于依法必须进行招标的项目,招标公告应当通过国家指定的报刊,信息网络或其他媒体发布。招标公告应当载明招标人的名称和地址、招标项目的性质、数量、实施地点和时间、投标截止日期以及获取招标文件的办法等事项。

(2)根据《招标投标法实施条例》第7条的规定,按照国家有关规定需要履行项目审批、核准手续的依法必须进行招标的项目,其招标范围、招标方式、招标组织形式应当报项目审批、核准部门审批、核准。项目审批、核准部门应当及时将审批、核准确定的招标范围、招标方式、招标组织形式通报有关行政监督部门。

(3)依法必须进行招标的项目中,国有资金占控股或者主导地位的,应当公开招标。国务院发展计划部门确定的国家重点项目和省、自治区、直辖市人民政府确定的地方重点项目不适宜公开招标而进行邀请招标的,需要经过国务院发展计划部门或者省、自治区、直辖市人民政府批准。

2. 邀请招标

邀请招标,是指招标人以投标邀请书的方式,邀请特定的法人或者其他组织投标的一种招标方式。也称选择性招标或者有限竞争性招标。

(1)根据《招标投标法》第11条的规定,国务院发展计划部门确定的国家重点项目和省、自治区、直辖市人民政府确定的地方重点项目不适宜公开招标的,经国务院发展计划部门或者省、自治区、直辖市人民政府批准,可以进行邀请招标。

(2)根据《招标投标法实施条例》第8条第1款的规定,国有资金占控股或者主导地位的依法必须进行招标的项目,应当公开招标。按有下列情形之一的可以邀请招标:①技术复杂,有特殊要求或者受自然环境限制,只有少量潜在投标人可供选择;②采用公开招标方式的费用占项目合同金额的比例过大。

(3)根据《工程建设项目施工招标投标办法》第11条第1款的规定,涉及国家安全、国家秘密或者抢险救灾,适宜招标但不宜公开招标等情形,也可以进行邀请招标。

(三)招标文件

1. 根据《招标投标法》第19条第1款、2款的规定,招标文件应当包括招标项目的技术要求、对投标人资格审查的标准、投标报价要求和评标标准等所有实质性要求和条件以及拟签订合同的主要条款。如果国家对招标项目的技术、标准有规定的,招标人应当按照其规定在招标文件中提出相应要求。

2. 对于招标项目需要划分标段、确定工期的,招标文件中载明合理划分的标段、确定工期。为确保招标的公平公正,招标文件不得要求或者标明特定的生产供应者以及含有倾向或者排斥潜在投标人的其他内容。对于技术复杂或者无法精确拟定技术规格的项目,招标人可以分两阶段进行招标。

3. 根据《招标投标法实施条例》第 15 条第 1 款、2 款、4 款的规定,对于公开招标的项目,应当依照招标投标法和招投标法实施条例的规定发布招标公告、编制招标文件。如果招标人采用资格预审办法对潜在投标人进行资格审查的,还应当发布资格预审公告、编制资格预审文件。对于依法必须进行招标的项目,在编制资格预审文件和招标文件时,应当使用国务院发展改革部门会同有关行政监督部门制定的标准文本。

4. 为确保招标文件发售的公开公平,《招标投标法实施条例》第 16 条规定,发售资格预审文件或者招标文件,应当按照资格预审公告、招标公告或者投标邀请书规定的时间、地点进行,发售期不得少于 5 日。文件的发售不得以营利为目的,收取的费用应当限于补偿印刷、邮寄的成本支出。

(四)终止招标

根据《招标投标法实施条例》第 31 条的规定,招标人终止招标的,采取公开招标方式的,应当及时发布终止招标的公告;采取邀请招标方式的,应当以书面形式通知被邀请人。对于已经获取资格预审文件、招标文件的潜在投标人,应当书面通知并及时退还所收取的资格预审文件、招标文件的费用;已经收取投标保证金的,应当退还投标保证金及银行同期存款利息。

二、投标

投标是指根据招标公告或者投标邀请书规定条件,在规定期限内响应招标,送交投标文件,参加投标竞争的行为。建设工程项目的投标人一般是具备承担招标项目的能力法人或者其他组织,应当符合国家有关规定或者招标文件所规定的资格条件。与招标人存在利害关系可能影响招标公正性的法人、其他组织或者个人,不得参加投标。

（一）投标文件

根据《招标投标法》第 27 条第 1 款的规定，投标人应当按照招标文件的要求编制投标文件。

1. 投标文件的内容，应当响应招标文件提出的实质性要求和条件。建设施工项目的投标文件，应当包括拟派出的项目负责人与主要技术人员的简历、业绩和拟用于完成招标项目的机械设备等。投标人对于拟在中标后将中标项目的部分非主体、非关键性工作进行分包的，应当在投标文件中载明。一般情况下，建设工程的投标文件可以分为以下几种类型，投标证明文件、投标书、工程量清单与报价表、辅助资料表、资格审查表等。[①]

2. 投标文件应当按照招标文件的要求，在截止时间前送达投标地点。对于投标人在招标文件要求的截止时间后送达的投标文件，招标人应当拒收。投标人撤回已提交的投标文件，应当在投标截止时间前书面通知招标人。

3. 对于投标人递交的投标文件，招标人收到后不得开启，应当签收保存。对于投标文件的送达时间和密封情况，招标人应当如实记载，并存档备查。投标人不按照招标文件要求密封而提交的投标文件，招标人应当拒收。

（二）投标的担保

在招投标活动中，招标人可以要求投标人在投标时交纳投标保证金作为担保，用于保证投标人按照招标文件的约定进行投标活动，包括中标后依约订立合同。在提交投标文件后不得任意撤销投标文件等，否则对于投标人交纳的投标保证金，招标人有权不予返还。

1. 根据《招标投标法实施条例》第 26 条的规定，招标人要求投标人提交投标保证金，可以在招标文件中提出。投标保证金不得超过招标项目估算价的 2%。投标保证金有效期应当与投标有效期一致。对于投标有效期的具体期限，应当由招标人在招标文件中载明，从提交投标文件的截止之日开始起算。对于招标人超额收取保证金或者不按照规定退还投标保证金及银行同期存款

---

① 参见赵曾海主编：《招标投标操作实务》（第四版），首都经济贸易大学出版社 2017 年版，第 108 页。

利息的，根据《招标投标法实施条例》第66条的规定，由有关行政监督部门责令改正，可以处5万元以下的罚款；给他人造成损失的，依法承担赔偿责任。

2. 投标人按照招标文件交纳保证金后，表明招投标双方对于投标保证金的约定达成一致，当出现招标文件载明的提供虚假资料、串标等不予退还的情形时，除非该内容约定无效，招标人有权不予返还投标保证金。

3. 对于收取的投标保证金，招标人不得挪用。投标保证金应当退还时，根据《招标投标法》第57条第2款的规定，招标人最迟应当在书面合同签订后5日内，向中标人和未中标的投标人退还投标保证金及银行同期存款利息。对于投标人投标后又撤回投标的，如果撤回在投标截止之前，已收取投标保证金的，招标人应当自收到投标人书面撤回通知之日起5日内退还。投标人撤销投标文件的时间在投标截止后的，对于收取的投标保证金，招标人可以不退还。

（三）联合投标

《招标投标法》第31条对联合投标问题作出了规定，两个以上法人或者其他组织可以组成一个联合体，以一个投标人的身份共同投标。对于联合投标，主要应注意以下几个方面规定：

1. 不允许不具备资质条件的投标人采取联合投标的方式规避资质规定。参加联合体各方，均应当具备承担招标项目的相应能力。国家有关规定或者招标文件对投标人资格条件有规定的，联合体各方均应当具备规定的相应资格条件。由同一专业的单位组成的联合体，按照资质等级较低的单位确定资质等级。

2. 联合体投标的，需要在提交投标文件的同时将共同投标协议一并提交招标人。联合体在签订的共同投标协议中，应当明确约定各方拟承担的工作和责任。联合体中标后，联合体各方作为中标人均应作为签订中标合同的主体，共同与招标人签订合同，就中标项目向招标人承担连带责任。

3. 在建设工程招投标中，一些施工单位达成联合投标协议，但不以联合体名义而是以联合体一方的名义参加投标，由于这种投标方式规避了联合体投标的法律规定，无法对联合体中的其他方资质进行审查，联合体中的其他方不直接参与招投标，也不参与合同签订，因此不属于联合体投标。

4. 由于联合体投标实质上形成多个投标人中标的情形，可能导致部分工程在招投标时直接以联合投标的方式进行分别发包,存在影响投标之间竞争的可能性,因此,《招标投标法》第 31 条第 4 款规定,招标人不得强制投标人组成联合体共同投标,不得限制投标人之间的竞争。

三、开标、评标和中标

(一)开标

开标,是指在招投标程序中,招标人按照招标文件的规定,开启投标人提交的投标文件,公开宣布投标人的名称、投标价格及其他主要内容的行为。

1. 招标人应当按照招标文件规定的时间、地点开标。开标应邀请所有投标人参加,由招标人主持。开标的时间,应在招标文件确定的提交投标文件截止时间的同一时间进行,开标的地点应在招标文件中预先确定的地点。

2. 开标时,对于在招标文件要求提交投标文件的截止时间前收到的所有投标文件,都应当当众予以拆封、宣读。公开拆封时,应由投标人或者其推选的代表检查投标文件的密封情况,也可以由招标人委托的公证机构检查并公证,由工作人员当众拆封,宣读投标人名称、投标价格和投标文件的其他主要内容。开标过程应当记录,并存档备查。

3. 对于投标人少于 3 个的,招标人应当重新招标,不得开标。投标人对开标有异议的,应当在开标现场提出,招标人应当当场作出答复,并制作记录。

(二)评标委员会

评标委员会,是指在招投标过程中,由招标人依法组建的对投标文件进行评审即评标,并根据评标情况推荐中标人或者根据授权直接确定中标人的组织。

1. 评标委员会的组成。依法必须进行招标的项目,评标委员会由招标人的代表和有关技术、经济等方面的专家组成,成员人数为 5 人以上单数,其中技术、经济等方面的专家不得少于成员总数的 2/3。上述专家由招标人从国务院有关部门或者省、自治区、直辖市人民政府有关部门提供的专家名册或者招标代理机构的专家库内的相关专业的专家名单中确定。一般招标项目可以采取随机抽取方式,特殊招标项目可以由招标人直接确定。评标委员会中,与投标人有利害关系的人不得进入。评标委员会成员与投标人有利害关系的,应当主动回避。评标委员会成员依法确定后,非依照法律规定不得更换。任何单位和个人不得以明示、暗示等任何方式,指定或者变相指定参加评标委员会的专家成员。评标委员会成员的名单在中标结果确定前应当保密。

2. 评标委员会的工作职责范围。根据《招标投标法》第 40 条的规定,评标委员会应当按照招标文件确定的评标标准和方法,对投标文件进行评审和比较。根据《招标投标法实施条例》第 53 条的规定,完成评标后,评标委员会应当向招标人提出书面评标报告,推荐合格的中标候选人,中标候选人应当不超过 3 个,并标明排序。如果招标人授权可以直接确定中标人的,评标委员会可以直接确定中标人。

3. 评标委员会成员的行为规范。评标委员会成员对所提出的评审意见承担个人责任,在评审过程中应当客观、公正地履行职务,遵守职业道德。评标报告应当由评标委员会全体成员签字。评标委员会成员对评标结果有不同意见的,应当以书面形式说明其不同意见和理由,否则即使不在评标报告上签字也应视为同意评标结果。

4. 评标委员会成员的禁止性行为规范。评标委员会成员不得有不客观、不公正履行职务的行为,不得接受任何单位或者个人明示或者暗示提出的倾向或者排斥特定投标人的要求。不得透露对投标文件的评审和比较、中标候选人的推荐情况以及与评标有关的其他情况,不得私下接触投标人,更不得收受投标人的财物或者其他好处。

(三) 中标人的确定

1. 根据《招标投标法》第 41 条的规定,中标人的投标应当符合下列条件之一:能够最大限度地满足招标文件中规定的各项综合评价标准;能够满足招标文件的实质性要求,并且经评审的投标价格最低;但是投标价格低于成本的除外。标底只能作为评标的参考,招标项目设有标底的,不得以投标报价是否接近标底作为中标条件,也不得以投标报价超过标底上下浮动范围作为否决投标的条件。

2. 根据《招标投标法实施条例》第 54 条的规定,依法必须进行招标的项目,中标候选人应当进行公示。公示应当自招标人收到评标报告之日起 3 日内进行,公示期不得少于3日。公示期间,投标人或者其他利害关系人可以对评标结果提出异议,招标人应当自收到异议之日起3日内作出答复,答复前暂停招标投标活动。

3. 对于中标候选人的经营、财务状况发生较大变化或者存在违法行为时,招标人认为可能影响其履约能力的,应当在发出中标通知书前,由原评标委员会按照招标文件规定的标准和方法审查确认。

4. 在招投标过程中,对于下列情形,应当否决投标:投标文件未经投标单位盖章和单位负责人签字;投标联合体没有提交共同投标协议;投标人不符合国家或者招标文件规定的资格条件;同一投标人提交两个以上不同的投标文件或者投标报价,但招标文件要求提交备选投标的除外;投标报价低于成本或者高于招标文件设定的最高投标限价;投标文件没有对招标文件的实质性要求和条件作出响应;投标人有串通投标、弄虚作假、行贿等违法行为。

5. 对于国有资金占控股或者主导地位的依法必须进行招标的项目,根据《招标投标法实施条例》第55条的规定,招标人应当确定排名第一的中标候选人为中标人。当排名第一的中标候选人出现下列情形时,招标人可以按照评标委员会提出的中标候选人名单排序依次确定中标人,也可以重新招标。主要情形为:中标候选人放弃中标、因不可抗力不能履行合同、不按照招标文件要求提交履约保证金,或者被查实存在影响中标结果的违法行为等情形,不符合中标条件的。

6. 经评标委员会评审,如果认为所有投标都不符合招标文件要求的,可以否决所有投标。对于所有投标被否决的依法必须进行招标的项目,招标人应当依法重新招标。

第三节　招投标文件的法律性质

根据《民法典》第471条的规定,当事人订立合同,可以采取要约、承诺方式或者其他方式。通过招投标程序订立建设工程合同,是建设工程发包人和承包人之间订立合同的特殊程序。招标投标的目的在于选择合适的中标人,是要约与承诺的特殊表现形式。招投标文件主要是招标文件、投标文件、中标通知书，它们的法律性质需要根据《民法典》关于合同订立的规定以及《招标投标法》的相关内容进行分析。从整体上讲，招投标属于合同订立的一种方式，应当符合合同订立过程中关于要约邀请、要约和承诺的一般原则。同时，由于《招标投标法》对于招投标文件的效力还有专门规定，其性质与一般的要约和承诺还存在一定程度的区别。

一、招标文件的法律性质

根据《民法典》第 473 条第 1 款的规定，要约邀请是希望他人向自己发出要约的表示。拍卖公告、招标公告、招股说明书、债券募集办法、基金招募说明书、商业广告和宣传、寄送的价目表等为要约邀请。根据上述规定，招标公告的法律性质属于要约邀请。依据合同订立的一般原理，招标人发布招标公告或投标邀请书的目的在于邀请投标人投标，投标人投标之后并不当然要订立合同，因此，招标行为从整体上来讲仅仅是要约邀请。招标文件的法律性质主要体现在以下四个方面：

（一）招标文件不具有直接订立合同的意思表示

根据《民法典》第 472 条的规定，要约是希望与他人订立合同的意思表示，该意思表示应当内容具体确定，表明经受要约人承诺，要约人即受该意思表示约束。尽管一些招标文件在内容上相对明确，具有要约的表象，但发布招标文件的主要目的在于吸引投标人投标，由于建设工程合同内容的复杂性，需要在邀约邀请中明确工程项目的一些具体内容，但是招标文件显然并不包含接受承诺后，建设工程合同即成立的意思表示。

（二）招标文件是针对不特定对象发送

根据《招标投标法》的相关规定，无论是公开招标还是邀请招标，招标文件均针对不特定的潜在投标人发送。招标行为本身的目的就是通过投标人竞争，择优选择工程项目的承包人。

(三)招标文件不具备要约的核心要素

招标文件主要针对建设工程项目的相关条件和要求,尽管有些工程实施内容明确具体,但工程报价作为要约的核心内容,属于招投标活动中的保密事宜,不能列入招标文件的内容对外公布,这就使招标文件不具备要约的核心要素①,投标人无从作出承诺。

(四)招标文件可以作为合同的内容

在招投标程序进行中,招标文件与一般的要约邀请相同,不具有法律约束力,但是与一般要约邀请不同是的,《招标投标法》第46条规定:“招标人和中标人应当自中标通知书发出之日起三十日内,按照招标文件和中标人的投标文件订立书面合同。招标人和中标人不得再行订立背离合同实质性内容的其他协议。”招标文件和投标文件作为合同的组成部分,具有确定双方当事人的权利和义务的约束力。

二、投标文件的法律性质

根据《民法典》第472条的规定,投标文件的法律性质应属于要约行为。

投标文件中包含将来订立合同的具体条款,只要招标人宣布中标就可签订合同。作为要约的投标文件具有法律约束力,表现在投标文件具备以下三个特点:

1. 内容具体确定。投标文件是对招标文件的实质性响应,对投标报价、施工方案、工程质量、工期等均表明明确具体的意见。招标项目属于建设施工的,投标文件的内容应当包括拟派出的项目负责人与主要技术人员的简历、业绩和拟用于完成招标项目的机械设备等。

2. 具备法律约束力。根据《招标投标法》第46条第1款的规定,建设工程项目中标后,投标文件作为合同的内容,对双方均具有法律约束力。发包人和承包人应当按照招标文件和中标人的投标文件订立书面合同,招标人和中标人不得再行订立背离合同实质性内容的其他协议。

---

① 参见王永起、李玉明:《建设工程施工合同纠纷法律适用指南》,法律出版社2013年版,第8页。

3. 补充和修改限于提交投标文件的截止时间前。与一般要约生效的条件不同的是，《招标投标法》第29条规定："投标人在招标文件要求提交投标文件的截止时间前，可以补充、修改或者撤回已提交的投标文件，并书面通知招标人。补充、修改的内容为投标文件的组成部分。"

三、中标通知书的法律性质

《民法典》第479条规定："承诺是受要约人同意要约的意思表示"，第483条规定："承诺生效时合同成立，但是法律另有规定或者当事人另有约定的除外。"《招标投标法》第45条规定："中标人确定后，招标人应当向中标人发出中标通知书……中标通知书对招标人和中标人具有法律效力……"根据上述规定，中标通知书在性质上属于发包人作为受要约人同意投标人投标的意思表示，在性质属于承诺，但与合同法中的一般承诺相比，又具有自身的独特原则。中标通知书具有如下法律特点：

（一）招标人确定中标人行为的法律性质属于承诺范畴

中标通知书是在经过招投标程序订立合同前，发包人对投标文件中的内容进行书面确认的承诺方式，载明的内容是对投标人通过投标文件做出要约表示同意，是对投标人和中标文件实质性内容的认可，但是与一般承诺的法律性质不同的是，中标通知书发出后，双方还需要签订建设工程合同。如果招标人改变中标结果的，或者中标人放弃中标项目的，应当依法承担法律责任，但双方尚不享有请求对方实际履行的合同请求权。

（二）中标通知书是合同约定的组成部分

《最高人民法院关于审理建设工程施工合同纠纷案件适用法律问题的解释（一）》第22条规定："当事人签订的建设工程施工合同与招标文件、投标文件、中标通知书载明的工程范围、建设工期、工程质量、工程价款不一致，一方当事人请求将招标文件、投标文件、中标通知书作为结算工程价款的依据的，人民法院应予支持。"根据上述规定，中标通知书载明内容属于建设工程合同的内容，对双方的权利义务起到直接的约束作用。在中标通知送达后，招标人和中标人不得再行订立背离合同实质性内容的其他协议。

(三)中标的效力影响合同效力

在招投标前,双方不能就建设工程的实质性内容包括投标价格、投标方案等进行谈判磋商,否则会导致中标无效,中标通知书的效力也会受到影响。中标通知书对招标人和中标人权利义务产生较大影响,违反《招标投标法》规定而导致中标无效的,双方签订的建设工程合同应认定无效。

(四)中标通知书不产生建设工程合同成立的法律后果

根据《民法典》第 483 条的规定,一般的承诺生效导致的法律后果是合同成立,而招投标程序中的中标通知书发出后,双方还需要在 30 日内签署建设工程合同,合同签署时建设工程合同方能成立。根据《招标投标法实施条例》第 73 条和第 74 条的规定,对于依法必须进行招标的项目的招标人,存在中标通知书发出后无正当理由改变中标结果、无正当理由不与中标人订立合同、在订立合同时向中标人提出附加条件等情形时,由有关行政监督部门责令改正,可以处中标项目金额 10‰以下的罚款;给他人造成损失的,依法承担赔偿责任。中标人无正当理由不与招标人订立合同,在签订合同时向招标人提出附加条件,或者不按照招标文件要求提交履约保证金的,取消其中标资格,投标保证金不予退还。从上述规定中可以看出,招标人在发出中标通知书后不与中标人订立合同或者提出附加条件,应承担的责任是行政处罚以及对他人损失承担赔偿责任。中标人不订立合同的后果是取消中标资格,不予退还保证金,并非承担实际履行及违约的合同责任。因此可以认为中标通知书未建立起招标人与投标人之间的本约,中标通知书属于预约合同性质。[①] 一方因过错不能签订建设工程合同所应承担的责任只能是违反预约合同的责任。

另外,中标文件并非完全针对合同双方当事人的意思表示,它是在多个投标人之间进行选择确定的法律文件,这种承诺的效力并非仅对中标人生效,还涉及其他投标人的权利、招投标公开公平公正的秩序甚至是社会公共利益,因

---

① 参见冯小光:《试论施工合同法律效力的判断原则》(上),载微信公众号"法盏"2019 年 4 月 1 日,https://mp.weixin.qq.com/s/EhMsMsq4gqs6jdDaWiYOvw。

此不宜完全以一般合同要约承诺的性质进行简单界定。

第四节　中标效力的认定

根据《民法典》第153条第1款和第790条的规定，违反法律、行政法规的强制性规定的民事法律行为无效，但是该强制性规定不导致该民事法律行为无效的除外。建设工程的招标投标活动，应当依照有关法律的规定公开、公平、公正进行。工程必须招标而未招标、中标无效等情形会导致招投标无效。

一、必须招标工程范围

（一）必须招标的工程范围

必须招标工程，是指为规范招投标活动，根据国家有关规定，对一定范围和规模的工程项目在建设和采购时，实行必须强制进行招标。

2018年，国家发展和改革委制定的《必须招标的工程项目规定》（国家发改委令第16号）和《必须招标的基础设施和公用事业项目范围规定》（发改法规〔2018〕843号），大幅压缩了必须招投标工程项目的范围。目前必须招标的工程项目，主要有以下几个方面：(1)全部或者部分使用国有资金投资或者国家融资的项目，具体包括使用预算资金200万元人民币以上，并且该资金占投资额10%以上的项目；使用国有企业事业单位资金，并且该资金占控股或者主导地位的项目。(2)使用国际组织或者外国政府贷款、援助资金的项目，包括使用世界银行、亚洲开发银行等国际组织贷款、援助资金的项目；使用外国政府及其机构贷款、援助资金的项目。(3)煤炭、石油、天然气、电力、新能源等能源基础设施项目；铁路、公路、管道、水运，以及公共航空和A1级通用机场等交通运输基础设施项目；电信枢纽、通信信息网络等通信基础设施项目；防洪、灌溉、排涝、引（供）水等水利基础设施项目；城市轨道交通等城建项目。

(二)可以不进行招投标的项目

《必须招标的工程项目规定》范围之外的工程都属于可以不进行招投标的工程项目。另外,2014年国务院发布《关于加强地方政府性债务管理的意见》(国发〔2014〕43号),推广使用政府与社会资本合作(Public-Private-Partnership,PPP)模式。财政部《关于在公共服务领域深入推进政府和社会资本合作工作的通知》(财金〔2016〕90号)明确,对于涉及工程建设的PPP项目,已经依据《政府采购法》选定社会资本合作方的,合作方依法能够自行建设、生产或者提供服务的,按照《招标投标法实施条例》第9条规定,合作方可以不再进行招标。

根据《最高人民法院关于审理建设工程施工合同纠纷案件适用法律问题的解释(一)》第1条的规定,对于建设工程必须进行招标而未招标或者中标无效的建设工程施工合同,应当依据《民法典》第153条第1款的规定认定无效。在招标人尚未与中标人签订书面合同时,双方不再负有签订建设工程合同的义务。如果双方已经签订建设工程施工合同,则该合同应认定无效。

二、中标

(一)中标条件

《招标投标法》第43条规定:"中标人的投标应当符合下列条件之一:(一)能够最大限度地满足招标文件中规定的各项综合评价标准;(二)能够满足招标文件的实质性要求,并且经评审的投标价格最低;但是投标价格低于成本的除外。"

(二)通知中标人

1.通知

《招标投标法》第43条规定:"在确定中标人前,招标人不得与投标人就投标价格、投标方案等实质性内容进行谈判。"第45条规定:"中标人确定后,招标人应当向中标人发出中标通知书,并同时将中标结果通知所有未中标的投标人。中标通知书对招标人和中标人具有法律效力。中标通知书发出后,招标人改变中标结果的,或者中标人放弃中标项目的,应当依法承担法律责任。”

2. 异议

《招标投标法实施条例》第 54 条规定:“依法必须进行招标的项目,招标人应当自收到评标报告之日起 3 日内公示中标候选人,公示期不得少于 3 日。投标人或者其他利害关系人对依法必须进行招标的项目的评标结果有异议的,应当在中标候选人公示期间提出。招标人应当自收到异议之日起 3 日内作出答复;作出答复前,应当暂停招标投标活动。”据此可知,工程项目确定中标人之后的公示期内,未中标的投标人可以提出异议。异议不成立,才能最终与确定的中标人签订建设工程合同。

3. 异议成立的可以递补或重新招标

《招标投标法实施条例》第 55 条规定:“国有资金占控股或者主导地位的依法必须进行招标的项目,招标人应当确定排名第一的中标候选人为中标人。排名第一的中标候选人放弃中标、因不可抗力不能履行合同、不按照招标文件要求提交履约保证金,或者被查实存在影响中标结果的违法行为等情形,不符合中标条件的,招标人可以按照评标委员会提出的中标候选人名单排序依次确定其他中标候选人为中标人,也可以重新招标。”实践中,未中标的投标人会在公示期内对中标人提出异议,一旦异议成立,中标人依候选中标人顺序递补还是需要重新招投标,经常存在疑惑,该条款给出了回答。

(三)依据招投标文件、中标通知书等签订建设工程合同

《招标投标法》第 46 条规定:“招标人和中标人应当自中标通知书发出之日起三十日内,按照招标文件和中标人的投标文件订立书面合同。招标人和中标人不得再行订立背离合同实质性内容的其他协议。招标文件要求中标人提交履约保证金的,中标人应当提交。”根据《招标投标法实施条例》第 57 条第 1 款的规定,中标人中标后,招标人和中标人应当依法签订书面合同,合同的标的、价款、质量、履行期限等主要条款应当与招标文件和中标人的投标文件的内容一致。建设工程合同的签订应当以招投标文件作为基础,依法招投标并办理备案的中标合同为双方结算依据,背离招投标文件实质性内容的协议不具有法律约束力。

（四）中标人应当按照合同约定完成中标项目

《招标投标法》第48条规定："中标人应当按照合同约定履行义务，完成中标项目。中标人不得向他人转让中标项目，也不得将中标项目肢解后分别向他人转让。中标人按照合同约定或者经招标人同意，可以将中标项目的部分非主体、非关键性工作分包给他人完成。接受分包的人应当具备相应的资格条件，并不得再次分包。中标人应当就分包项目向招标人负责，接受分包的人就分包项目承担连带责任。"

三、中标无效

中标无效是指招标人做出的中标决定没有法律约束力[①]。《招标投标法实施条例》对招投标程序予以了细化，明确了投标人相互串通投标、招标人与投标人串通投标、以他人名义投标等无效的具体情形。按照《招标投标法》的相关规定，在招投标中，中标是发包单位与承建单位签订建设施工合同的前提条件，只有依法中标，才会形成合法的建设工程施工合同。中标无效，必然导致建设工程施工合同无效。[②] 实践中中标无效主要有以下几种情形。

（一）先定后招

对依法必须进行招标的建设工程项目，如果在履行法定招标投标程序之前，招标人即与投标人签订了建设工程施工合同，该合同应认定为无效。根据《招标投标法》第43条的规定，在确定中标人前，招标人不得与投标人就投标价格、投标方案等实质性内容进行谈判。该规定对贯彻招投标活动公开公平公正原则，保护国家利益、社会公共利益和招标投标活动当事人的合法权益具有重要意义。在进行招标投标之前先行确定工程承包人，是严重违反该规定的行为，应当认定先定后招的行为因为违反了法律的效力性强制性规定而无效。

---

① 参见常设中国建设工程法律论坛第八工作组：《中国建设工程施工合同法律全书词条释义与实务指引》，法律出版社2019年版，第111页。

② 参见最高人民法院民事审判第一庭编著：《最高人民法院建设工程施工合同司法解释的理解与适用》，人民法院出版社2004年版，第32页。

实践中,存在一些未进行招投标先进行工程施工的情况,如果该施工行为并非平整土地等为工程施工进行的前期工作,而是直接进行了工程主体施工,尽管补办了招投标手续,但明显属于“先定后招”情形,应认定违反了法律强制性规定中的效力性规定。

(二)串标及违法中标

1. 根据《招标投标法》第 50 条的规定,招标代理机构违反法律规定,泄露应当保密的与招标投活动有关的情况和资料,或者招标代理机构与招标人、投标人串通损害国家利益、社会公共利益或者他人合法权益的,影响中标结果的,中标无效。

2. 根据《招标投标法》第 52 条的规定,依法必须进行招标的项目,招标人向他人透露已获取招标文件的潜在投标人的名称、数量或者可能影响公平竞争的有关招标投标的其他情况,影响中标结果的,中标无效。

3. 根据《招标投标法》第 53 条的规定,投标人相互串通投标或者与招标人串通投标的,投标人以向招标人或者评标委员会成员行贿的手段谋取中标的,中标无效。

4. 根据《招标投标法》第 54 条的规定,投标人以他人名义投标或者以其他方式弄虚作假,骗取中标的,中标无效。

5. 根据《招标投标法》第 55 条的规定,依法必须进行招标的项目,招标人违反法律规定,与投标人就投标价格、投标方案等实质性内容进行谈判,影响中标结果的,中标无效。

6. 根据《招标投标法》第 57 条的规定,招标人在评标委员会依法推荐的中标候选人以外确定中标人的,依法必须进行招标的项目在所有投标被评标委员会否决后自行确定中标人的,中标无效。

对于《招标投标法》规定的中标无效认定问题,第 52 条、第 55 条专门规定了其适用范围是依法必招标的工程。按照现行司法解释的观点,由于《招标投标法》第 2 条明确规定了该法的管辖范围是我国范围内的招投标活动,招投标的原则和程序并未区分是否属于必须招标的工程,所以从目前规定来看,尽管非必招标工程当事人具有较大选择权,但只要是在我国境内进行的招投标活动即应遵守《招标投标法》。[①] 根据《最高人民法院关于审理建设工程施工合同纠纷案件适用法律问题的解释(一)》第23条的规定,非必须招标工程在订立中标合同后,签订背离合同实质性内容的合同不作为结算工程价款的依据。

(三)低于成本价中标

根据《招标投标法》第33条的规定,投标人不得以低于成本的报价竞标,其目的在于保证招投标竞争秩序和确保工程质量,维护社会公共利益。《招标投标法》第41条第2项规定:"中标人的投标应当符合能够满足招标文件的实质性要求,并且经评审的投标价格最低,但是投标价格低于成本的除外。"根据《招标投标法实施条例》第51条第5项的规定:"投标报价低于成本或者高于招标文件设定的最高投标限价的,评标委员会应当否决其投标。"据此规定,低于成本价中标的建设工程合同应当认定为无效。

在实践中,低于成本价中标的原因具有一定的复杂性,对合同效力认定时,还可以结合合同签订背景进行综合考量。如有的承包人恶意低价中标后又以合同无效为由,请求按照定额或者市场价结算工程款。即使认定低于成本价中标,也并非完全排除以该约定作为结算工程价款的依据。对于低于成本价的判断问题,基于每个企业人力、管理、技术、财务控制等实际情况差别较大,各自的施工成本千差万别,所以对于低于成本价的判断标准,一般应以企业个别成本为依据,综合考虑建筑市场社会平均成本进行判断。对于投标人以中标合同约定价格低于社会平均成本为由,主张合同约定价格条款无效的,不应予以支持。[②]

根据《招标投标法实施条例》第55条的规定,如果中标无效的,招标人可以按照评标委员会提出的中标候选人名单排序依次确定其他中标候选人为中标人,也可以重新招标。

---

① 参见最高人民法院民事审判第一庭编著:《最高人民法院建设工程施工合同司法解释(二)理解与适用》,人民法院出版社2019年版,第212页。

② 参见最高人民法院民事审判第一庭编:《民事审判指导与参考》(2014年卷),人民法院出版社2018年版,第665页。

第五节 "黑白合同"的认定与处理

双方确认作为结算的建设工程合同,可以通过协商结算或鉴定予以确认审定值,但在同一个建设工程中存在数份合同的情况下,以哪份合同作为判断当事人权利义务及结算依据,往往是双方争议的焦点。特别是存在"黑白合同"的情况下,需要正确判断结算依据。

一、什么是"黑白合同"

(一)"黑白合同"的界定

根据《招标投标法》第46条第1款的规定,招标人和中标人应当自中标通知书发出之日起30日内,按照招标文件和中标人的投标文件订立书面合同。招标人与中标人不得再行订立背离合同实质性内容的其他协议。根据上述规定,"黑白合同"是指招标人和中标人签订的两份或者多份合同,其中包括符合或者背离中标通知书等招投标文件载明的实质性内容的合同。与招投标文件实质性内容一致的合同被称为"白合同",背离招投标文件实质性内容的合同被称为"黑合同"。实践中,"黑白合同"表现形式各异,有的是在投标前、中标时、中标后签订的不同的合同,目的仍是规避法律规定和行政监管。①

所谓的建设工程"黑白合同",是指建设工程发包方和承包方,对同一建设工程项目签订的两份不同合同,这两份合同在施工价款、工期、违约责任等实质性要素方面存在明显差异。其中一份系经过招投标程序签订,对外公示的合同为"白合同";另一份仅由双方当事人持有的为"黑合同"。2018年9月住房和城乡建设部《关于修改招投标管理办法的决定》中删除了备案条款,建设工程施

---

① 参见最高人民法院民事审判第一庭编著:《最高人民法院建设工程施工合同司法解释的理解与适用》,人民法院出版社2004年版,第189页。

工合同强制备案制度正式取消,中标合同不再需要备案。

(二)“黑白合同”产生的原因

“黑白合同”的产生有多方面的因素。一方面,从市场方面来看,近年以来建筑市场一直是卖方市场,建筑施工企业供大于求,承揽工程的竞争较为激烈,为承揽工程主动让利。建设单位为降低成本,在进行招投标的同时,往往要求施工单位硬性签订价格较低、工期更短、质量标准更高的合同。另一方面,原招投标范围规定得过于广泛,部分招投标活动流于形式,政府监管较松,对于签订“黑白合同”现象缺乏有效制约,导致“黑白合同”现象肆意频发。

二、“黑白合同”的认定

根据《招标投标法》第46条的规定,对于“黑白合同”的认定,主要需要审查招标人和中标人在中标合同之外签订的协议,是否背离了合同的实质性内容。白合同即中标合同,是发包人与承包人依据招标文件、投标文件等签订的建设工程合同。

(一)关于实质性内容的认定

中标合同“实质性内容”的范围,主要包括合同工期、工程价款、工程项目性质中标通知书记载的,影响中标结果的核心内容。应当依据诚实信用原则认定当事人另行订立的建设工程施工合同是否背离中标合同实质性内容、当事人就实质性内容享有的权利义务是否发生重大变化、是否损害其他投标人的利益等因素进行判断。对没有背离中标合同实质性内容的约定,应当依法保护缔约双方的协议效力,以维护合同的有效履行。合理确定合同实质性内容的范围,主要考虑几个方面的因素:

1. 是否影响其他中标人中标。招投标制度是为了保证公开、公正、公平的招投标环境,如果允许招标人与中标人另行签订背离中标合同实质性内容的协议,则有违招标活动的初衷,所以法律上禁止。

2. 对招标人与中标人的权利义务产生较大影响,凡是较大改变双方权利义务的内容都属于实质性内容。所谓“实质性内容”,一般包括:第一,工程范围

(工程内容),包括土建、装饰装修、设备安装等;第二,工程期限;第三,工程价款;第四,工程质量。

3. 在合同中约定承包方以明显高于市场价格购买承建房产、无偿建设住房配套设施、让利、向建设单位捐赠财物等情形,变相降低工程价款的,可以认定为背离中标合同实质性内容。

(二)依法变更合同的行为

建设工程施工合同履约周期长,法律关系复杂,可能补充签订相关协议以推进合同履行,也经常发生设计变更、建设工程规划指标调整、主要建筑材料异常变动等客观情况,甚至发生不可抗力、情势变更等影响合同难以正常履行的情况。发包人与承包人根据实际情况,可以合理变更合同工期、工程价款、工程项目性质等,不应简单地认定为是变更中标合同的实质性内容。对属于合同正常变更情形的,也可以按照双方实际履行的合同作为结算工程价款的依据。①

合同变更是法律赋予合同当事人的一项基本权利,由于工程项目的建设受到诸多因素影响,变更是施工合同履行中的常见现象。变更一般包括以下四种方式:一是发包人基于对工程的功能使用、规模标准等方面提出新的调整要求提出变更;二是设计人对设计文件修改提出的变更;三是监理人对提出的原合同内容不合理的调整;四是承包人提出合理化建议,监理人发包人同意后进行的变更。② 因前述情形,双方协商发生变更,对于当事人在另行签订的补充协议中,对纠纷解决方式进行变更的,如在中标合同中约定的纠纷解决方式是仲裁,后约定的纠纷解决方式是诉讼,关于纠纷解决方式的约定并未违反招标投标法的相关规定,不应视为变更中标合同实质性内容,而应视为当事人所享有的变更合同的权利,不属于“黑白合同”。③

---

① 参见最高人民法院民事审判第一庭编著:《最高人民法院建设工程施工合同司法解释的理解与适用》,人民法院出版社 2004 年版,第 194 页。

② 参见杜万华主编:《第八次全国法院民事商事审判工作会议(民事部分)纪要》,人民法院出版社 2017 年版,第 482 页。

③ 参见最高人民法院民事审判第一庭编著:《民事审判指导与参考》(第 3 辑),人民法院出版社 2012 年版,第 236 ~237 页。

(三)强制招投标对“黑白合同”认定的影响

1. 强制招标工程。在经过招投标程序签订中标合同后,招标人和中标人另行签订改变工期、工程价款、工程项目性质等影响中标实质性内容的协议,导致合同双方当事人就实质性内容享有的权利义务发生较大变化的,应认定为变更中标合同的实质性内容而无效,按照中标合同进行结算。

在招投标前,双方当事人已经签订“黑合同”的招投标合同因违反《招标投标法》第 43 条、第 55 条的规定而中标无效,则“黑白合同”均无效。工程质量合格的,当事人可以主张参照实际履行的合同作为折价补偿的依据。

2. 非强制招标工程。不属必须招标的工程建设项目,建设单位根据主管部门要求或者自愿进行招投标并根据招投标结果签订施工合同,也应当受到《招标投标法》及其实施条例规制。

3. 对于非强制招投标项目,承、发包双方自愿招投标签订施工合同,根据当地行政主管部门要求办理备案的,当事人另行签订实质性内容不同的合同且未备案的,因为备案与否并非合同生效的条件,未备案合同有效,可以作为结算依据,但应按“黑白合同”规则予以处理。

三、数份合同情形下结算依据的认定

根据建设工程的招标人和投标人签订合同的依据是否为招投标文件、签订合同的时间先后、是否属于真实意思表示等因素,可以将合同划分为标前合同、中标文件、中标合同、标后合同、实际履行的合同、最后签订的合同六种,根据不同情形,分别认定为当事人主张权利义务和结算依据。

(一)标前合同

标前合同,是指发包人、承包人在招投标前签订的建设工程施工合同。标前合同的效力应基于工程性质是否属于必招标的工程范围分析认定。

1. 必招标工程的标前合同无效。由于标前合同的签订系招标人与投标人在招标前进行的实质性内容谈判,违反了《招标投标法》第 55 条的效力性强制性规定,应认定无效。

2. 非必招标工程范围，发包人和承包人未经招投标程序签订的工程合同，可以认定有效，但是如果履行了招投标程序，则应当受到《招标投标法》的约束。《招标投标法》第 2 条规定："在中华人民共和国境内进行招标投标活动，适用本法。"未明确规定《招标投标法》的适用范围限定在必招标工程范围内容，即双方当事人选择建设工程招投标程序的，包括非必招标的工程，也应适用《招标投标法》的规定。

（二）中标文件

中标文件主要是指招标文件、投标文件、中标通知书。根据《招标投标法》第46 条第1 款的规定，招标人和中标人应当自中标通知书发出之日起30 日内，按照招标文件和中标人的投标文件订立书面合同。招标人和中标人不得再行订立背离合同实质性内容的其他协议。根据《最高人民法院关于审理建设工程施工合同纠纷案件适用法律问题的解释（一）》第 22 条的规定，当事人签订的建设工程施工合同与招标文件、投标文件、中标通知书载明的工程范围、建设工期、工程质量、工程价款不一致，一方当事人请求将招标文件、投标文件、中标通知书作为结算工程价款的依据的，人民法院应予支持。由此，赋予了中标文件作为结算工程价款依据的效力。

（三）中标合同

中标合同，系发包人、承包人在履行招投标程序后，基于中标文件签订的建设工程施工合同。根据《招标投标法》第 2 条的规定，无论是否属于必招标工程，只要履行了招投标程序的，均应受《招标投标法》调整。招投标程序合法中标有效，中标合同的实质性内容与中标文件一致的，应当作为认定工程价款和处理纠纷的依据。

（四）标后合同

标后合同是当事人在签订中标合同后另行订立的建设工程施工合同，无论是否属于必招标的工程，标后合同均不得变更中标合同的实质性内容。

1. 对于必招标工程，中标有效、订立中标合同后，当事人在标后另行签订合同与中标合同实质内容不一致的，标后合同无效，按中标合同结算。

2. 对于非必招标工程,除发生招投标时难以预见的变化外,与中标文件和中标合同实质性内容不一致的,标后合同无效,按中标合同结算。

3. 中标无效、标后合同也无效的,标后合同属于实际履行的合同或者最后签订的合同,标后合同应当作为判断双方权利义务的依据。

(五)实际履行的合同

实际履行的合同,是指在当事人签订数份建设工程施工合同的情况下,在合同履行中双方已经按照约定行使权利承担义务并遵照执行的合同。《最高人民法院关于审理建设工程施工合同纠纷案件适用法律问题的解释(一)》第 24 条第 1 款规定,当事人就同一建设工程订立的数份建设工程施工合同均无效,但建设工程质量合格,一方当事人请求参照实际履行的合同关于工程价款的约定折价补偿承包人的,人民法院应予支持。对于以实际履行的合同作为结算工程价款的依据,实际上是倾向于当事人意思自治的原则,更多地尊重当事人之间的合意。对于实际履行的合同的判断,需要以当事人的意思表示、往来签证、会议纪要、补充协议、工程款申报及支付材料、结算依据等,作为确定实际履行合同的因素。

(六)最后签订的合同

最后签订的合同,是指在当事人签订数份建设工程施工合同的情形下,按照时间先后顺序,最后时间签订的合同。《最高人民法院关于审理建设工程施工合同纠纷案件适用法律问题的解释(一)》第 24 条第 2 款规定,实际履行的合同难以确定,当事人请求参照最后签订的合同关于工程价款的约定折价补偿承包人的,人民法院应予支持。该规定针对的是当事人订立的数份建设工程施工合同均无效,实际履行的合同难以确定的情形,由于当事人最后签订的合同更接近于各方当事人的真实意思表示,因而可以作为参照认定折价补偿款数额的依据。

Chapter 04

第四章 建设工程的发包与承包制度

【思维导图】

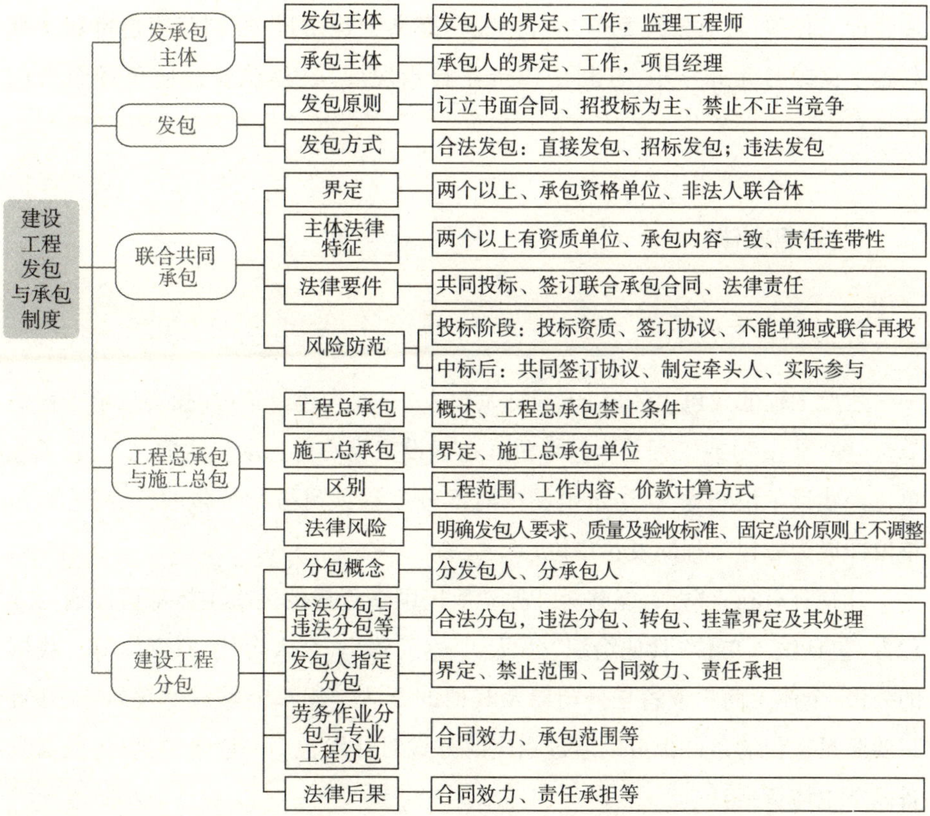

第一节　建设工程发承包主体

所谓建设工程发包,是指工程建设单位或总承包单位将建设工程任务(勘察、设计、施工等)的全部或一部分通过招标或其他方式,交给具有从事建筑活动法定从业资格的其他单位完成,并按约定支付报酬的行为。所谓建设工程承包,是相对于发包而言的,是指具有从事建筑活动法定从业资格的单位,通过投标或其他方式,承揽建设工程任务,并按约定取得报酬的行为。自 1982 年起,我国建设领域开始改变工程建设任务由行政主管部门分配的做法,逐步确立了建设工程发包与承包制度,把工程设计与施工等推入市场,通过市场竞争来承揽建设工程项目,对鼓励竞争、防止垄断、提高工程质量、控制工程造价和工期起到了良好的促进作用,有利于建筑业健康发展,是建筑业适应市场经济的产物。

一、发包主体

(一)发包人的界定

建设工程的发包主体(以下简称发包人)一般为建设单位(投资该项工程的单位,即"业主")或工程总承包单位。在建设工程实行总承包的情况下,总承包单位经建设单位同意,在法定范围内对部分工程项目进行分包的,工程总承包单位即成为分包工程的发包单位。

凡是具有独立财产,能够对外独立承担民事责任的民事主体都可以成为发包方,包括法人单位、其他组织、公民、个体工商户、个人合伙、联营体等。我国的公民、个体工商户或者是公司以及其他的合法组织都能够成为发包方,并且只要满足发包的条件都可以通过相应的方式对外发包。一般来说,发包人需具备以下主体资格:

(1)具有独立的工程发包主体资格或者为其继承人。除了房地产开发应具备资质外，进行工程建设无须特别资质，但发包人应有进行工程建设的主体资格。按照《城乡规划法》（2019 年修正）第 37 条、38 条以及《建筑法》第 8 条，一般情况下，发包人就应是立项、获得规划批准、取得土地使用权的项目所有人。在某些特殊情况下，发包人不是项目所有人，其发包主体资格来自所有人授权，如承租人装修；也可能来自政府规划建设部门批准，如临时建筑。

（2）具有支付工程价款能力。除了房地产开发注册资金应达到投资总额的一定比例外，法律对发包人支付工程款能力并无特别要求。

建设工程由于建设周期长、资金需求大，往往由多家单位联合投资，根据其投资模式不同，常见的名义发包人有三种：

第一种是项目公司，投资各方共同组建有独立法人资格的项目公司，由项目公司负责工程建设，并对外签订工程合同、支付工程价款。项目公司完全符合发包人条件，是该工程的发包人。如在 PPP 项目中，社会资本为实施项目设立的项目公司往往需要承担项目投资、建设、运营和移交各环节的全面责任。项目公司作为 PPP 项目中建设工程的投资人，同时作为建设单位（业主），需要根据不同的发包方式选择建设工程项目的勘察、设计、施工以及监理单位等事项，并依据合同约定结算相关款项。

第二种是筹建机构，投资各方设立不进行工商登记的筹建办公室或指挥部，由该机构对外完成招投标及签约工作。

第三种是合作一方，工程由合作各方共同投资，但由合作一方一家出面订立工程合同，负责工程建设的日常事务，其余各方或是提供土地、资金或是负责项目立项，不与承包人直接发生关系。

（二）发包人的工作

发包人工作主要有[①]：（1）办理土地征用、拆迁补偿、平整施工场地等工作，使施工场地具备施工条件，在开工后继续负责解决以上事项遗留问题；（2）将施工所需水、电、电讯线路从施工场地外部接至专用条款约定地点，保证施工期间的需要；（3）开通施工场地与城乡公共道路的通道，以及专用条款约定的施工场地内的主要道路，满足施工运输的需要，保证施工期间的畅通；（4）向承包人提

---

① 参见孟庆鹏、吴访非主编：《工程经济法》，中国电力出版社 2016 年版，第 81 页。

供施工场地的工程地质和地下管线资料,对资料的真实准确性负责;(5)办理施工许可证及其他施工所需证件、批件和临时用地、停水、停电、中断道路交通、爆破作业等的申请批准手续(证明承包人自身资质的证件除外);(6)确定水准点与坐标控制点,以书面形式交给承包人,进行现场交验;(7)组织承包人和设计单位进行图纸会审和设计交底;(8)协调处理施工场地周围地下管线和邻近建筑物、构筑物(包括文物保护建筑)、古树名木的保护工作、承担有关费用;(9)发包人应做的其他工作,双方在专用条款内约定。发包人可以将以上部分工作委托承包人办理,双方在专用条款内约定,其费用由发包人承担。发包人未能履行上述各项义务,导致工期延误或给承包人造成损失的,发包人赔偿承包人有关损失,顺延延误的工期。

(三)发包人与监理工程师

发包人委托监理企业对施工进行控制管理,监理工程师受聘于监理企业从事监理工作,受建设单位委托,利用自己的知识、技能和经验以及必要的试验、检测手段,为建设单位提供管理和技术服务。工程监理单位既不直接进行工程设计,也不直接进行工程施工;既不向建设单位承包工程造价,也不参与施工单位的利润分成。工程监理单位的服务对象是建设单位,但不能完全取代建设单位的管理活动。工程监理单位不具有工程建设重大问题的决策权,只能在建设单位授权范围内采用规划、控制、协调等方法,控制建设工程质量、造价和进度,并履行建设工程安全生产管理的监理职责,协助建设单位在计划目标内完成工程建设任务。工程监理单位应公平、独立、诚信、科学地开展建设工程监理与相关服务活动。在维护建设单位合法权益的同时,不能损害施工单位的合法权益。(详见本书第七章内容)

二、承包主体

(一)承包人的界定

建设工程的承包主体(以下简称承包人),即承揽建设工程的勘察、设计、施工等业务的单位,包括对建设工程实行总承包的单位和承包分包工程的单位。

就承包人的资格而言，主要有如下几个方面要求：

1. 依我国法律之规定，作为承包人的勘察单位、设计单位和施工企业必须具备法人资格。建设工程的发包人一般为法人，但我国法律并不排除其他组织成为建设工程的发包人，而作为建设工程项目的承包人则必须是法人，如果承包人不具备法人资格，必然导致建设工程合同的无效。施工企业取得相应的等级证书后，方可在其资质等级许可的范围内从事建筑活动。

2. 须在其核准登记的经营范围和资质等级许可的范围内从事建设活动，无工程勘察、设计及施工经营范围的企业法人不得从事建筑活动，其所缔结的建设工程合同为无效合同。我国《民法典》第505条规定："当事人超越经营范围订立的合同的效力，应当依照本法第一编第六章第三节和本编的有关规定确定，不得仅以超越经营范围确认合同无效"，但是并未彻底取消对经营范围的控制。建设工程承包人必须在依法取得的经营范围内从事经营活动，仍是我国法律对承包人行为能力的必备要求，其原因在于：其一，由于建设工程合同标的特殊性，从事建设活动业务属于国家"限制经营"和"特许经营"的范围，非任何一般企业法人均可为之；其二，我国立法对承包人主体资格的要求，不仅要求其在经营范围内从事建设活动，还要求其在取得的资质等级范围内从事建设活动，未取得从事建设活动经营范围的企业是不可能取得相应的资质等级的。

（二）承包人的工作

承包人工作主要有[①]：（1）根据发包人委托，在其设计资质等级和业务允许的范围内，完成施工图设计或与工程配套的设计，经工程师确认后使用，发包人承担由此发生的费用。（2）向工程师提供年、季、月度工程进度计划及相应进度统计报表。（3）根据工程需要，提供和维修非夜间施工使用的照明、围栏设施，并负责安全保卫。（4）按专用条款约定的数量和要求，向发包人提供施工场地办公和生活的房屋及设施，发包人承担由此发生的费用。（5）遵守政府有关主管部门对施工场地交通、施工噪声以及环境保护和安全生产等的管理规定，按规定办理有关手续，并以书面形式通知发包人，发包人承担由此发生的费用，因

---

① 参见孟庆鹏、吴访非主编：《工程经济法》，中国电力出版社2016年版，第81页。

承包人责任造成的罚款除外。(6)已竣工工程未交付发包人之前,承包人按专用条款约定负责已完工程的保护工作,保护期间发生损坏,承包人自费予以修复;发包人要求承包人采取特殊措施保护的工程部位和相应的追加合同价款,双方在专用条款内约定。(7)按专用条款约定做好施工场地地下管线和邻近建筑物、构筑物(包括文物保护建筑)、古树名木的保护工作。(8)保证施工场地清洁符合环境卫生管理的有关规定,交工前清理现场达到专用条款约定的要求,承担因自身原因违反有关规定造成的损失和罚款。(9)承包人应做的其他工作,双方在专用条款内约定。承包人未能履行上述各项义务,造成发包人损失的,承包人赔偿发包人有关损失。

(三)承包人与项目经理

1. 项目经理的界定

根据我国《建筑施工企业项目经理资质管理办法》第 8 条的规定,项目经理在承担工程项目施工的管理过程中,应当按照建筑施工企业与建设单位签订的工程承包合同,与本企业法定代表人签订项目承包合同,并在企业法定代表人授权范围内,行使以下管理权力:(1)组织项目管理班子;(2)以企业法定代表人的代表身份处理与所承担的工程项目有关的外部关系,受委托签署有关合同;(3)指挥工程项目建设的生产经营活动,调配并管理进入工程项目的人力、资金、物资、机械设备等生产要素;(4)选择施工作业队伍;(5)进行合理的经济分配;(6)企业法定代表人授予的其他管理权力。由此可见,施工项目经理通常是指受施工企业法定代表人的委托对工程项目施工过程全面负责的项目管理者,是建设施工企业在工程项目上的授权代表人,基于工程项目组织管理而具有人事、财务、处置物品等管理权限,是工程项目的总负责人。

2. 项目经理的行为视为承包人的行为,由承包人承担相应的责任

2011 年《山东省高级人民法院关于印发全省民事审判工作会议纪要的通知》(鲁高法〔2011〕297 号)(以下简称山东高院会议纪要)第 3 条第 1 项规定:"根据建设部《建筑施工企业项目经理资质管理办法》第 2 条的规定,建筑施工企业项目经理是指受企业法定代表人委托对工程项目施工过程全面负责的项目管理者,是建筑施工企业法定代表人在工程项目上的代表人。"按照建设部、国家工商行政管理总局制定的《建设工程施工合同(示范文本)》(GF—1999—

02011)第二部分第1.5条的规定,项目经理是指承包人在专用条款中指定的负责施工管理和合同履行的代表。可见,在法律层面上,项目经理是建设工程承包人在履行建设工程施工合同中的全权代理人,项目经理部是承包人履行建设工程施工合同的责任部门,不属于承包人的分支机构,不具有独立的法人资格,也无须办理工商登记,领取营业执照。在建设工程施工中,项目经理的行为视为承包人的行为,项目经理在建设工程施工中与发包人、分包人或者实际施工人发生的争议,应当由承包人作为诉讼主体并承担相应的责任。

3. 项目经理的认定标准①

司法实务中,项目经理主要分为两种,一种是与建设施工企业具有行政隶属关系的项目经理;另一种则是建设工程施工挂靠、转包、违法分包等关系中的项目经理。上述两种不同情况下的项目经理的权限、法律责任和认定也往往不一样。实践中,对项目经理身份的甄别可根据以下情形综合分析判断。建设工程施工合同约定的施工企业与现场施工方有无产权关系、有无统一的财务管理;建设工程施工合同约定的建设单位与施工现场的项目经理或其他现场实际施工人员之间有无合法的劳动合同关系。

与此同时,为了有效区分和甄别项目经理的身份,通常从以下方面进行具体研判:(1)项目经理是否有建设工程施工企业的书面授权。(2)项目经理是否具有相应的执业资格。没有取得注册建造师执业资格且未经过登记备案的项目经理就一定不是我国法定意义上的项目经理,其对外的签字和其他授权行为也就不会具有相应的法律效力。(3)项目经理是否与承包单位存在劳动关系。如果项目经理与建设工程施工企业存在劳动关系,则可证明项目经理身份,从而区别于实际施工人。

4. 仅有"项目经理签字"的施工结算单的法律效力

项目经理在授权范围内依法履行职务行为是合理合法的,但是项目经理超越职权或未有授权情况下所实施的行为如何认定,是否构成表见代理也是实务中争议的焦点。我们认为,对于项目经理的行为能否构成表见代理,可以从表见代理的法定构成要件进行综合认定:

(1)客观上应当具有代理的表象。司法实务中,如果承包人向发包人主张

① 参见王永起、李玉明:《建设工程施工合同纠纷法律适用指南》,法律出版社2013年版,第47页。

仅有项目经理签字的工程结算单构成表见代理,则应当举证证明项目经理客观上具有发包方授权人的合法授权,例如项目经理的代理行为存在合同书、公章、印鉴等有权代理的客观表象形式要素。实践中比较常见的甄别和认定项目经理具有代理权的方法主要有:建设工程施工企业的授权委托书、介绍信、聘任书,以及其他由施工企业盖章确认的身份证明文件等;具有公示性质的身份证据,包括在登记备案的建设工程施工合同、施工图纸中载明的项目经理;项目信息公示铭牌中列明的项目经理人员的身份信息;被代理人知道行为人的无权代理行为而不表示反对,代理权终止后的行为等;其他足以使相对人产生合理信赖的身份证据。

(2)相对人在主观上善意且无过失地相信行为人有代理权。根据最高人民法院《关于当前形势下审理民商事合同纠纷案件若干问题的指导意见》第 14 条之规定,人民法院在判断合同相对人主观上是否属于善意且无过失时,应当结合合同缔结与履行过程中的各种因素综合判断合同相对人是否尽到合理注意义务,此外还要考虑合同的缔结时间、以谁的名义签字、是否盖有相关印章及印章真伪、标的物的交付方式与地点、购买的材料、租赁的器材、所借款项的用途、建筑单位是否知道项目经理的行为、是否参与合同履行等各种因素,作出综合分析判断。

针对实务中常见的因项目经理签字和是否构成表见代理所引发的工程款结算纠纷以及其他工程施工合同纠纷问题,应当从以下方面进行法律风险的防范。①

(1)对发包方来说,应当加强对现场负责的项目经理的管理,在人选上应严格筛选具有注册建造师资质的人员作为项目经理,禁止和避免工程挂靠人作为项目经理;在权限上要明确对项目经理的授权权限,并加强对空白授权书、合同书等具有代理权的法律文书的管理,规范它们的出具。此外,还应当加强项目施工现场公章的管理,明确公章的使用人和使用范围,可以在项目公章表面做出明确的权利限制标记,如标记"本公章不得对外借款担保、不得用于各类合同

① 谢遵振:《建设工程合同纷中仅有"项目经理签字"的施工结算单的法律效力?》,载"上海谢遵振律师"微信公众号 2020 年 9 月 16 日,https://mp.weixin.qq.com/s?src=11&timestamp=1631421377&ver=3309&signature=oe8Q7HstP78KPfQYAGGAouoVDqijrdm935CCUagFMSLe*d2afTiUDMGf1gjZErdjQOe0wiWHRmPlJoMUebJcdyJsgJECSvGZUXDerDLsH4SEUDCE1ZHuQKTLhCP5z6To&new=1。

或者经济性文件”等字样。

(2)从承包人即实际施工人角度来说,施工结算单或者验收单上除了要求项目经理签字外,最好还要有发包方的公司盖章,如无法取得公司盖章,可以通过合同中明确的项目经理人或者发包单位出具的授权委托书证明项目经理的权限和授权范围,证明材料的效力。

第二节　建设工程发包

一、建设工程发承包原则

1. 发承包双方依法订立书面建设工程承包合同的原则。由于建设工程承包合同所涉及的内容特别复杂,合同履行期较长,为便于明确各自的权利与义务、减少纷争,《建筑法》和《民法典》都明确规定,建设工程承包合同应当采用书面形式。建筑工程合同的订立、合同条款的变更包含在其中,二者均应采用书面形式。全部或者部分使用国有资金投资或者国家融资的建设工程应当采用国家发布的建设工程示范合同文本。承发包双方应根据建设工程承包合同约定的时间、地点、方式、内容及标准等要求,全面、准确地履行合同义务。一旦发生不按照合同约定履行义务的情况,违约方将依法承担违约责任(详见本书第五章)。

2. 建设工程发包、承包实行以招标、投标为主,直接发包为辅的原则。工程发包可以分为招标发包与直接发包两种形式。招标发包是一种科学先进的发包方式,也是国际通用的形式,受到社会和国家的重视。因此,根据《建筑法》规定,建筑工程依法实行招标发包,对不适于招标发包的可以直接发包。

3. 禁止发承包双方采取不正当竞争手段的原则。发包单位及其工作人员在建设工程发包中不得收受贿赂、回扣或者索取其他好处。承包单位及其工作人员不得利用向发包单位及其他工作人员行贿、提供回扣或者给予其他好处等不正当手段承揽工程。

二、建设工程发包方式

(一)合法发包方式

建设工程的发包一般有直接发包和招标发包两种方式。

1. 直接发包

直接发包,是指由发包人直接选定特定的承包人,与其进行直接协商谈判,对双方的权利义务和工程建设达成一致协议后,与其签订建设工程承包合同的发包方式。这种方式简便易行,节省发包费用,但缺乏竞争机制,易滋生腐败。我国只有少数不适用招标发包的特殊工程,才适用直接发包。这些特殊性体现在两个方面:一是工程项目本身的性质不适宜进行招标发包,如某些保密工程或有特殊专业要求的房屋建筑工程等;二是从建设工程的投资主体上看,对私人投资建设的工程,采用何种方式发包,法律一般没有必要加以限制,投资人可以自行选择发包方式。我国《招标投标法》第 66 条规定:"涉及国家安全、国家秘密、抢险救灾或者属于利用扶贫资金实行以工代赈、需要使用农民工等特殊情况,不适宜进行招标的项目,按照国家有关规定可以不进行招标。"《房屋建筑和市政基础设施工程施工招标投标管理办法》(2018 年修正)第 9 条规定:"工程有下列情形之一的,经县级以上地方人民政府建设行政主管部门批准,可以不进行施工招标:(一)停建或者缓建后恢复建设的单位工程,且承包人未发生变更的;(二)施工企业自建自用的工程,且该施工企业资质等级符合工程要求的;(三)在建工程追加的附属小型工程或者主体加层工程,且承包人未发生变更的;(四)法律、法规、规章规定的其他情形。"2018 年国家发展改革委发布《必须招标的工程项目规定》(国家发展改革委 2018 年第 16 号令,以下简称 16 号令)和《必须招标的基础设施和公用事业项目范围规定》(发改法规规〔2018〕843 号,以下简称 843 号文),划定了必须招投标的工程范围和标准。2020 年国家发展改革委办公厅《关于进一步做好〈必须招标的工程项目规定〉和〈必须招标的基础设施和公用事业项目范围规定〉实施工作的通知》(发改办法规〔2020〕770 号)规定,依法必须招标的工程建设项目范围和规模标准,应当严格执行《招标投标法》第3条和16号令、843号文规定；法律、行政法规或者国务院对必须进行招标的其他项目范围有规定的，依照其规定。没有法律、行政法规或者国务院规定依据的，对16号令第5条第1款第3项中没有明确列举规定的服务事项、843号文第2条中没有明确列举规定的项目，不得强制要求招标。对规范规模标准以下工程建设项目的采购，16号令第2条至第4条及843号文第2条规定范围的项目，其施工、货物、服务采购的单项合同估算价未达到16号令第5条规定规模标准的，该单项采购由采购人依法自主选择采购方式，任何单位和个人不得违法干涉；其中，涉及政府采购的，按照政府采购法律法规规定执行。国有企业可以结合实际，建立健全规模标准以下工程建设项目采购制度，推进采购活动公开透明。但无论选择何种方式发包，发包人应将建筑工程发包给具有相应资质条件的承包单位。

2. 招标发包

所谓招标发包，是指建设工程的发包方（招标方）采用适当的方式，发布拟建工程的相关信息，表明将选择符合条件的承包商与之签订建筑工程承包合同的意向，由各有意承接该工程项目的承包商（投标方）向招标方提出自己的工程报价和其他承包条件，参加投标竞争；经招标方对各投标者的报价和其他条件进行审查比较后，从中择优选定中标者，并与其签订工程承包合同的活动。

因招标投标具有明显的优越性，符合市场竞争的要求，成为我国在建设工程发包与承包活动中应当大力推广和采用的主要方式，尤其是对于使用国有资金建设的工程项目，除了因工程本身的某些特殊性不适于采用招标发包方式的可以直接发包之外，都应当依法实行招标发包。（详见本书第三章）

（二）违法发包

住房和城乡建设部《建筑工程施工发包与承包违法行为认定查处管理办法》（建市规〔2019〕1号）第6条规定："存在下列情形之一的，属于违法发包：（一）建设单位将工程发包给个人的；（二）建设单位将工程发包给不具有相应资质的单位的；（三）依法应当招标未招标或未按照法定招标程序发包的；（四）建设单位设置不合理的招标投标条件，限制、排斥潜在投标人或者投标人的；（五）建设单位将一个单位工程的施工分解成若干部分发包给不同的施工总承包或专业承包单位的。”按照《建设工程分类标准》(GB/T 50841—2013)规定，“单位工程”，是指具备独立施工条件并能形成独立使用功能的建筑物或构筑物。除单独立项的专业工程外，建设单位不得将一个单位工程的分部工程施工发包给专业承包单位。

在工程承包中，一个建设项目上往往有不止一个承包单位。承包单位与建设单位之间，以及不同承包单位之间的关系不同，地位不同，也就形成不同的承包方式。常见的有4种：独立承包、联合承包、总承包、分包，独立承包是指承包单位依靠自身的力量完成承包任务，通常仅适用于规模较小、技术要求比较简单的工程以及修缮工程。下面将对联合承包、总承包、分包这三种承包方式分别述之。

第三节　建设工程联合共同承包

一、联合共同承包的界定

所谓联合共同承包，是指由两个以上具备承包资格的单位共同组成非法人的联合体，以该联合体的名义承包某项建筑工程的承包方式。[①] 我国《建筑法》第27条第1款规定：“大型建筑工程或者结构复杂的建筑工程，可以由两个以上的承包单位联合共同承包。共同承包的各方对承包合同的履行承担连带责任。”《招标投标法》第31条第1～3款规定：“两个以上法人或者其他组织可以组成一个联合体，以一个投标人的身份共同投标。联合体各方均应当具备承担招标项目的相应能力；国家有关规定或者招标文件对投标人资格条件有规定的，联合体各方均应当具备规定的相应资格条件。由同一专业的单位组成的联合体，按照资质等级较低的单位确定资质等级。联合体各方应当签订共同投标协议，明确约定各方拟承担的工作和责任，并将共同投标协议连同投标文件一

---

① 参见符启林：《房地产建设工程》，北京大学出版社2007年版，第90页。

并提交招标人。联合体中标的,联合体各方应当共同与招标人签订合同,就中标项目向招标人承担连带责任。"可见,在联合共同承包中,由参与联合的各承包单位共同组成的联合体作为一个承包主体,与发包方签订承包合同、享有承包合同权利、承担承包合同义务。在联合体内部,参与联合的各方以协议约定各自在联合承包中的权利、义务,包括联合体的管理方式及共同管理机构的产生办法、各方负责承担的工程任务范围、利益分配与风险分担的办法等,共同承包的各方对承包合同的履行承担连带责任。如果两个以上的单位共同投资组成一个法人实体,由该法人实体承包工程项目、与发包方订立承包合同,则属于该法人实体的单独承包,不是联合共同承包。

这是在国际工程发承包活动中较为通行的一种做法,可有效地规避工程承包风险。大中型建筑工程和结构复杂的建筑工程,一般工程投资额大、任务量大、技术要求复杂、建设周期较长,潜在风险较大,往往需要承包方有较强的经济、技术实力和风险抵御能力,如果多家单位组成联合体共同承包,可以更好地发挥各方的经济、技术力量和优势,从而增强投标竞争的实力和抗风险的能力,对发包方来说,也便于提高投资效益,确保工程顺利进行。

同时,《建筑法》第 27 条第 2 款特别规定,两个以上不同资质等级的单位实行联合共同承包的,应当按照资质等级低的单位的业务许可范围承揽工程。

二、联合承包主体法律特征

1. 必须是两个以上的具有独立法人资格的"承包单位",且每个承包人都具有建筑施工资质条件。根据工程特点或建设发包方要求,可由设计、施工单位组成联合体,也可由设计、采购、施工单位组成联合体,还可组成以采购、加工承揽、施工单位为一体的联合体。根据《房屋建筑和市政基础设施项目工程总承包管理办法》第 10 条的规定,工程总承包单位应当同时具有与工程规模相适应的工程设计资质和施工资质,或者由具有相应资质的设计单位和施工单位组成联合体。首次明确了联合体承接总包项目合规性。具有相应的资质,即相应的设计资质、承包资质及安装、幕墙、桩基、装修等建筑专业资质。自然人不具备承包建筑工程的相关资质,不能组成联合体。两个以上不同资质等级单位实行联合共同承包的,应当按照资质等级低的单位的业务许可范围承揽工程。这是建筑工程联合体承包的特别规定,也是重要特征。

2. 承包内容的一致性。联合各方虽然内部分工不同,但各自完成的工作是全部建设工程的组成部分。

3. 责任的连带性。联合承办各方无论内部如何分工,对建设工程施工合同的履行承担连带责任。

三、联合承包法律要件

我国《招标投标法》第 31 条第 3 款规定:"联合体各方应签订共同投标协议,明确约定各方拟承担的工作和责任,并将共同投标协议连同投标文件一并提交招标人。联合体中标的,联合体各方应当共同与招标人签订合同,就中标项目向招标人承担连带责任。"该款规定了联合体承包三要件:

1. 共同投标。即在投标阶段,联合体各方应签订共同投标协议,还应将共同投标协议送交招标人审查,以取得招标人的认同。

2. 共同签订联合承包合同。即中标后,联合体各方应当共同与招标人签订承包合同,这里强调"共同",不是由发包方与联合体中的某一方另签承发包合同,也不是发包方与各方分别签订合同,更不是由联合体与其中的某方另签分包合同或内部承包合同。

3. 法律责任。联合体承包各方就招标项目共同向招标人承担连带责任,只要联合体一方在履行合同过程中发生任何缺陷或纠纷,发包人可追索联合体中的任何一方,联合体各方不得以自己的施工范围和职责抗辩发包人对不属于自己施工范围的部分不承担责任。在法律实务中判断联合体投标承包是否成立,上述三要件须同时具备,缺一不可。

《建筑法》《招标投标法》规定联合共同承包建设工程以资质等级较低的承包人的业务许可范围承揽建设工程,故联合共同承包各方中的任何一方不具有相应的资质等级条件,或者没有按照资质等级较低的承包人的业务许可范围承揽建设工程所订立的建设工程施工合同都是无效的。

四、联合共同承包的法律风险防范

在以联合体投标的情况下，为规避风险，应特别注意以下事项：①

（一）联合投标阶段风险防范要点

第一，注意联合体投标的资质要求。首先，联合体各方均应当具备承担招标项目的相应能力和相应的勘察、设计、施工、监理资格条件。国家有关规定或者招标文件对投标人资格条件有规定的，联合体各方均应当具备规定的相应资格条件。由同一专业的单位组成的联合体，按照资质等级较低的单位确定资质等级。其次，注意联合体投标的更改和禁止要求。2013 年颁布的《工程建设项目施工招标投标办法》第 43 条规定："招标人接受联合体投标并进行资格预审的，联合体应当在提交资格预审申请文件前组成。资格预审后联合体增减、更换成员的，其投标无效。"联合体参加资格预审并获通过的，其组成的任何变化都必须在提交投标文件截止之日前征得招标人的同意。如果变化后的联合体削弱了竞争，含有事先未经过资格预审或者资格预审不合格的法人或者其他组织，或者使联合体的资质降到资格预审文件中规定的最低标准以下，招标人有权拒绝。

第二，联合体各方应当签订联合投标协议，明确约定各方拟承担的工作和责任，并将联合投标协议连同投标文件一并提交招标人。联合体投标未附联合体各方共同投标协议的，评标委员会一般将按照废标处理。此外，联合投标协议约定的联合体内部关系及责任要清晰、联合体内部纠纷的处理程序要明确。联合投标协议的内容不严谨、格式不规范，对联合体内部成员之间的责权利划

---

① 谢遵振：《以"联合体"方式投标的法律风险及防范》，载微信公众号"上海谢遵振律师"2020 年 5 月 20 日，https://mp. weixin. qq. com/s? src = 11&timestamp = 1631421641&ver = 3309&signature = oe8Q7HstP78KPfQYAGGAouoVDqijrdm935CCUagFMSJwAaSzl-txpYia0pKlIn820FkBWMo9AHzkD * SzMj0kUpAZAutTZh 3s78OGxgPLYKBMjeZIbFEa3KZf * 2N8C4gB&new = 1；南京律师李燚 yi：《法律出版社：联合投标相关法律风险及防范》，载微信公众号"法律讲坛"2014 年 12 月 31 日，https://mp. weixin. qq. com/s? src = 3&timestamp = 1645107314&ver = 1&signature = OGftmI7yaElzSeXPWI58U8c7u0xPPwCVUCtcW8lf1BZHmPQVksBE6 - 4H unaFG9GE1LNgrDHfk3SGsw0vkiaQqDWl5QOzT6lPScUZAYXIbYtqeAn7UVs53orYkfKfL8vi5krxfs9EPrbhgs DHPbaumA = = 。

分不明确,往往会导致招标单位在组织对联合体的投标评审时,因无法确定联合体内部成员具体承担的工作及责任有哪些,进而对联合体投标最终做出不利的评判。

第三,联合体各方签订共同投标协议后,不得再以自己名义单独投标,也不得组成新的联合体或参加其他联合体在同一项目中投标。

(二)联合体中标后履约注意事项

第一,联合体中标的,联合体各方应当共同与招标人签订合同,明确各成员在工程总承包活动中的各自分工。在联合体各方均具备国家规定的相应资格,且未违反法律法规的强制性规定的情况下,联合体各方所签订的合作投标的内部协议具有法律效力,但是如果合作投标协议仅具有形式上的共同合作投标,实质上为违法分包性质,则应认定为无效。

第二,联合体各方必须指定牵头人,授权其代表所有联合体成员负责合同实施阶段的主办、协调工作,并应当向招标人提交由所有联合体成员法定代表人签署的授权书。

第三,两个以上的单位组成联合体承包工程,在联合体分工协议中约定或者在项目实际实施过程中,联合体一方不进行施工也未对施工活动进行组织管理的,并且向联合体其他方收取管理费或者其他类似费用的,视为联合体一方将承包的工程转包给联合体其他方。

第四节　建设工程总承包与施工总包

建设单位把建设任务分别委托给多个设计单位,且把施工任务分别发包给多个施工单位,在这种情况下,各设计单位之间的关系是平行的关系,各施工单位之间的关系也是平行的关系,这种组织形式被称为平行承发包模式。采用平行承发包方式,建设单位需要和多个设计单位及多个施工单位签订合同,为控制实施总目标,建设单位的协调工作量较大。因此实务中,建设单位通常采用施工总承包和建设工程总承包的模式。

一、建设工程总承包

（一）概述

2019 年 12 月住房和城乡建设部、国家发展改革委发布《房屋建筑和市政基础设施项目工程总承包管理办法》，是国家层面对工程总承包领域的首次立法，对解决工程总承包行业的一些突出法律问题具有重要意义。

我国现有法律体系下，对"工程总承包"的定义，可以参考 2018 年 1 月 1 日起实施的《建设项目工程总承包管理规范》（以下简称《工程总承包管理规范》）第 2 条之规定，即"本办法所称工程总承包，是指从事工程总承包的企业（以下简称工程总承包企业）按照与建设单位签订的合同，对工程项目的勘察、设计、采购、施工等实行全过程的承包，并对工程的质量、安全、工期和造价等全面负责的承包方式"。由此可见，工程总承包实际上是项目建设过程中"项目实施阶段"的全过程。

工程总承包是国内外建设活动中经常使用的发承包方式，它有利于充分发挥那些在工程建设方面具有较强的技术力量、丰富的经验和组织管理能力的大承包商的专业优势，综合协调工程建设中的各种关系，强化对工程建设的统一指挥和组织管理，保证工程质量和进度，提高投资效益。在建设工程的发承包中采用总承包方式，对那些缺乏工程建设方面的专门技术力量，难以对建设项目实施具体的组织管理的建设单位来说，更具有明显的优越性，也符合社会化大生产专业分工的要求。为此应当提倡对建设工程实行总承包，发包人可以将全部工程发包给一个总承包人去完成。

工程总承包并不是一般意义上施工承包的重复式叠加，它是区别于一般土建承包、专业承包，具有独特内涵的一种建设方式。它是一种以向业主交付最终产品服务为目的，对整个工程项目实行整体构思、全面安排、协调运行的前后衔接的承包体系。它将过去分阶段分别管理的模式变为各阶段通盘考虑的系统化管理，使工程建设项目管理更加符合建设规律。

真正的工程总承包符合工程建设的客观规律，有利于实现设计、采购、施工等各阶段工作的深度融合和资源高效配置，提高工程建设水平；有利于提高工程建设效益，组织统筹管理设计、施工等力量，降低管理成本，有效控制投资，实现工程建设项目利益和价值最大化；有利于提升工程建设质量安全，发挥工程建设责任主体单一和技术管理优势，降低工程风险，确保工程建设质量安全和效益。从缔约形式上来讲，工程总承包一般包括 EPC（设计、采购和施工）、D－B（设计—施工）、E－P（设计—采购）以及 PC（采购—施工）等模式。

理论上，在工程总承包模式下，建设单位可以以工期和工程功能性为导向完全依靠工程总承包单位的能力对项目建设进行集约管理，工程总承包企业承担的是全部责任。就建设单位而言，与传统发包方式相比，采用工程总承包模式无疑是最为有效率和风险最低的方式。

然而，由于我国目前缺乏具备工程总承包能力的承包单位，且此种模式下工程总承包企业需要承担更多的责任和建设风险，因此其对工程费用的要求更高。另外，我国目前还未形成工程总承包模式下的包干制工程费用结算体系，工程总承包模式的实践还有待成熟。

（二）工程总承包禁止条件

《工程总承包管理规范》（GB/T 50358—2017）第 8 条对工程总承包禁止条件作出了列举性规定，即工程总承包企业不得是工程总承包项目的代建单位、项目管理单位、监理单位、招标代理单位或者与前述单位有控股或者被控股关系的机构或单位。并且，若工程总承包项目系采用“初步设计文件获得批准或者总体设计文件通过审查，并已完成依法必须进行的勘察和设计招标，进行工程总承包发包”的，则工程总承包企业还不得是项目的初步设计文件或者总体设计文件的设计单位或者与其有控股或者被控股关系的机构或单位。

《房屋建筑和市政基础设施项目工程总承包管理办法》第 11 条做了限制性规定：“工程总承包单位不得是工程总承包项目的代建单位、项目管理单位、监理单位、造价咨询单位、招标代理单位。政府投资项目的项目建议书、可行性研究报告、初步设计文件编制单位及其评估单位，一般不得成为该项目的工程总承包单位。政府投资项目招标人公开已经完成的项目建议书、可行性研究报告、初步设计文件的，上述单位可以参与该工程总承包项目的投标，经依法评标、定标，成为工程总承包单位。”

二、施工总承包

(一)施工总承包

施工总承包,是指发包人将全部施工任务发包给具有施工承包资质的建筑企业,由施工总承包企业按照合同的约定向建设单位负责,承包完成施工任务。施工单位仅承担施工任务(一般指土建部分),其他阶段的承包任务由建设单位发包给其他的承包单位负责。

(二)施工总承包单位

施工总承包单位应当具有与所施工工程相应的施工企业资质,并且对项目的质量、安全负总责。

施工总承包单位可以根据建设工程合同的约定,或者征得建设单位的同意,将总承包的施工任务,非主体非关键性部分,分包给其他单位施工,但不得转包。工程竣工后,施工总承包单位配合建设单位办理工程竣工验收、工程交付以及竣工资料验收备案等。

三、建设工程总承包与施工总承包的异同

《建筑法》第 24 条规定:"提倡对建筑工程实行总承包,禁止将建筑工程肢解发包。建筑工程的发包单位可以将建筑工程的勘察、设计、施工、设备采购一并发包给一个工程总承包单位,也可以将建筑工程勘察、设计、施工、设备采购的一项或者多项发包给一个工程总承包单位;但是,不得将应当由一个承包单位完成的建筑工程肢解成若干部分发包给几个承包单位。"《房屋建筑和市政基础设施项目工程总承包管理办法》第 3 条规定:"本办法所称工程总承包,是指承包单位按照与建设单位签订的合同,对工程设计、采购、施工或者设计、施工等阶段实行总承包,并对工程的质量、安全、工期和造价等全面负责的工程建设组织实施方式。"工程总承包与施工总承包具有如下主要区别:

（一）工程范围上的区别

工程总承包是企业对工程项目的可行性研究、勘察、设计、采购、施工、试运行等进行全过程的承包。施工总承包，是建设单位把项目的全部施工任务发包给施工总承包商，工程范围主要是项目的施工过程。

（二）工作内容不同

工程总承包的工作内容：从项目资金管理、勘察、设计、施工（包括各项目、各专业）、请施工监理、办理工程竣工验收手续，到提交各项工程资料，最后交钥匙给业主，直接对业主负责。施工总承包则是从业主或工程总承包处接受投资及施工图，负责整个工程所有分项、各个专业的全部施工任务，接受业主及业主委托监理及质量监督部门的监督。同时办理工程竣工验收手续，提交各项工程资料，最后交钥匙给业主，直接对业主或业主委托的工程总承包负责。施工总承包单位，可以将部分分项、分专业工程再分包给其他施工单位分包，但要管理、监督分包单位的工作质量，对分包单位的施工质量向业主或工程总承包负责。

（三）价款计算方式不同

《房屋建筑和市政基础设施项目工程总承包管理办法》第16条第1、2款规定："企业投资项目的工程总承包宜采用总价合同，政府投资项目的工程总承包应当合理确定合同价格形式。采用总价合同的，除合同约定可以调整的情形外，合同总价一般不予调整。建设单位和工程总承包单位可以在合同中约定工程总承包计量规则和计价方法。"实践中，工程总承包合同往往不能据实调整合同价款，除非合同明确约定可调整内容。施工总承包则不同，建设单位提供施工图设计作为施工方为投标报价的基础，在施工过程中发生设计变更，可能发生索赔，或工程价款据实调整的情况。

四、工程总承包中的法律风险防范

(一)明确发包人要求①

工程总承包与施工总承包最核心的区别在于,工程总承包是“按要求施工”,而施工总承包是“按图施工”,因此,发包人在项目建设之初,就应当明确“发包人要求”。《房屋建筑和市政基础设施项目工程总承包管理办法》第9条规定:“建设单位应当根据招标项目的特点和需要编制工程总承包项目招标文件,主要包括以下内容:……(四)发包人要求,列明项目的目标、范围、设计和其他技术标准,包括对项目的内容、范围、规模、标准、功能、质量、安全、节约能源、生态环境保护、工期、验收等的明确要求。”同时参考《建设项目工程总承包合同(示范文本)》(GF—2020—0216)附件一《发包人要求》所载:“《发包人要求》应尽可能清晰准确,对于可以进行定量评估的工作,《发包人要求》不仅应明确规定其产能、功能、用途、质量、环境、安全,并且要规定偏离的范围和计算方法,以及检验、试验、试运行的具体要求。对于承包人负责提供的有关设备和服务,对发包人人员进行培训和提供一些消耗品等,在《发包人要求》中应一并明确规定。”

“发包人要求”应注意与“投标人须知”“合同条款”相衔接,避免与其他合同文件中的要求相冲突;“发包人要求”不应过于具体、详细,否则,发包人后期对设计文件等提出的修改意见可能被总承包人认为超出或变更“发包人要求”,进而理解为发包人提出了“合同变更”而非“合同优化”。但“发包人要求”也不应当过于概括、抽象,避免对工程最终成果失去控制权,对于一些特殊的标准或要求,应当明确指出。建议发包人组织各专业负责人,必要时邀请第三方咨询顾问协助制定“发包人要求”。

---

① 参见邹田:《工程总承包项目法律风险防范全流程的必要性》,载微信公众号“坤略律师事务所”2021年2月24日,https://mp. weixin. qq. com/s? src = 11&timestamp = 1645109896&ver = 3626&signature = yWkduacgz52Ojnj * Tlkr1tfMCCeDLn3MEKW2HKXQPZZRXOIfb7eYK * roAqxagIkPw * V05Mm0Svshxb-t909jMb8pnYoMYYfbHsIV979Y3f0pyPpgeGV6waaPIvqFjM98&new = 1。

(二)质量及验收标准

建设工程总承包项目中,为了最大限度防止出现质量不合格、交付的工程成果无法实现发包人预期效果等情况,应充分重视作为项目验收条件和交付标准的“最低性能标准条款”,详尽明确工程项目应达到的各项功能指标,如可靠性指标、性能指标等,以保证发包人的预期目的能够实现。同时明确与“最低性能标准条款”相对应的检验程序以及未达标准的处理措施、违反责任等。

(三)固定总价合同原则上不予调整

建设工程总承包合同的工程价款一般采用固定总价计价方式,固定总价合同中,原则上除合同约定可以调整的情形外,合同总价一般不予调整。需要注意的是《房屋建筑和市政基础设施项目工程总承包管理办法》并不包含《建筑法》第 24 条规定的勘察阶段,结合《房屋建筑和市政基础设施项目工程总承包管理办法》第 9 条规定,发包人编制的招标文件中,应提供发包前完成的水文地质、工程地质、地形等勘察资料。因此,勘察阶段是发包人在工程总承包招标前就应当完成的工程步骤,地质条件风险由发包人承担。基于此,建议发包人在委托第三方勘察单位完成勘察工作之后再进行工程总承包的发包,便于发包人和总承包人对于工程地质水文条件的设计、施工措施合理预见。

第五节 建设工程分包

一、建设工程分包概念

建筑工程分包,是指已经和发包人订立建设工程施工合同的承包人将其承包的工程建设任务中的专业工程或者劳务作业交给具有相应资质的分包人完成。分包活动中,作为发包一方的建筑施工企业是分发包人,作为承包一方的建筑施工企业是分承包人。

二、合法分包和违法分包、转包、挂靠

（一）合法分包

建设工程分包应遵循以下原则才能属于合法分包：

1. 总承包合同应当符合法律规定。如果总承包合同因违法被确认无效，分包合同就丧失了合法性的基础。

2. 总承包人对建设工程进行分包的，应当征得发包人的同意，总包合同中另有约定的除外。

3. 分包人必须具有相应建筑施工资质条件，这是分包具有法律效力的实质性条件。

4. 总包单位必须自行完成建设项目（或单项、单位工程）的主要部分，也就是建设工程的主体工程不能分包，非主要部分或专业性较强的工程可分包。其中建设项目、单项工程的主要部分，是指技术复杂、工程质量要求高的单位工程；单位工程的主要部分，是指工程的主体结构；专业性较强的工程，是指工艺设备安装、结构吊装工程或专业化施工的分部分项工程。结构和技术要求相同的群体工程，总包单位应自行完成半数以上的单位工程。另外，总承包单位可以将承包工程的一部分或几部分发包给具有相应资质的分包单位，而不能将全部工程都分包出去。

5. 分包单位必须自行完成分包工程，不得再行分包。当然属于金属容器的气密性试验、压力试验、工艺设备安装的调试工作、吊装工程的焊缝探伤检查、打桩和高级装修等特殊专业技术作业除外。

（二）违法分包、转包、挂靠

1. 违法分包

住房和城乡建设部发布的《建筑工程施工发包与承包违法行为认定查处管理办法》第 11 条规定："本办法所称违法分包，是指承包单位承包工程后违反法律法规规定，把单位工程或分部分项工程分包给其他单位或个人施工的行为。"第 12 条规定："存在下列情形之一的，属于违法分包：（一）承包单位将其承包的

工程分包给个人的;(二)施工总承包单位或专业承包单位将工程分包给不具备相应资质单位的;(三)施工总承包单位将施工总承包合同范围内工程主体结构的施工分包给其他单位的,钢结构工程除外;(四)专业分包单位将其承包的专业工程中非劳务作业部分再分包的;(五)专业作业承包人将其承包的劳务再分包的;(六)专业作业承包人除计取劳务作业费用外,还计取主要建筑材料款和大中型施工机械设备、主要周转材料费用的。"

2. 转包

(1)转包的定义

住房和城乡建设部发布的《建筑工程施工发包与承包违法行为认定查处管理办法》(建市规〔2019〕1号)第7条规定:"本办法所称转包,是指承包单位承包工程后,不履行合同约定的责任和义务,将其承包的全部工程或者将其承包的全部工程肢解后以分包的名义分别转给其他单位或个人施工的行为。"

(2)转包的情形

住房和城乡建设部《建筑工程施工发包与承包违法行为认定查处管理办法》(建市规〔2019〕1号)第8条规定:"存在下列情形之一的,应当认定为转包,但有证据证明属于挂靠或者其他违法行为的除外:(一)承包单位将其承包的全部工程转给其他单位(包括母公司承接建筑工程后将所承接工程交由具有独立法人资格的子公司施工的情形)或个人施工的;(二)承包单位将其承包的全部工程肢解以后,以分包的名义分别转给其他单位或个人施工的;(三)施工总承包单位或专业承包单位未派驻项目负责人、技术负责人、质量管理负责人、安全管理负责人等主要管理人员,或派驻的项目负责人、技术负责人、质量管理负责人、安全管理负责人中一人及以上与施工单位没有订立劳动合同且没有建立劳动工资和社会养老保险关系,或派驻的项目负责人未对该工程的施工活动进行组织管理,又不能进行合理解释并提供相应证明的;(四)合同约定由承包单位负责采购的主要建筑材料、构配件及工程设备或租赁的施工机械设备,由其他单位或个人采购、租赁,或施工单位不能提供有关采购、租赁合同及发票等证明,又不能进行合理解释并提供相应证明的;(五)专业作业承包人承包的范围是承包单位承包的全部工程,专业作业承包人计取的是除上缴给承包单位'管理费'之外的全部工程价款的;(六)承包单位通过采取合作、联营、个人承包等形式或名义,直接或变相将其承包的全部工程转给其他单位或个人施工的;

(七)专业工程的发包单位不是该工程的施工总承包或专业承包单位的,但建设单位依约作为发包单位的除外;(八)专业作业的发包单位不是该工程承包单位的;(九)施工合同主体之间没有工程款收付关系,或者承包单位收到款项后又将款项转拨给其他单位和个人,又不能进行合理解释并提供材料证明的。"

转包的判定通常有以下两点:第一,承包人与发包人订立的建设工程施工合同后,不亲自履行合同约定的义务,而交由其他施工人来完成。第二,承包人不承担建设工程施工的实质性的施工组织管理和质量责任。工程全部转包比较好判定,承包人将全部建设工程肢解后将部分工程以分包的名义转包往往与合法分包相混淆。

(3)转包中的管理费问题

实践中,转包是否能收取管理费争议比较大。工程中的管理费一般可分为两类,一是构成工程价款的管理费,主要包括总承包配合费、建设工程管理费、项目管理费、代建管理费等,该管理费系对工程进行现场管理的费用,构成工程价款的费用,具有合法依据;二是转手牟利的管理费,表现为直接转包或允许实际施工人挂靠其名下,利用其资质施工而收取的资质使用等费用,因建筑法等明确规定禁止转包与出借资质,因此从目前的法律规定和司法实践来看,该管理费往往属于非法所得。当然,还要区分转包人、违法分包人或被挂靠方是否进行了必要的管理,如果其对工程施工进行现场管理,投入必要设备支持,确保了工程质量,也可以因劳务付出收取相应的管理费。

不支持管理费有类案裁判规则。例如,山东省高级人民法院 2017 年作出的江苏建兴建工集团有限公司、烟台市牟平区瑞成房地产开发有限公司建设工程施工合同纠纷二审民事判决书[(2017)鲁民终 840 号]载明:"上诉人与原审第三人签订《工程合作协议》,将其承包的涉案工程转包给原审第三人施工,违反法律的强制性规定,《工程合作协议》无效。上诉人主张依据《工程合作协议》的约定收取管理费,没有法律依据"。又如,最高人民法院关于中国建筑第八工程局有限公司、中国建筑第八工程局有限公司海南分公司建设工程施工合同纠纷再审审查与审判监督民事裁定书[(2018)最高法民申 4381 号]载明:"案涉工程系非法转包,《劳务施工合同》约定的 9% 总包管理费的性质实质是转包案涉工程的违法所得,原判决对该部分管理费用未予扣减,亦无不当"。

未提供实际管理则不应收取管理费有最高人民法院的类案裁判规则。最高人民法院(2015)民申字第3185号、最高人民法院(2014)民申字第861号两则司法案例认为施工合同无效,工程质量合格,转包人实际提供管理服务的情况下,约定的管理费可以支持。施工合同无效,工程质量合格,未提供实际管理服务的情况收取管理费是不予支持的。

3. 挂靠

(1)挂靠的界定

住房和城乡建设部发布的《建筑工程施工发包与承包违法行为认定查处管理办法》(建市规〔2019〕1号)第9条规定:"本办法所称挂靠,是指单位或个人以其他有资质的施工单位的名义承揽工程的行为。前款所称承揽工程,包括参与投标、订立合同、办理有关施工手续、从事施工等活动。"

(2)挂靠的情形

《建筑工程施工发包与承包违法行为认定查处管理办法》第10条规定:"存在下列情形之一的,属于挂靠:(一)没有资质的单位或个人借用其他施工单位的资质承揽工程的;(二)有资质的施工单位相互借用资质承揽工程的,包括资质等级低的借用资质等级高的,资质等级高的借用资质等级低的,相同资质等级相互借用的;(三)本办法第八条第一款第(三)至(九)项规定的情形,有证据证明属于挂靠的。"

4. 违法分包、转包、挂靠的处理原则

(1)发包人有权解除施工合同。根据《民法典》第806条第1、3款的规定,承包人将建设工程转包、违法分包的,发包人可以解除合同。合同解除后,已经完成的建设工程质量合格的,发包人应当按照约定支付相应的工程价款;已经完成的建设工程质量不合格的,参照本法第793条的规定处理。承包人违法分包建设工程,破坏了建设工程施工合同订立的信任基础,可能导致发包人订立合同的目的落空,已构成根本性违约,因此,发包人有权解除建设工程施工合同。

(2)违法分包、转包、挂靠所订立的合同应依法认定无效。《最高人民法院关于审理建设工程施工合同纠纷案件适用法律问题的解释(一)》第1条第2款规定:"承包人因转包、违法分包建设工程与他人签订的建设工程施工合同,应当依据民法典第一百五十三条第一款及第七百九十一条第二款、第三款的规定,认定无效。"分包合同尚未履行的,不得再履行;已经履行的,应当折价补偿实际施工人物化在建设工程中的费用。

(3)建设工程违法分包、转包、挂靠情形下工程价款的结算原则。承包人违法分包建设工程的行为被依法确认无效,但接受工程分包的“实际施工人”已经实际代替承包人履行了在建设工程施工合同项下的约定义务,将建筑材料和劳动力物化到建筑产品中,应获得相应的折价补偿。

(4)接受违法分包、转包的实际施工人有权请求发包人在欠付工程价款的范围内承担责任。《最高人民法院关于审理建设工程施工合同纠纷案件适用法律问题的解释(一)》第 43 条第 2 款规定:“实际施工人以发包人为被告主张权利的,人民法院应当追加转包人或者违法分包人为本案第三人,在查明发包人欠付转包人或者违法分包人建设工程价款的数额后,判决发包人在欠付建设工程价款范围内对实际施工人承担责任。”也就是说,承包人将其承包的建设工程违法分包的情形下,接受违法分包的承包人属于实际施工人,其有权请求发包人在欠付工程价款的范围内承担支付工程价款的责任。

(5)对工程质量承担连带赔偿责任。《建筑法》第 67 条第 2 款规定,承包人对因违法分包的工程不符合规定的质量标准造成的损失,承包人与接受违法分包的单位承担连带赔偿责任。《最高人民法院关于审理建设工程施工合同纠纷案件适用法律问题的解释(一)》第 7 条规定,缺乏资质的单位或者个人借用有资质的建筑施工企业名义签订建设工程施工合同,发包人请求出借方与借用方对建设工程质量不合格等因出借资质造成的损失承担连带赔偿责任的,人民法院应予支持。

此外,违法分包还面临承担行政责任和刑事责任的风险。由于违法分包属于违法行为,严重扰乱了建筑市场秩序,危及人民财产安全和人身安全,根据《建筑法》《建设工程质量管理条例》的规定,承包单位违法分包的,责令改正,没收违法所得,并处以罚款,并可以责令停业整顿,降低资质等级;情节严重的,吊销资质证书。《刑法》第 134 条规定:“在生产、作业中违反有关安全管理的规定,因而发生重大伤亡事故或者造成其他严重后果的,处三年以下有期徒刑或者拘役;情节特别恶劣的,处三年以上七年以下有期徒刑。强令他人违章冒险作业,因而发生重大伤亡事故或者造成其他严重后果的,处五年以下有期徒刑或者拘役;情节特别恶劣的,处五年以上有期徒刑。”因此,违法分包存在极大的质量安全隐患,若因此发生重大责任事故,相关主体将依法承担刑事责任。

三、发包人指定分包

(一)指定分包的定义

目前我国法律、行政法规对于发包人指定分包没有明确规定,在建设工程实务中,指定分包通常是指建设单位把建设工程承包给总承包商后,由总承包商将其中部分专业工程分包给建设单位指定的分包商。被建设单位选定的分包商并不直接与建设单位订立分包合同,而是与总承包商订立建设工程分包合同。[①] 指定分包一般具有以下特点:一是分包工程的承包人直接由发包人予以确定,而不是由总承包人予以选定;二是指定分包的工程内容包含在总承包合同的承包范围内,是总承包合同约定的承包范围的组成部分;三是指定分包人不是直接与发包人订立建设工程分包合同,而是与总承包人订立建设工程分包合同。

(二)禁止指定分包的范围

根据《建筑法》第23、25条和第57条的规定,政府及其所属部门不得滥用行政权力,限定发包单位将招标发包的建筑工程发包给指定的承包单位。按照合同约定,建筑材料、建筑构配件和设备由工程承包单位采购的,发包单位不得指定承包单位购入用于工程的建筑材料、建筑构配件和设备或者指定生产厂、供应商。建筑设计单位对设计文件选用的建筑材料、建筑构配件和设备,不得指定生产厂、供应商。

住房和城乡建设部的部门规章、规范性文件中明确建设单位不得指定分包,但近年的文件对指定分包的规定有所变化。《工程建设项目施工招标投标办法》第66条规定:“招标人不得直接指定分包人。”住房和城乡建设部《房屋建筑和市政基础设施工程施工分包管理办法》第7条明确规定:“建设单位不得直接指定分包工程承包人。任何单位和个人不得对依法实施的分包活动进行干预。”上述两个办法明确了我国禁止指定分包。

---

① 参见朱树英:《工程合同实务问答》(第2版),法律出版社2011年版,第185页。

《住房和城乡建设部关于进一步加强房屋建筑和市政基础设施工程招标投标监管的指导意见》(建市规〔2019〕11 号)第 2 条第 3 款规定:“缩小招标范围。社会投资的房屋建筑工程,建设单位自主决定发包方式,社会投资的市政基础设施工程依法决定发包方式。政府投资工程鼓励采用全过程工程咨询、工程总承包方式,减少招标投标层级,依据合同约定或经招标人同意,由总承包单位自主决定专业分包,招标人不得指定分包或肢解工程。”上述“指导意见”将建设项目区分为“社会投资”与“政府投资工程”,明确社会投资的房屋建筑工程由建设单位自主决定发包方式,社会投资的市政基础设施工程则需依法决定发包方式。政府投资工程则明确由总承包单位自主决定专业分包,招标人不得指定分包或肢解工程。

《建筑工程施工转包违法分包等违法行为认定查处管理办法(试行)》(建市〔2014〕118 号)第 5 条规定:“存在下列情形之一的,属于违法发包:……(七)建设单位违反施工合同约定,通过各种形式要求承包单位选择其指定分包单位的”,即明确指定分包属于违法发包的行为,但《建筑工程施工发包与承包违法行为认定查处管理办法》(建市规〔2019〕1 号)删除了将指定分包视作违法发包情形的条款。由上述部门规章、规范性文件的变化可以看出,对于建设单位指定分包区分了范围,有逐渐不再认定其系违法行为的趋势。①

违法指定分包的责任。《建筑法》第 78 条规定:“政府及其所属部门的工作人员违反本法规定,限定发包单位将招标发包的工程发包给指定的承包单位的,由上级机关责令改正;构成犯罪的,依法追究刑事责任。”《建设工程质量管理条例》第 63 条规定:“违反本条例规定,有下列行为之一的,责令改正,处 10 万元以上 30 万元以下的罚款:(三)设计单位指定建筑材料、建筑构配件的生产厂、供应商的……”

(三)指定分包合同的效力

对于发包人指定分包情形下,总承包人与分包人所订立的建设工程分包合同,只要发包人和承包人在招投标文件或者建设工程施工合同中作出明确约

---

① 朱树英、何郁宁:《指定分包行为及其责任承担〈建筑法〉修改应予明确规定》,载中国律师网 2020 年 7 月 14 日,http://www.acla.org.cn/article/page/detailById/29930。

定，且建设工程分包合同不违反法律的强制性规定，指定分包所订立的分包合同应依法认定有效。这是因为：一是原建设部发布的《房屋建筑和市政基础设施工程施工分包管理办法》等规范性文件属于部门规章，效力层次比较低，在司法实践中此种部门规章不能作为认定指定分包情形下订立的建设工程分包合同效力的依据。二是发包人根据使用建设工程的需要，往往对建设工程中的某些专业工程的施工具有特殊的技术要求，需要有特殊专业技能的建筑施工企业进行特定的专业化施工，这是建设工程的专业性、技术性特点决定的，因此，发包人指定某些专业工程的分包人也是满足建设工程特殊施工技术的需要，对保障建设工程专业工程的质量是有利的。总之，在我国现行法律对指定分包没有明确禁止性规定的情况下，不宜否定指定分包情形下订立的建设工程分包合同的效力。当然，指定分包情形下订立的建设工程分包合同是否有效，还需要依据建筑法和国务院《建设工程质量管理条例》的规定予以认定，如果发包人指定分包的专业工程承包人不具有相应的资质条件，建设工程分包合同应依法认定无效。

（四）指定分包责任的承担

《最高人民法院关于审理建设工程施工合同纠纷案件适用法律问题的解释（一）》第13条规定："发包人具有下列情形之一，造成建设工程质量缺陷，应当承担过错责任：……（三）直接指定分包人分包专业工程。承包人有过错的，也应当承担相应的过错责任。"换言之，发包人直接指定分包人的，对于分包工程发生的质量缺陷，应由发包人承担相应的过错责任，总承包人无须与分包人承担连带责任，仅是在承包人也有过错的情况下才承担相应的责任。理由是在总承包人分包工程的情形下，总承包人和分包人应就分包工程的质量向发包人承担连带责任，而在发包人指定分包工程的情形下，分包工程产生质量缺陷，仍要求总承包人和分包人对分包工程的质量承担连带责任是不公平的，除非建设工程施工合同对指定分包人和总承包人的质量责任作出明确约定。另外，如果发包人指定分包的工程不在施工单位承包的工程范围内，属于发包人直接发包建设工程，不属于指定分包的情形。

《最高人民法院关于审理建设工程施工合同纠纷案件适用法律问题的解释（一）》规定了指定分包情况下建设单位的过错责任，但何为"因发包人直接指定分包人造成工程质量缺陷"并未有更具体的规定,而且对于指定分包造成的工期延误如何处理仍未明确。造成司法实践中多由法官自由裁量,裁判结果差异较大。法官自由裁量主要有下列三种观点:(1)结合双方履约情况及过错大小,由法院酌定建设单位与总承包单位的责任比例;(2)总承包单位收取了总包管理费,应对分包项目进行全面统筹管理并承担连带责任,因此如果总承包单位未能提供充分证据证明其尽到全面监督管理之责,则不能免除总承包单位应承担的责任;(3)由于指定分包导致的工期延误或质量缺陷不能归责于总承包单位。①

四、劳务作业分包与专业工程分包

按照《专业承包企业资质等级标准》的规定,可以分包的专业工程主要包括地基与基础工程、土石方工程、建筑装饰装修工程、消防设施工程等共计 60 种专业工程,凡是分包合同中以上述范围内工程项目为分包内容的,一般认定为专业分包合同。按照原建设部《建筑业劳务分包企业资质标准》的规定,可以分包的劳务作业项目分为木工、砌筑、抹灰、石制、油漆、钢筋、混凝土、脚手架、模板、焊接、水暖电安装、钣金、架线 13 种。

根据《建设工程质量管理条例》第 78 条第 2 款的规定,严禁专业工程分包单位将承包的建设工程再分包。《房屋建筑和市政基础设施工程施工分包管理办法》第 5 条规定,劳务作业的发包人既可以是施工总承包人,也可以是专业工程承包人。如果劳务作业的发包人是专业工程的分包单位,则其将专业工程施工中的劳务作业发包给具有法定劳务作业资质的劳务分包企业,此种分包是否属于第二次分包,是否违反《民法典》《建筑法》以及行政法规关于分包单位不得再次分包的规定呢?我们认为,劳务作业分包既不是工程转包,也不是工程分包,劳务作业分包指向的对象是工程施工中的劳务作业部分,并非建设工程项目本身,也就是说,专业工程的分包单位发包给劳务分包企业的,不是建设工程,而是工程施工中的劳务作业部分。该部分仅是专业工程施工中的简单劳

① 朱树英、何郁宁:《指定分包行为及其责任承担〈建筑法〉修改应予明确规定》,载中国律师网 2020 年 7 月 14 日,http://www.acla.org.cn/article/page/detailById/29930。

动，是专业工程施工的重要组成部分，因此，专业工程的分包单位将专业工程施工中的劳务作业发包给具有相应资质的劳务分包企业，不属于第二次分包，不违反《民法典》《建筑法》以及行政法规关于专业工程分包的法律规定。也就是说，违法分包合同主要针对专业工程分包，劳务作业分包中不存在二次违法分包的问题，如果承包人将建设工程中的施工劳务分包给不具有劳务分包资质的建筑施工企业，所订立的劳务作业分包合同应认定为无效。

五、分包的法律后果

为保证工程质量，切实保护发包人的利益，总承包单位和分包单位就分包工程的工作成果对发包单位承担连带责任。《民法典》第 791 条第 2 款规定："总承包人或者勘察、设计、施工承包人经发包人同意，可以将自己承包的部分工作交由第三人完成。第三人就其完成的工作成果与总承包人或者勘察、设计、施工承包人向发包人承担连带责任。承包人不得将其承包的全部建设工程转包给第三人或者将其承包的全部建设工程支解以后以分包的名义分别转包给第三人。"违法分包所订立的建设工程分包合同无效。

Chapter 05

第五章

建设工程合同法律制度

【思维导图】

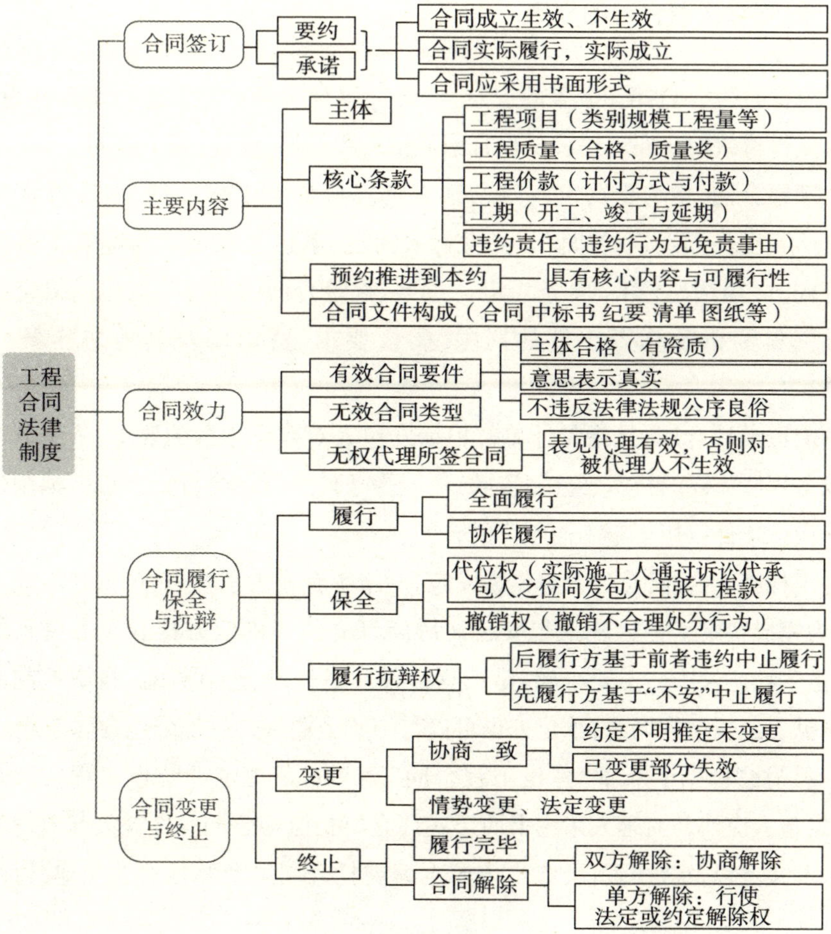

工程建设活动应当依据法律法规、强制性标准开展建设活动，还应当以建设工程合同管理为核心实现工程造价、进度和质量安全控制。俗话说，“财富的一半来自合同”，建设工程合同因标的特殊、涉及内容多、履约周期长、条款复杂、环节众多，组织管理合同的水平在某种程度上意味着建设项目的盈利水平。加强建设工程项目管理，必须加强对建设工程合同签订、履行的管理，这是维护建筑市场规范运行及各主体合法权益的基础。

第一节 建设工程合同的签订

一、建设工程合同的界定

根据《民法典》第 788 条的规定，建设工程合同是承包人进行工程建设，发包人支付价款的合同。建设工程合同包括工程勘察、设计、施工合同。

勘察合同，指的是发包人与勘察人就完成建设工程地理、地质等状况的调查研究工作而达成的协议。经发包人同意，承包人也可以与勘查人签订勘查合同。《民法典》第 794 条规定：“勘察、设计合同的内容一般包括提交有关基础资料和概预算等文件的期限、质量要求、费用以及其他协作条件等条款。”

工程设计合同，是指设计单位根据发包人对建设工程的要求，依法依约对建设工程所需要的技术、经济、资源、环境等条件进行综合分析、论证，编制建设工程设计文件以用于施工而签订的合同。

工程施工合同，是建设单位为发包方，施工企业为承包方，依据基本建设程序，为完成特定工程的施工与安装而协商订立的明确双方权利义务关系的协议，是工程建设中的主要合同，是工程建设质量控制、进度控制、投资控制的主要依据。经发包人同意，承包方也可以与施工企业签订施工分包合同。

《民法典》第十八章“建设工程合同”第 796 条规定：“建设工程实行监理的，发包人应当与监理人采用书面形式订立委托监理合同。发包人与监理人的权利和义务以及法律责任，应当依照本编委托合同以及其他有关法律、行政法规的规定。”可见,建设工程监理合同属于委托合同,与建设工程合同密切相关。

二、建设工程合同的订立

建设工程合同订立,是建设工程发承包的关键环节。《民法典》第471条规定:“当事人订立合同,可以采取要约、承诺方式或者其他方式。”可见,区分发承包双方的意思表示是要约还是承诺,关乎合同是否成立以及合同主体之间的权利义务的确认。

(一)要约

1. 要约是希望与他人订立合同的意思表示。建设工程直接发包的,建设单位将工程发包的主要条件告知其意向的工程承包单位,并提出拟与其签订该建设工程合同的意思,系要约。

2. 建设工程通过招投标发包的,发布招标文件和招标公告,系要约邀请。《民法典》第473条规定:“要约邀请是希望他人向自己发出要约的表示。拍卖公告、招标公告、招股说明书、债券募集办法、基金招募说明书、商业广告和宣传、寄送的价目表等为要约邀请。”招标公告发出后,投标人投标,系要约。要约邀请与要约区分的主要根据:要约的内容具体确定,对方同意后,可以直接依据要约订立合同条款;要约邀请的内容不能具体确定,即希望他人向自己发出要约意思表示。如招标公告属于要约邀请,投标则属于要约。

建设工程合同要约到达受要约人时生效,受要约人承诺时,要约人负有与其签订合同的义务,而不得随意撤销要约。一方要约后,另一方往往会为履行建设工程合同做了合理准备,如施工方进行投标预算等准备活动,或为进场施工安排人员、材料、机械设备等,如果允许随意撤销要约,往往意味着相对方会产生较大经济损失。因此,只要工程项目还可以发包,应当按照前述《民法典》第476条[①]的规定不允许撤销要约,如果工程项目因故不能发承包了,则应允许

---

① 《民法典》第476条规定:“要约可以撤销,但是有下列情形之一的除外:(一)要约人以确定承诺期限或者其他形式明示要约不可撤销;(二)受要约人有理由认为要约是不可撤销的,并已经为履行合同做了合理准备工作。”

撤销要约,但应当对相对方的损失予以赔偿。

(二)承诺

1. 承诺是受要约人同意要约的意思表示

直接发包的,受要约人同意接受要约,则该意思表示构成承诺,合同依法成立。招投标发包的,投标人以投标书的形式发出要约后,发包人同意按照已作出实质性响应的投标书内容及二次报价内容(如有)订立建设工程合同的,发出中标通知书,构成承诺。发包人拒绝要约或在要约给定的期限内未做出承诺,或者未能确定中标人,则双方未能就建设工程合同达成一致,合同不能成立。

2. 承诺的内容

承诺内容应当与要约一致,至少没有实质性变更,且应当在要约确定的期限内到达要约人。《民法典》第 488 条规定:“承诺的内容应当与要约的内容一致。受要约人对要约的内容作出实质性变更的,为新要约。有关合同标的、数量、质量、价款或者报酬、履行期限、履行地点和方式、违约责任和解决争议方法等的变更,是对要约内容的实质性变更。”第 489 条规定:“承诺对要约的内容作出非实质性变更的,除要约人及时表示反对或者要约表明承诺不得对要约的内容作出任何变更外,该承诺有效,合同的内容以承诺的内容为准。”这就需要我们注意,协议发包的情况下,发包人提供合同文本给承包人,承包人对部分内容做了修改后返还发包人,但双方因故未签订正式建设工程合同,承包人即进场施工,对于双方合同没有明确约定的内容,应当以承包人非实质性修改的内容作为承诺的意思表示,如果是实质性修改,则需要发包人再予以承诺。

三、建设工程合同的成立与生效

(一)建设工程合同成立即生效是一般规则

《民法典》第 502 条第 1 款规定:“依法成立的合同,自成立时生效,但是法律另有规定或者当事人另有约定的除外。”

以招投标发包建设工程为例，招标公告是要约邀请，投标是要约，发出中标通知书是承诺，双方协商确定合同具体内容，签字盖章，建设工程合同即成立并生效。合同成立与生效也会产生不同的法律后果。合同成立，是指当事人具有订立合同的意思，具备两方以上当事人、合同标的、订约的意思表示三项要素，合同即成立，这是事实判断。合同生效则是指合同当事人，即当事人应当具备法律规定的主体资格，就合同的主要条款协商一致，且该合意系基于各方真实意思，合同才依法生效。可见，建设工程合同成立是双方当事人达成合意的事实认定问题，合同成立后，按照法律和当事人约定的条件或期限生效，而合同生效属于合同行为符合法律的肯定性价值判断问题，生效合同才能得到法律保护。

（二）建设工程合同成立不一定生效的情形

有的建设工程合同成立但并不生效，主要有五种情况：

1. 附生效条件或期限的合同。《民法典》第 136 条第 1 款规定："民事法律行为自成立时生效，但是法律另有规定或者当事人另有约定的除外。"第 158 条规定："民事法律行为可以附条件，但是根据其性质不得附条件的除外。附生效条件的民事法律行为，自条件成就时生效。附解除条件的民事法律行为，自条件成就时失效。"《民法典》第 159 条规定："附条件的民事法律行为，当事人为自己的利益不正当地阻止条件成就的，视为条件已经成就；不正当地促成条件成就的，视为条件不成就。"如建设工程合同的双方当事人约定以一方提交履约保证金或上级主管部门对建设工程合同的审批备案为合同生效要件，当事人提交合同履约保证金或主管部门审批备案，系所附条件成就，合同才能生效。如果承包人故意不提供履约保证金，但却进场施工了，则意味着双方建设工程合同生效，如果以未提交履约保证金合同不生效来处理的话，势必导致纷争。需要注意的是，如果当事人没有约定审批备案为合同生效要件，则建设工程合同备案并不是合同生效要件，而是主管部门监管的需要，不影响建设工程合同的生效。

2. 应当审批后才生效的合同。《民法典》第 502 条第 2 款规定："依照法律、行政法规的规定，合同应当办理批准等手续的，依照其规定。未办理批准等手续影响合同生效的，不影响合同中履行报批等义务条款以及相关条款的效力。

应当办理申请批准等手续的当事人未履行义务的,对方可以请求其承担违反该义务的责任。”

3. 无权代理合同。无权代理人订立合同系成立但效力待定,需要等待第三方追认才能生效。如建设工程合同签订过程中,未经单位授权的项目经理或其他人员私下代表单位签约的合同,这种合同因欠缺被代理单位的同意,系签约主体资格欠缺,合同成立后并不生效,只有被代理人追认后,合同才生效。无权代理人以被代理人的名义订立合同,被代理人已经开始履行合同义务或者接受相对人履行的,视为对合同的追认。

4. 越权行为订立合同效力待定。根据《民法典》第 504 条的规定:“法人的法定代表人或者非法人组织的负责人超越权限订立的合同,除相对人知道或者应当知道其超越权限外,该代表行为有效,订立的合同对法人或者非法人组织发生效力。”可见,越权者所签订合同,要看对方当事人是否明知其越权签约,明知越权签约的,合同无效,否则合同有效。

5. 无效合同因转包、违法分包、借用资质等违法行为订立的合同虽成立但无效。因承包主体不具备相应资质,直接违反了《建筑法》与《民法典》等法律法规的强制性效力性规定,合同自始、确定、当然无效。

(三)确认书与建设工程合同的实际成立

1. 建设工程合同成立的确认

(1)当事人均签名、盖章或者按指印时合同成立。建设工程合同大多采用合同书形式订立,根据《民法典》第 490 条第 1 款的规定,自当事人均签名、盖章或者按指印时合同成立。发承包双方当事人签字盖章时间不同的,最后一方签字盖章的时间,应认定为合同成立时间。[①]

(2)当事人采用信件、数据电文等形式订立合同的,根据《民法典》第 491 条第 1 款的规定,签订确认书时合同成立。《民法典》第 492 条规定:“承诺生效的地点为合同成立的地点。采用数据电文形式订立合同的,收件人的主营业地为

---

① 由于最高人民法院已通过司法解释的形式确认了建设工程合同纠纷的诉讼管辖法院为建设工程所在地法院,而选择仲裁解决争议的,双方应当明确选择仲裁委,因此合同成立地点的不同对于建设工程合同当事人选择纠纷管辖机构的意义并不大。

合同成立的地点;没有主营业地的,其住所地为合同成立的地点。当事人另有约定的,按照其约定。”

2. 合同的实际成立

实践中,建设工程合同因故未完成双方的签字盖章确认,但已实际履行,应认定合同已成立。根据《民法典》第490条第1款的规定,当事人采用合同书形式订立合同,在签名、盖章或者按指印之前,当事人一方已经履行主要义务,对方接受时,该合同成立。《民法典》第490条第2款规定:“法律、行政法规规定或者当事人约定合同应当采用书面形式订立,当事人未采用书面形式,但是一方已经履行主要义务,对方接受时,该合同成立。”实践中,有的工程招投标确定中标人之后,尚未签订书面建设工程合同,承包人即进场施工,构成建设工程合同的实际成立。没有签订书面合同书,并不能否认双方存在建设工程合同,而应当根据双方的意思表示予以认定,这就防范了建设工程合同不具备特定形式要件而影响双方权利义务无法确定的风险。

四、建设工程合同应当采用书面形式

建设工程合同是固定发承包双方权利义务的主要依据,是安排工程项目施工的指导性文件,是控制工程成本和进行竣工结算的依据,也为合同签订、履行过程中发生的风险进行合理转移提供了可能,通过书面形式确定双方的权利义务,便于工程项目实施。

《民法典》第789条规定:“建设工程合同应当采用书面形式。”书面形式是指合同书、信件以及数据电文(包括电报、电传、传真、电子数据交换和电子邮件)等以文字表现当事人所订合同的形式。出于保护社会公共利益、便利当事人及兼顾发承包双方权利义务平衡的目的,住建部与国家工商行政管理局联合颁发了1991年版《建设工程施工合同(示范文本)》(GF—1991—0201)、1999版(GF—1999—0201)、2013版(GF—2013—0201)、2017版(GF—2017—0201)。《示范文本》由合同协议书、通用合同条款和专用合同条款三部分组成,为非强制性使用文本,适用于房屋建筑工程、土木工程、线路管道和设备安装工程、装修工程等建设工程的施工承发包活动,合同当事人可结合建设工程具体情况,根据《示范文本》订立合同、确定双方合同权利义务。当事人也可以参照示范文本汇总相关条款根据自己的需要签订。

另外，我国还有其他建设工程合同示范文本，如《建设工程勘察合同（示范文本）》（GF—2016—0203）、《建设工程造价咨询合同（示范文本）》（GF—2015—0212）、《建设工程设计合同示范文本（专业建设工程）》（GF—2015—0210）、《建设工程设计合同示范文本（房屋建筑工程）》（GF—2015—0209）、《建设工程监理合同（示范文本）》（GF—2012—0202）、《建设工程施工劳务分包合同（示范文本）》（GF—2003—0214）、《建设工程施工专业分包合同（示范文本）》（GF—2003—0213）、《建设项目工程总承包合同（示范文本）》（GF—2020—0216）等，以上示范文本形成一个基本完整的体系，有利于减少谈判的时间与往来磋商环节，对于平衡建设工程合同双方利益发挥重要作用。

第二节　建设工程合同的主要内容

建设工程合同的内容是确定双方权利义务关系的基本依据，而合同的条款多、文本厚，涉及技术、经济、法律等因素较多，公平合理地商定合同内容对于平衡双方利益、保障合同顺利履行、确保工程质量安全与工期，尤为重要。《民法典》第 795 条规定："施工合同的内容一般包括工程范围、建设工期、中间交工工程的开工和竣工时间、工程质量、工程造价、技术资料交付时间、材料和设备供应责任、拨款和结算、竣工验收、质量保修范围和质量保证期、相互协作等条款。"一般说来，建设工程合同应当具备如下主要内容：

一、建设工程合同的主体

合同主体即作为甲方的发包人与作为乙方的承包人，应当在合同首部予以明确，并且在合同尾部盖章确认，法定代表人或经办人还应在合同上签字。其中，发包人为"具有工程发包主体资格和支付工程价款能力的当事人以及取得该当事人资格的合法继承人"。合格的发包人应具有法人资格，办理了齐备的工程项目合法手续，且具有良好的履约能力，能够对外独立地承担民事责任。

承包人应当是具备合法资质进行建筑业务活动而实际行使权利和承担义务的主体，一般应为建筑企业法人。总包单位应选择具有相应资质的施工人，没有相应资质的企业与人员，一律严格禁入建筑市场。包工头、项目经理个人不能成为建设工程合同的合法主体。

实践中，存在借用资质挂靠承包等违法行为，但合同主体是发包人和名义的承包人。涉及转包或违法分包的，则存在两个合同关系，总包合同与转包合同，或者总包合同与违法分包合同，转包与违法分包都是《建筑法》《民法典》所禁止的。

二、建设工程合同的核心

（一）建设工程项目

承包人进行工程建设，发包人支付工程价款，双方建设工程合同的权利义务指向的标的就是建设工程。工程项目一般包含土建、安装、装饰工程，合同应当明确发包人交由承包人施工的具体项目、工程的范围、类别、规模等基本问题，进而确定工程量，审定工程价款的计算和工期问题。合同应当明确工程项目的范围，往往以图纸、面积、工程性能等限定工程量。

如果合同签订后工程量有增减，应当依据合同确定工程价款是否相应予以增减。需要注意的是，发承包双方签订的合同是施工总承包合同还是 EPC 工程总承包合同？如果是后者，则因承包人对设计进行优化而导致的工程量增减，并不影响原合同价款的计算。

（二）工程质量

合同当事人在协议书部分往往对工程质量标准做原则性规定：质量合格，这是根据验收规范允许工程项目投入使用的最低质量标准。也有的发包人追求工程高品质，而约定获得工程类某质量奖。法律允许当事人做出较高质量标准的约定。约定工程质量标准的时候，需要注意工程质量合格系指建设单位组织的工程竣工验收合格，是工程投入使用安全的保障，这与工程验收合格后在建设行政主管部门的竣工备案不是一回事。

（三）工程价款

根据《建设工程价款结算暂行办法》（财建〔2004〕369 号），工程价款结算是指对建设工程的发承包合同价款进行约定和依据合同约定进行工程预付款、工程进度款、工程竣工价款结算的活动。可见，建设工程价款包括工程预付款、工程进度款、工程竣工价款。根据《建设工程价款结算暂行办法》第 8 条的规定，发、承包人在签订合同时对于工程价款的约定，可选用下列一种约定方式：

（1）固定总价。合同工期较短且工程合同总价较低的工程，可以采用固定总价合同方式。

（2）固定单价。双方在合同中约定综合单价包含的风险范围和风险费用的计算方法，在约定的风险范围内综合单价不再调整。风险范围以外的综合单价调整方法，应当在合同中约定。

（3）可调价格。可调价格包括可调综合单价和措施费等，双方应在合同中约定综合单价和措施费的调整方法，调整因素包括：法律、行政法规和国家有关政策变化影响合同价款；工程造价管理机构的价格调整；经批准的设计变更；发包人更改经审定批准的施工组织设计（修正错误除外）造成费用增加；双方约定的其他因素。

合同中还往往约定：工程款计价方式是定额计价抑或工程量清单计价，材料款如何结算，水电费如何计量支付，税费如何计量支付等，都构成工程价款结算不可分割的组成部分。

（四）工期

合同工期的约定具有重要意义，既需要满足发包人对于工程项目投入使用的时间需求，而且还因不同的开工日、竣工日和工期意味着施工成本的不同，甚至可能因为延缓开工或工期延长而承受较大的人员、材料、机械设备租赁费等费用上涨的损失。

合同工期的约定主要有：一是工程工期的日历天数；二是约定具体的开工日与工期；三是约定暂定的开工日，具体以开工令为准。

(五)违约责任

工程合同中的违约责任,主要存在于以下情形:一是工程价款逾期支付的逾期付款违约责任;二是工期拖延后承包方应向发包人支付的工期违约金;三是质量不合格的违约损失赔偿责任、违约金责任;四是工程管理过程中,因承包人的项目经理或其他负责人不按照建设单位约定驻守施工现场而受到的处罚(往往也以违约金的形式支付);五是出现其他违约行为时,应支付的违约金或损失赔偿金等。工程合同违约条款主要是约定违约金与损失赔偿金的金额或计算方式。

(六)其他约定

在示范文本的第三部分的专用合同条款中,发承包双方会对通用条款中的相关内容予以细化具体约定,也会约定合同生效条件等特殊条款以及争议解决条款等内容。

三、建设工程合同中本约与预约的认定

基于建设工程的复杂性以及履行期较长,发承包双方经常会签订多份施工合同、补充协议等,通过合同内容正确认定合同性质属于预约还是本约,对于确认双方的权利义务至关重要。

(一)框架性约定建设工程合同初步内容的合同属于预约

《民法典》第495条规定:"当事人约定在将来一定期限内订立合同的认购书、订购书、预订书等,构成预约合同。当事人一方不履行预约合同约定的订立合同义务的,对方可以请求其承担预约合同的违约责任。"在具备签订正式建设工程合同的条件之前,当事人可以通过战略合作协议书、意向书等签订预约合同的方式,把双方拟订立建设工程合同的框架和基本内容确定下来,等到本约签订的条件具备时再签订正式的建设工程合同。如发承包双方在建设项目的用地规划许可证尚未颁发之前,预约规划许可证下发之后签订正式的建设工程合同,这种预约的目的是将来订立本约,能提前稳定双方之间的工程合同关系,

有别于缺乏用地规划许可证的无效建设工程合同。

发承包双方签订预约合同后,具有将预约推到本约正式签订建设工程合同的义务,但并不一定最终签订建设工程合同。如果因不可归责于任何一方的原因比如不可抗力、政策等原因未签订正式的建设工程合同,任何一方均不承担任何违约责任。如果因一方违反预约合同的义务,则对于未签订正式建设工程合同具有过错责任,则仅应承担违反预约合同的违约责任。

(二)约定具体权利义务的合同属于建设工程合同本约

当建设工程合同内容具备了双方发承包建设工程的基本核心内容后,则该合同具备了可履行性,属于本约。如违反了有效的本约合同,则应承担违约责任,包括但不限于支付违约金、赔偿工程费用损失、赔偿工程预期利益损失等方式。

四、建设工程合同文件的构成

建设工程的发包人与承包人经过招投标或者磋商谈判,依法订立建设工程合同,通过合同条款将各方的权利义务明确规定下来,而双方因工程建设发生的权利义务,不仅仅是通过一份合同文本确定,还往往涉及双方往来的多份组成合同的文件。建设工程合同文件,一般包括如下文件:

(一)合同协议书

合同协议书部分,主要包括:工程概况、合同工期、质量标准、签约合同价和合同价格形式、项目经理、合同文件构成、承诺、词语含义、签约时间、签约地点、补充协议、合同生效以及合同份数等重要内容,集中约定了合同当事人基本的合同权利义务。

(二)中标通知书

通过招投标确定工程承包人的,发包人往往出具书面的中标通知书,送达中标人,并以此作为双方签订建设工程合同的核心条款。中标通知书,一般包括:中标人、工程项目名称、规模、地点、中标价等内容。

(三)投标书及其附件

拟承揽工程的承包人会按照招标文件的要求,制作投标书对招标文件进行实质性响应,包含商务标和技术标。《招标投标法》第46条第1款规定:“招标人和中标人应当自中标通知书发出之日起30日内,按照招标文件和中标人的投标文件订立书面合同。招标人和中标人不得再行订立背离合同实质性内容的其他协议。”

(四)合同专用条款

合同当事人根据不同建设工程的特点及具体情况,对通用合同条款原则性约定的细化、完善、补充、修改或另行约定的条款,往往通过双方谈判、协商对相应的专用合同条款进行修改补充。专用合同条款的编号应与相应的通用合同条款的编号一致;合同当事人可以通过对专用合同条款的商定,满足具体建设工程的特殊要求,避免直接修改通用合同条款;在专用合同条款中有下横线的地方,合同当事人可针对相应的通用合同条款进行细化、完善、补充、修改或另行约定。

(五)合同通用条款

合同当事人根据《建筑法》等法律法规的规定,就工程建设的实施及相关事项,对合同当事人的权利义务作出的原则性约定。具体条款分别为:一般规定、发包人、承包人、监理人、工程质量、安全文明施工与环境保护、工期和进度、材料与设备、试验与检验、变更、价格调整、合同价格、计量与支付、验收和工程试车、竣工结算、缺陷责任与保修、违约、不可抗力、保险、索赔和争议解决。前述条款安排既考虑了现行法律法规对工程建设的有关要求,也考虑了建设工程施工管理的特殊需要。

(六)洽商、变更权利义务等纪要、协议

建设工程合同签订后履行过程中,往往会因为某些情况的变化,需要双方签订补充协议,或通过会议纪要的方式,对工程建设中出现新情况导致的权利义务变化予以调整确认。其也属于双方意思自治协商确认的产物,能更真实地

表达双方的意愿，成为双方建设工程合同的有机组成部分。

（七）其他文件工程量清单、工程报价单或工程预算书以及标准、规范和其他有关技术资料、图纸等

第三节 建设工程合同的效力

合同的效力在合同法体系中具有基础性地位，从立法原理看，体现国家对契约自由的干预程序；从司法目的看，体现人民法院对社会经济秩序的维护和对国家产业政策的落实；从合同本身来看，体现合同主体责、权、利的具体范围。[①]

一、有效建设工程合同的构成要件

《民法典》第143条规定了民事法律行为有效的条件，《建筑法》规定了从事建筑行业应当具备的条件和禁止条件。建设工程合同生效应当具备以下要件：

（一）建设工程合同当事人具有合法的主体资格

合同是当事人意思自治、协商一致的产物，缔约主体应当具有相应的民事权利和民事行为能力。作为合同主体的发包方属于工程项目的建设单位或代建单位，应当具备开发建设条件，承包方则应当具备承揽工程的相应资质等级和履行合同的能力，如果超越资质承揽工程，或者借用他人资质承揽工程，则不具备签订建设工程合同的主体资格。

（二）建设工程合同当事人意思表示真实

建设工程合同当事人是否订立合同、与谁订立合同，工程范围、合同条款的

① 参见余卫：《民法分则合同编之合同无效事由的规则完善——以建设工程“黑白合同”为例》，载《江西社会科学》2017年第6期。

确定等事项,均应是在意志自由的情况下,出于行为人内心真实意愿而决定的。意思表示不真实包括两个方面,一是行为人的意思表示不自由,如受到欺诈、胁迫等外部原因;二是合同相对方利用优势地位对己方施加不公平条件导致合同权利义务显失公平,或己方因重大误解导致合同条款严重损害自身的合法利益等。由于合同成立后,当事人的意思表示是否真实往往难以从其外部判断,法律对此一般不主动干预,如果订约后的当事人主张其意思表示真实,则应当由其举证证明存在的情形,并向人民法院或仲裁机构申请撤销或变更原建设工程合同。如果订约时存在意思表示不真实的情形,但当事人在法定期限内并不主张,则应尊重合同效力现状,继续履行合同,因此意思不真实仅产生可以撤销或变更建设工程合同的相对无效的效果,但并不导致合同绝对无效。根据《民法典》的相关规定,意思不真实的合同主要有以下情形:

1. 因重大误解签订的建设工程合同。《民法典》第 147 条规定:"基于重大误解实施的民事法律行为,行为人有权请求人民法院或者仲裁机构予以撤销。"

2. 因欺诈签订的建设工程合同。《民法典》第 148 条规定:"一方以欺诈手段,使对方在违背真实意思的情况下实施的民事法律行为,受欺诈方有权请求人民法院或者仲裁机构予以撤销。"《民法典》第 149 条规定:"第三人实施欺诈行为,使一方在违背真实意思的情况下实施的民事法律行为,对方知道或者应当知道该欺诈行为的,受欺诈方有权请求人民法院或者仲裁机构予以撤销。"

3. 因胁迫签订的建设工程合同。《民法典》第 150 条规定:"一方或者第三人以胁迫手段,使对方在违背真实意思的情况下实施的民事法律行为,受胁迫方有权请求人民法院或者仲裁机构予以撤销。"

4. 显失公平的合同。《民法典》第 151 条规定:"一方利用对方处于危困状态、缺乏判断能力等情形,致使民事法律行为成立时显失公平的,受损害方有权请求人民法院或者仲裁机构予以撤销。"

需要注意的是,有的合同主体的意思表示不真实,还存在真意保留、虚伪表示、隐藏行为三种情况①,但该类意思表示不真实并非可撤销合同。《民法

---

① 真意保留,行为人故意隐瞒真意而表示其他意思;虚伪表示,即行为人与相对人通谋而做出虚假的意思表示;隐藏行为,行为人将其真意隐藏在虚假的意思表示中,如以合法形式掩盖非法目的的行为。

典》第 146 条规定:“行为人与相对人以虚假的意思表示实施的民事法律行为无效。以虚假的意思表示隐藏的民事法律行为的效力,依照有关法律规定处理。”

(三)建设工程合同不违反法律法规与公序良俗

根据《民法典》第 143 条的规定,合同的内容与目的均应符合法律、行政法规的强制性规定和社会公共利益的要求,违反全国人大及其常委会制定的法律和国务院制定的行政法规,且违反其中的强制性规定中的效力性规范的,工程合同无效,如《建筑法》禁止转包,则转包合同无效。如违反的仅是管理性规范或倡导性规范,则并不必然导致合同无效,如不具备施工许可证就开工建设,虽然违法但建设工程合同不因此无效。

2019 年《全国法院民商事审判工作会议纪要》(以下简称《九民会议纪要》)第 30 条第 2 款规定,下列强制性规定,应当认定为“效力性强制性规定”:强制性规定涉及金融安全、市场秩序、国家宏观政策等公序良俗的;交易标的禁止买卖的,如禁止人体器官、毒品、枪支等买卖;违反特许经营规定的,如场外配资合同;交易方式严重违法的,如违反招投标等竞争性缔约方式订立的合同;交易场所违法的,如在批准的交易场所之外进行期货交易。《九民会议纪要》对于经营范围、交易时间、交易数量等行政管理性质的强制性规定,主张一般应当认定为“管理性强制性规定”。因此,如建设工程合同涉及金融安全、市场制度、国家宏观政策等公序良俗的,可以认定为“效力性强制性规定”进而确认工程合同无效。

(四)具备法律规定或当事人约定的合同生效形式要件

《建筑法》第 15 条与《民法典》第 789 条规定对建设工程合同应当采用书面的形式要求,但其通常不是合同生效的要件。建设工程合同采用书面形式,便于确定双方之间的权利义务,但是没有采用书面形式,并不影响合同的成立与生效,如当事人对于小型附属工程并没有签订书面合同,而是采用签证单、联系单的方式确定追加工程内容,甚至没有书面依据,而承包人施工完成工程项目就意味着双方事实上订立了建设工程合同。如果法律、行政法规规定或者当事人约定将特定形式作为合同生效条件时，则该形式属于合同生效所附的要件[①]，不具备该形式则合同成立但不生效。因此，该类形式要件并不属于建设工程合同一般生效要件，与前述三个要件具有本质区别。

可见，建设工程合同具备当事人具有主体资格、意思表示真实、不违反法律或社会公共利益三个要件，就依法生效，但如果合同约定必须具备向上级报批等形式要件才能生效，则还应满足上级审批通过的生效条件。

二、无效的建设工程合同

无效的建设工程合同，指的是欠缺合法性要件而订立的建设工程合同，依法不能产生约束当事人的法律效力，不能产生当事人订立合同所预期的效果。根据《民法典》第 144 条的规定，无民事行为能力人实施的民事法律行为无效。第 146 条第 1 款规定："行为人与相对人以虚假的意思表示实施的民事法律行为无效。"《最高人民法院关于审理建设工程施工合同纠纷案件适用法律问题的解释(一)》第 1 条列举了建设工程施工合同应当认定无效的三种情形，并规定承包人因转包、违法分包建设工程与他人签订的建设工程施工合同，应当依据《民法典》第 153 条第 1 款[②]及第 791 条第 2 款[③]、第 3 款的规定，认定无效。

(一)无效建设工程合同的行为类型

1. 承包人未取得建筑施工企业资质或者超越资质等级的行为

主要表现在：

(1)施工单位无证、无照承包工程所签的建设工程合同一般无效(一般的农

---

① 根据《民法典》第 158 条的规定，民事法律行为可以附条件，但是根据其性质不得附条件的除外。附生效条件的民事法律行为，自条件成就时生效；附解除条件的民事法律行为，自条件成就时失效。

② 《民法典》第 153 条第 1 款规定："违反法律、行政法规的强制性规定的民事法律行为无效。但是，该强制性规定不导致该民事法律行为无效的除外。"

③ 《民法典》第 791 条第 2 款规定："总承包人或者勘察、设计、施工承包人经发包人同意，可以将自己承包的部分工作交由第三人完成。第三人就其完成的工作成果与总承包人或者勘察、设计、施工承包人向发包人承担连带责任。承包人不得将其承包的全部建设工程转包给第三人或者将其承包的全部建设工程支解以后以分包的名义分别转包给第三人。"第 3 款规定："禁止承包人将工程分包给不具备相应资质条件的单位。禁止分包单位将其承包的工程再分包。建设工程主体结构的施工必须由承包人自行完成。"

建工程、家庭住宅室内装饰装修工程除外)。

(2)施工单位超越经营范围、资质等级承包工程所签的建设工程合同无效。

(3)建筑公司分支机构对外承包工程,所签的建设工程合同无效。

(4)两个施工单位联合共同承包工程的,应按资质等级低的单位的业务许可范围承包,否则建设工程合同无效。

根据《建筑市场管理规定》第 16 条规定,承包方必须按照其资质等级和标准的经营范围承包任务,不得无证承包或未经批准越级、越范围承包。由于无资质的建筑业企业承揽建设工程,无法保障建设工程的质量,容易扰乱建筑市场的正常秩序,因此,承包人未取得建筑施工企业资质或者超越资质等级所签订的建设工程合同无效。需要注意的是,为了尊重现实且更好保护工程建设双方利益,《最高人民法院关于审理建设工程施工合同纠纷案件适用法律问题的解释(一)》第 4 条规定,承包人超越资质等级许可的业务范围签订建设工程施工合同,在建设工程竣工前取得相应资质等级,不按无效合同处理,而是认定为有效合同。

2. 没有资质的实际施工人借用有资质的施工企业名义的行为

建筑施工企业不具有经过国家有关行政主管部门审核的资质等级证书,借用具有建筑施工资质条件的建筑施工企业的资质证书或者名义对外承揽工程,已成为当前建筑行业普遍存在的一种通病,严重扰乱了建筑市场的正常秩序,影响了建设工程的质量,司法实践通常认定此种情况下签订的建设工程施工合同无效。根据《建筑法》第 26 条第 2 款的规定:"禁止建筑施工企业以任何形式允许其他单位或者个人使用企业的资质证书、营业执照,以本企业的名义承揽工程。施工单位借用、冒用、盗用营业执照、资质证书承包工程,所签订的建设工程合同无效。"借用资质俗称"挂靠"。根据《最高人民法院关于审理建设工程施工合同纠纷案件适用法律问题的解释(一)》第 1 条第 1 款第 2 项的规定,没有资质的实际施工人借用有资质的建筑施工企业名义承揽建设工程的合同无效。

挂靠具体表现在:

(1)不具有从事建筑活动主体资格的个人、合伙组织或企业以具备从事建筑活动资格的建筑企业的名义承揽工程,具有资质的建筑业企业通过出租、出借资质证书或者收取管理费的方式允许他人以本单位的名义承接工程。

(2)资质等级低的建筑企业以资质等级高的建筑企业的名义承揽工程。

(3)不具有工程总承包资格的建筑施工企业以具有总承包资格的建筑企业的名义承揽工程。

(4)有资质的建筑施工企业通过名义上的联营、合作、内部承包等其他方式变相允许他人以本企业的名义承揽工程。

(5)合同约定的施工单位与现场实际施工人之间无统一的财务管理,各自实行独立核算。

(6)合同约定的施工单位与现场实际施工人的项目经理及主要工程管理人员之间无合法的人事调动、任免、聘用及社会保险关系。

(7)实际施工人自行投资、自行组织施工,建筑施工企业只收取管理费,不参与工程施工、管理,不承担工程技术、质量和经济责任,仅是收取管理费并在工程资料上盖章。

在司法实践中,如何判断借用资质或者资质挂靠并进而认定合同效力是个难题。建筑企业与借用资质的实际施工人之间是否具有财务管理关系和人事劳动关系等仅是判断借用资质的表象形式要素,认定借用资质还通常考虑以下要素:一是施工技术和材料由实际施工人负责提供;二是施工设备由实际施工人负责提供。上述行为违反法律禁止性规定,挂靠所签建设工程合同无效,挂靠的企业或个人与被挂靠企业应当对工程质量、安全等承担连带法律责任。

3. 建设工程必须进行招标而未招标或者中标无效的行为

必须招标的建设工程依据《招标投标法》第3条、《招标投标法实施条例》和《工程建设项目招标范围和规模标准规定》等的相关规定予以确定。具体包括:

(1)依法应当招标而未招标的建设工程合同无效(详见本书第三章《建设工程招标投标制度》)。

(2)因无效中标而订立的建设工程合同无效。①招标代理机构违反《招标投标法》规定,泄露应当保密的与招标投标活动有关的情况和资料的,或者与招标人、投标人串通损害国家利益、社会公共利益或者其他合法权益,影响中标结果的,中标无效;②依法必须进行招标的项目的招标人向他人透露已获取招标文件的潜在投标人的名称、数量或者可能影响公平竞争的有关招标投标的其他情况,或者泄露标底,影响中标结果的,中标无效;③投标人相互串通投标或者与招标人串通投标的,投标人以向招标人或者评标委员会成员行贿的手段谋取中标的，中标无效；④投标人以他人名义投标或者以其他方式弄虚作假，骗取中标的，中标无效；⑤招标人在评标委员会依法推荐的中标候选人以外确定中标人的，依法必须进行招标的项目在所有投标被评标委员会否决后自行确定中标人的，中标无效。

(3)建设工程“黑白合同”中的无效合同。为了规避招投标监管，发包方与承包商就一个工程项目签订两份建设工程合同，其中一份系招投标订立的中标合同，另一份用于实际履行，前者称为“白合同”，后者称为“黑合同”。原则上，应以有效的中标合同作为结算依据。[①] 对于必须招投标的项目，在先签订“黑合同”后签订“白合同”的情形下，“黑合同”违反了工程应当招投标的规定无效，“白合同”违反了中标之前不得实质性磋商的规定亦无效，应以实际履行的合同为准结算工程价款，如无法确定实际履行合同，则以最后签订的合同为结算依据。反之，如先签订“白合同”、后签订“黑合同”，则“黑合同”违反了不得对中标合同进行实质性变更的规定而无效，双方应当以“白合同”作为结算依据。

4. 承包人转包建设工程的转包合同无效

承包单位不履行建设工程合同规定的承包人职责，将所承包的工程一并转包给其他单位，对工程不承担任何经济、技术、管理责任的行为，系转包行为。承包人将工程交由集团内部具有独立法人资格的子公司施工的，实践中往往认定为转包。承包人将其承包的全部或部分工程交由其下属的分支机构或在册的项目经理等企业职工个人承包施工，承包人对工程施工过程及质量进行管理，对外承担施工合同权利义务的，属于企业内部承包行为，不属于转包。

实践中，合理区分转包与内部承包的常见判断标准是：内部承包的次承包人隶属于承包单位，如果是自然人，则与承包人具有正式的劳动合同关系，包括社保缴纳、按月取酬等劳动关系的表征；如果不是自然人，则应是不具有独立法人资格的内部分支机构，内部承包合同合法有效，只是约束承包人与次承包人，但不能对抗发包人与其他参建方。转包的次承包人，则往往与承包人无任何劳动合同关系

---

① 《最高人民法院关于审理建设工程施工合同纠纷案件适用法律问题的解释(一)》第2条第1款规定：“招标人和中标人另行签订的建设工程施工合同约定的工程范围、建设工期、工程质量、工程价款等实质性内容，与中标合同不一致，一方当事人请求按照中标合同确定权利义务的，人民法院应予支持。”

与隶属分支机构的关系，转包合同违反资质管理等相关强制性规定，一律无效。

5. 承包人违法分包建设工程的分包合同无效

分包工程承包人必须具有相应的资质，并在其资质等级许可的范围内承揽业务。违法分包是法律法规、部门规章明确禁止的，因此无效。违法分包主要表现在：

（1）分包工程发包人将专业工程或者劳务作业分包给不具备相应资质条件的分包工程承包人。

（2）施工总承包合同中未有约定，又未经建设单位认可，分包工程发包人将承包工程中的部分专业工程分包给他人。

（3）分包单位将其承包的工程再分包或转包的合同。

（4）承包人将其承包的全部建设工程肢解后，以分包名义转包给第三人。

（5）建设工程总承包人将承包工程中的建筑工程主体结构的施工分包。

（6）建设项目的中标人违反《招标投标法》规定将中标项目的部分主体、关键性工作分包给他人。

6. 发包人未取得土地或规划审批手续的建设工程合同无效

（1）缺少土地使用权证

根据《土地管理法》的规定，建设应当使用国有土地，没有国有土地使用权证，意味着无法申办各项工程建设手续，是否符合土地利用规划和城乡发展规划也无法进一步审查。2019 年 8 月《土地管理法》修改后，允许集体经营性建设用地入市，工程建设则应取得集体土地使用权证。因此，建设单位不能合法拥有土地使用权，就不可能取得建设用地规划许可证与工程规划许可证。所以，没有合法土地使用权而进行工程建设，无疑是违法建筑，侵害国家合法利益，建设工程合同应被认定为无效。

（2）缺少建设用地规划许可证

建设用地规划许可证（又简称“地规证”）是经城乡规划行政主管部门确认建设项目位置和范围符合城乡规划的法定凭证，是建设单位用地的法律凭证，包括标有建设用地具体界限的附图和明确具体规划要求的附件。用地规划制度的目的在于通过对建设用地进行事先控制，实现国家资源的有效配置和合理利用。因此，建设用地规划许可证是建设工程合同得以签订和履行的基础，未取得建设用地规划许可证的情形下订立的建设工程施工合同是无效的。

(3)缺少建设工程规划许可证

建设工程规划许可证(又简称“建规证”)是有关建设工程符合城乡规划要求的法律凭证,是建设单位建设工程的法律凭证,是建设活动中接受监督检查时的法定依据。没有取得建设工程规划许可手续而建造的建筑物、构筑物应认定为违法建筑。《土地管理法》第4条第4款规定:“使用土地的单位和个人必须严格按照土地利用总体规划确定的用途使用土地”。《城乡规划法》第37条、第38条、第40条、第41条、第64条①对建设项目应当如何取得用地规划许可及建设工程规划许可进行了明确规定。可以看出,取得规划许可证并按规划条件建设,是必须遵守的法定义务,也是建设主体进行合法建设及竣工验收的前提,违反用地规划和工程规划构成对国家利益和社会公共利益的侵害,在缺乏规划手续前的建设工程属于违章建筑。因此,未取得规划许可证就签订的建设工程施工合同,属于《民法典》“违反法律、行政法规的强制性规定”的情形,依法无效,根据《最高人民法院关于审理建设工程施工合同纠纷案件适用法律问题的解释(一)》第3条第1款“当事人以发包人未取得建设工程规划许可证等规划审批手续为由,请求确认建设工程施工合同无效的,人民法院应予支持……”的规定,建设工程合同无效。

至于开工建设的第四个证即施工许可证,是建设单位在工程开工前申领的、证明符合各种施工条件、允许施工单位开工的批准文件。该许可证实施的目的在于加强对建筑活动的监督管理、维护建筑市场秩序、保证建筑工程的质量和安全。如未依法办理,仅是可能因建设手续不齐全导致可能规避行政监管的情况出现,但并非合同无效的要件。

7. 违反公共秩序的建设工程合同

根据《九民会议纪要》规定,违反规章一般情况下不影响合同效力,但该规章的内容涉及金融安全、市场秩序、国家宏观政策等公序良俗的,应当认定合同无效。人民法院在认定规章是否涉及公序良俗时,要在考察规范对象基础上,兼顾监管强度、交易安全保护以及社会影响等方面进行慎重考量,并在裁判文书中进行充分说理。据此规定,规章的效力等级较低,违反规章不应认定合同无效,但可

---

① 《城乡规划法》第64条规定:“未取得建设工程规划许可证或者未按照建设工程规划许可证的规定进行建设的,由县级以上地方人民政府城乡规划主管部门责令停止建设;……”第68条:“城乡规划主管部门作出责令停止建设或者限期拆除的决定后,当事人不停止建设或者逾期不拆除的,建设工程所在地县级以上地方人民政府可以责成有关部门采取查封施工现场、强制拆除等措施。”

以将金融安全、市场秩序、国家宏观政策等公序作为认定合同效力的重要方面。

需要注意的是,缺少规划许可证导致建设工程合同无效的,效力可以补正。合同效力补正就是因违反法律禁止性规定,导致合同不能满足有效条件,当事人可以通过事后补正或实际履行来使合同满足有效条件,促使合同生效。[①]《最高人民法院关于审理建设工程施工合同纠纷案件适用法律问题的解释(一)》第3条规定,有两种情形可以补正合同效力:一是发包人在起诉前取得建设工程规划许可证等规划审批手续的;二是发包人能够办理审批手续而未办理,并以未办理审批手续为由请求确认建设工程施工合同无效的,人民法院不予支持,这意味着合同有效性得到保护。

(二)无效建设工程合同的后果

无效的建设工程合同,自始不具有法律效力,可以经由人民法院或仲裁机构确认合同无效。无效后果是建设工程经验收合格,承包人才能请求发包人支付工程价款。

1. 无效的合同,依法丧失法律效力,独立解决争议条款除外

建设工程合同被确认无效后,产生溯及力,使合同从订立时起即不具有法律约束力,尚未履行的合同不再履行,一方从对方取得的财产,如工程预付款、进度款等,应当作为不当得利返还;正在履行的,应终止履行。

需要注意的是,《民法典》第507条规定了争议解决条款的独立效力,即"合同不生效、无效、被撤销或者终止的,不影响合同中有关解决争议方法的条款的效力。"如果当事人因无效施工合同引发争议,应当按照合同约定的解决争议的方法,提交相应机构居中裁判。

2. 工程验收合格,折价补偿

施工合同被确认无效后,原则上不应依据合同约定确定工程价款,但施工合同具有特殊性,合同履行就是将劳动和建筑材料物化在建筑产品中的过程,施工方付出了劳动,投入了资金,人工、材料与机械费成本到建筑工程之中,因此,合同被确认无效后,已经履行的内容不能适用返还的方式使合同恢复到签约前的状态,只能按照折价补偿的方式处理。《民法典》第793条第1款规定:

---

① 参见最高人民法院民一庭编著:《新建设工程施工合同司法解释(一)理解与适用》,人民法院出版社2021年版,第44页。

“建设工程施工合同无效,但是建设工程经验收合格的,可以参照合同关于工程价款的约定折价补偿承包人。”《最高人民法院关于审理建设工程施工合同纠纷案件适用法律问题的解释(一)》第24条规定,建设工程施工合同被确认无效以后,建设工程质量合格的,可以参照实际履行的合同关于工程价款的约定折价补偿承包人。当然,参照合同约定结算工程价款的折价补偿原则,仅适用于建设工程质量合格的无效合同,不包括质量不合格的建设工程。也就是说,虽然建设工程合同因某种原因而被认定无效,但建设工程经验收合格,或者未经验收合格,但是发包人已经交接使用视为质量合格,可以按照合同约定结算工程价款。当然修复费用应当在工程款中抵扣或者另行支付。

从建设工程施工合同的实际履行情况看,工程合同无效后的折价补偿方式主要有两种:

(1)参照合同约定结算工程价款。如果当事人已经就工程造价协商确定,就以协商价格或双方认可的审定价为结算依据。如果双方尚未达成一致意见,但根据合同约定的“总价包死”或“送审后约定期限不回复视为认可”等方法,可以推断出工程造价的,参照约定结算。

(2)如果双方尚无法确定工程造价,则可以按照合同约定的方法委托第三方鉴定确定工程造价,然后确定折价补偿款的数额。如以工程定额为标准,通过工程造价鉴定确定工程价值进而确定应予补偿的金额。

3.验收不合格,承包人承担修复费用

《民法典》第793条第2款规定:“建设工程施工合同无效,且建设工程经验收不合格的,按照以下情形处理:(一)修复后的建设工程经验收合格的,发包人可以请求承包人承担修复费用;(二)修复后的建设工程经验收不合格的,承包人无权请求参照合同关于工程价款的约定折价补偿。”承包人施工的工程,经发包人组织验收不合格的,应当进行修复,如果修复后也未经验收合格的,承包人无权请求发包人支付工程价款,意味着承包人应自行承担工程建设投入的人、材、机的成本支出费用。

4.各自承担相应的损失赔偿责任

(1)发承包双方各自承担与其过错相适应的损失赔偿责任

工程合同无效往往是基于承包人不具备相应的资质,施工质量较差,工程质量不合格等原因,可能导致工程修复,延期交工,还可能导致工程被拆掉,被重建、加固等,因此,造成的工程延期、工程费用增加、工程停工或窝工等人材机损失,可能是发包人的损失,也可能是承包人的损失。《民法典》第 793 条第 3 款规定:“发包人有过错的,也应承担相应的民事责任。”有的工程系发包人供材,如果因材料质量不合格,导致工程不合格,属于发包人过错,发包人应当承担相应的责任。还有的工程系甲方指令违规施工,导致的工程质量问题应由发包人承担相应的过错责任。具体责任,则根据甲供材导致的工程质量瑕疵的损失,按照过错与损失之间的因果关系予以认定。《最高人民法院关于审理建设工程施工合同纠纷案件适用法律问题的解释(一)》第 13 条规定:“发包人具有下列情形之一,造成建设工程质量缺陷,应当承担过错责任:(一)提供的设计有缺陷;(二)提供或者指定购买的建筑材料、建筑构配件、设备不符合强制性标准;(三)直接指定分包人分包专业工程。承包人有过错的,也应当承担相应的过错责任。”

《最高人民法院关于审理建设工程施工合同纠纷案件适用法律问题的解释(一)》第 6 条第 1 款规定:“建设工程施工合同无效,一方当事人请求对方赔偿损失的,应当就对方过错、损失大小、过错与损失之间的因果关系承担举证责任。”第 2 款规定:“损失大小无法确定,一方当事人请求参照合同约定的质量标准、建设工期、工程价款支付时间等内容确定损失大小的,人民法院可以结合双方过错程度、过错与损失之间的因果关系等因素作出裁判。”

(2)挂靠(借用资质)双方承担损失赔偿连带责任

挂靠施工的双方,对于出借资质导致合同无效进而产生质量、安全责任等后果,均具有过错。《最高人民法院关于审理建设工程施工合同纠纷案件适用法律问题的解释(一)》第 7 条规定:“缺乏资质的单位或者个人借用有资质的建筑施工企业名义签订建设工程施工合同,发包人请求出借方与借用方对建设工程质量不合格等因出借资质造成的损失承担连带赔偿责任的,人民法院应予支持。”

三、项目经理等无权代理人所签建设工程合同效力认定

实务中,经常存在工程项目经理或其他人员未经授权代为签订建设工程合同的情形,在转包、挂靠等情形下,实际施工人也经常会以挂靠或转包单位的名义加上自己的签名签订建设工程合同。当合同上加盖了单位公章的情形,应当认定为单位行为,依法认定其合同效力。当合同上未加盖单位公章时,如果是合法授权人签订,也可以依法认定其合同效力。当签订人为无权代理时,行为人没有代理权、超越代理权限范围或者代理权终止后仍以被代理人的名义订立

的合同,本属于效力待定的合同[①],但建设工程合同效力认定应当具体分析。

(一)建设工程合同有效

根据《民法典》第172条的规定,无权代理人订立的工程合同,如果行为具有"外表授权"的假象,客观上使第三人有理由相信该无权代理人有代理权,而与之订立工程合同,则该无权代理行为属于表见代理,对被代理人发生有权代理的法律效果。因此,工程上的项目经理可能在不具备合法授权的情形下签订建设工程合同,但基于其以项目经理的名义签订合同,且实际上具有组织管理工程现场的收付款、收发材料、往来联系单签字等行为,与其订立合同的相对人有充分的理由认为其为合法授权人,因此追究其无权代理的被代理人的法律中责任,比较公正客观。被代理人对此承担合同有效的付款、违约等责任,可以督促其进一步加强公司项目部印章、工程资料、工程人员的管理。

如工程项目部人员私刻公司印章并随意加盖的行为较为普遍,如果简单认定为无权代理,被代理人不承担责任,而无权代理人本人没有履行合同的经济能力,将对合同相对人产生极大不公,且会因此纵容了发承包单位对公司印章放松管理导致建筑市场秩序混乱。如果以其明知他人私刻印章并使用而放任不管视为认可,或者按照表见代理处理,则有利于发包人加强对印章及相关人员的严格监管。

(二)建设工程合同对被代理人不生效

不具备前述"外表授权"假象的无权代理合同,属于效力待定的合同,被代理人追认的,对被代理人生效;未经被代理人追认,对被代理人不发生效力,由无权代理的行为人自己承担责任。

---

① 效力待定的建设工程合同指的是合同当事人欠缺相应的缔约能力而订立的合同,其法律效力能否发生尚未确定,一般须经有权人表示追认方能生效,有权人拒绝追认,或与越权行为人订立合同的相对人为恶意的,则合同不生效。包括三种:一是限制民事行为能力人(18周岁以下的未成年人,或者不能完全识别自己行为与后果的精神病人)订立的建设工程合同,根据《民法典》第145条的规定,只有经过法定代理人同意或者追认才能有效,否则无法生效;二是法人或者其他组织的法定代表人、负责人越权订立的工程合同,相对人明知其越权订约的,工程合同无效,否则工程合同有效;三是无权代理人订立的合同,追认有效,未经追认无效。

第四节　建设工程合同的履行、保全与抗辩权

一、建设工程合同的履行

(一)合同履行要全面

建设工程合同签订后,当事人应当按照约定全面履行自己的义务。[①] 发包人要提供承包人进场施工的条件包括但不限于场地、办公用房、资料、图纸以及约定的机械设备等,同时还要按照约定支付工程预付款、进度款等资金,承包人则应配合办理资料、图纸、场地等的交接,安排人员、材料、机械设备进场施工,并且接受建设单位或其委托监理单位的工程监管,保障工程按照约定进度施工,按照约定质量标准和时间完工、验收、交付、使用、备案等。

1. 按照合同约定的主体履行

主要是指承包人应当自行施工,不得未经发包人同意分包、违法分包或者转包工程。施工总承包的,建筑工程主体结构的施工必须由工程施工合同约定的总承包人自行完成。发包人支付工程款,应当向工程合同约定的承包人或承包人指定的第三人支付。

2. 按照合同约定的标的履行

发包人与承包人围绕工程建设活动而享有的民事权利和应履行的民事义务,主要通过建设工程合同的内容加以固定并约束。承包人的基本义务就是保质、按期完成勘察、设计和施工等工程建设活动,发包人的基本义务就是按照约定支付工程价款。因此,发包方与承包方应当按照工程设计、施工图纸及合同约定的面积、规模、技术等内容履行,才能顺利实现建设工程合同的签订目的。

---

① 《民法典》第509条规定了合同履行的原则,“当事人应当按照约定全面履行自己的义务。当事人应当遵循诚信原则,根据合同的性质、目的和交易习惯履行通知、协助、保密等义务。当事人在履行合同过程中,应当避免浪费资源、污染环境和破坏生态”。

3. 按照工程建设强制性标准与合同约定的质量标准履行

《民法典》第 799 条规定："建设工程竣工后，发包人应当根据施工图纸及说明书、国家颁发的施工验收规范和质量检验标准及时进行验收。验收合格的，发包人应当按照约定支付价款，并接收该建设工程。建设工程竣工经验收合格后，方可交付使用；未经验收或者验收不合格的，不得交付使用。"《建筑法》第 61 条，《建设工程质量管理条例》第 10 条、第 16 条都表明，发包人与承包人对建设工程质量的约定必须符合法律法规和强制性标准，工程质量验收合格，方可交付使用。《建设工程质量条例》规定的是发包人组织勘察、设计、施工等验收，建设行政部门的质量监督部门仅是办理工程竣工验收备案，因此，建设工程合同主体按照工程建设强制性标准与合同约定的质量标准履行，是保证工程质量的根本。《民法典》第 511 条第 1 款约定了合同约定不明确时的履行规则，即"当事人就有关合同内容约定不明确，依据前条规定仍不能确定的，适用下列规定：（一）质量要求不明确的，按照强制性国家标准履行；没有强制性国家标准的，按照推荐性国家标准履行；没有推荐性国家标准的，按照行业标准履行；没有国家标准、行业标准的，按照通常标准或者符合合同目的的特定标准履行……"

4. 按照建设工程合同约定的价款或酬金按时履行

建设工程合同价款的履行往往包括支付预付款、进度款、结算款，返还质保金。发承包双方根据建设行政主管部门的规定，结合工程款、建设工期和包工包料情况在合同中约定工程款的支付时间，一般是在进场时支付一定比例的预付工程款；按照合同约定定期或者按照工程进度分段支付工程进度款；工程竣工验收合格，按照约定时间进行竣工结算，并及时结算工程尾款；质保期满，按时返还工程质保金。

住房和城乡建设部发布《工程造价改革工作方案》（建办标〔2020〕38 号）明确提出：全面推行施工过程价款结算和支付。即是指在工程项目实施过程中，发承包双方依据施工合同，对约定结算周期（时间或进度节点）内完成的工程内容（包括现场签证、工程变更、索赔等）开展工程价款计算、调整、确认及支付等的活动。推行施工过程结算的主要作用是规范施工合同管理，避免发承包双方争议，节省审计成本，有效解决"结算难"，从源头防止农民工被欠薪。

5. 按照建设工程合同约定的期限与地点履行

应在合同约定的工期内按时完成,如果出现顺延情况,应及时协商变更合同工期或工期索赔,在变更后的工期内完成建设。因工期较长,施工的技术、经济等条件复杂,工期拖延的情形时有发生,双方可以协商办理工期变更,施工方也可以通过工期索赔办理签证延长工期等,在合同工期变更后,按照变更后的工期交工仍为按照约定的期限履行,否则就是没有全面履行合同,责任方应承担工期拖延的法律责任。

6. 履行建设工程合同约定的其他义务

发包人按照约定的期限提供进场开工条件、交付工程资料、支付工程款等,承包人则按照约定的期限进场施工并完成竣工验收,确保工程质量的前提下按期交工。

(二)合同履行要协作

协作履行,是指在合同履行过程中,双方当事人应当互助合作共同完成合同约定的工程建设任务。工程合同是典型的双务合同,需要工程发承包双方协同履行工程建设的合同义务。

1. 创造条件、提供方便

如发包人提供承包人进场施工条件,除了合同约定的准备义务外,还应当积极准备承包方使用的办公用房与工作条件,以有利于协同工作。

2. 合同当事人配合受领对方交付的标的物

如承包人积极受领发包人提供的建筑材料或物品,做好相关的材料登记和使用;发包人配合受领承包人交付的工程项目,并做好工程的照管。

3. 依据诚信原则应履行的相关协作义务

工程合同内容约定明确的,当事人按照约定全面适当履行,但是工程建设过程中可能出现合同未约定的各种复杂情形,无法将相应的履行义务准确界定,这就需要合同当事人本着积极实现工程合同目的的诚信原则,协同做好工程组织管理与施工。如承包人因故不能正常履行建设工程合同的,发包人应当积极采取措施防止损失扩大;如承包人可以节约施工成本的,承包人应当本着经济合理的原则进行施工,发包人也应做好协作配合工作。

二、建设工程合同的保全

(一)代位权

1. 概念

根据《民法典》第535条第1、2款规定,债权人代位权是指:因债务人怠于行使其债权或者与该债权有关的从权利,影响债权人的到期债权实现的,债权人可以向人民法院请求以自己的名义代位行使债务人对相对人的权利,但是该权利专属于债务人自身的除外。工程领域的"三角债"较多,代位权的行使可以突破建设工程合同相对性,将工程款债权扩张到第三人,较好地保护承包人及时取回应得的工程价款。

2. 工程价款债权人代位权的构成要件

(1)债权人对债务人享有债权,即工程承包人基于建设工程合同对发包人享有工程款债权。

(2)债务人怠于行使其债权或者与该债权有关的从权利,即发包人不向其前手发包人(如业主)通过诉讼或仲裁的方式主张工程款债权。

(3)债务人怠于行使权利,已影响债权人的到期债权实现。发包人怠于通过诉讼或仲裁的法律救济主张其债权导致承包人工程款无法收取时,承包人有权直接代发包人之位向业主主张代位权。

3. 代位权的行使

我国代位权只能通过诉讼行使,而不能在诉讼外主张,当然代位权诉讼适用于任何债权,而并非仅限于建设工程合同。《最高人民法院关于审理建设工程施工合同纠纷案件适用法律问题的解释(一)》第44条规定:"实际施工人依据民法典第五百三十五条规定,以转包人或者违法分包人怠于向发包人行使到期债权或者与该债权有关的从权利,影响其到期债权实现,提起代位权诉讼的,人民法院应予支持。"据此规定,有权主张代位权的债权人,包括实际施工人等工程承包人,当实际施工人对转包人或违法分包人享有合法债权,转包人或违法分包人不通过诉讼或仲裁的方式向发包人主张其到期债权或者与该债权有关的从权利,影响实际施工人到期债权实现的,实际施工人可以提起代位权诉讼,实现自己的工程款债权。原告是工程承包人,被告是发包人(次债务人),第三人是转包人或违法分包人。代位权诉讼胜诉的,作为被告的发包人直接向作为原告的承包人支付欠款,被告与第三人的工程欠款相应减少。

《民法典》第 536 条规定了债权人代位权的提前行使,即“债权人的债权到期前,债务人的债权或者与该债权有关的从权利存在诉讼时效期间即将届满或者未及时申报破产债权等情形,影响债权人的债权实现的,债权人可以代位向债务人的相对人请求其向债务人履行、向破产管理人申报或者作出其他必要的行为。”第 537 条规定了代位权行使的后果:“人民法院认定代位权成立的,由债务人的相对人向债权人履行义务,债权人接受履行后,债权人与债务人、债务人与相对人之间相应的权利义务终止。债务人对相对人的债权或者与该债权有关的从权利被采取保全、执行措施,或者债务人破产的,依照相关法律的规定处理。”

(二)撤销权

1. 概念

债权人撤销权,是指当负有支付工程价款义务的债务人所为的减少其财产的行为影响承包人的工程款债权实现时,债权人为保全债权得请求法院撤销该行为的权利。

2. 构成要件

《民法典》第 538 条规定了无偿处分时的债权人撤销权行使,债务人以放弃其债权、放弃债权担保、无偿转让财产等方式无偿处分财产权益,或者恶意延长其到期债权的履行期限,影响债权人的债权实现的,债权人可以请求人民法院撤销债务人的行为。《民法典》第 539 条规定了不合理价格交易时的债权人撤销权行使,债务人以明显不合理的低价转让财产、以明显不合理的高价受让他人财产或者为他人的债务提供担保,影响债权人的债权实现,债务人的相对人知道或者应当知道该情形的,债权人可以请求人民法院撤销债务人的行为。

据此可见,工程款债权人撤销权的构成要件:

(1)债权人对债务人享有到期债权;

(2)债务人实施了财产处分的行为,该财产处分行为包括无偿处分与有偿处分;

(3)债务人实施的财产行为影响债权人的债权实现。在债务人无偿处分财产权益的情形下,有处分行为危害到债权实现,债权人就可以主张撤销权;而在有偿处分的情形下,要求同时具备主客观要件,即明显不合理的低价转让财产或明显不合理的高价受让财产,且债务人的相对人知道或者应当知道该转让或受让影响债权实现。

3. 撤销权的行使

(1)行使范围。《民法典》第 540 条规定了债权人撤销权行使范围以及必要费用承担,即撤销权的行使范围以债权人的债权为限。债权人行使撤销权的必要费用,由债务人负担。

(2)行使期限。因为撤销权的存在将可能导致债务人处分行为效力消灭,因此需要合理限定撤销权的期限保障交易秩序的安全。《民法典》第 541 条规定了债权人撤销权除斥期间,即撤销权自债权人知道或者应当知道撤销事由之日起一年内行使。自债务人的行为发生之日起五年内没有行使撤销权的,该撤销权消灭。

(3)行使效果。根据《民法典》第 542 条规定,债务人影响债权人的债权实现的行为被撤销的,自始没有法律约束力,第三人原已取得的财产利益成为不当得利,应予返还给债务人,债务人的责任财产得以恢复,就责任财产的价金,工程款债权人与其他债权人平等受偿,收回工程款将有所保障。

三、建设工程合同的履行抗辩权

建设工程合同是典型的双务合同,完成约定的工程任务有权要求相应的工程款支付,工程建设与工程款支付均基于同一个建设工程合同。双务合同根据履行先后顺序,而享有不同的抗辩权。同时履行抗辩权是指双务合同的当事人在无先后履行顺序时,一方在对方未为对待给付以前,可拒绝履行自己的债务之权。[①] 同时履行抗辩权的行使,发生阻却相对方请求权的效力,而建设工程合同同时履行的概率较小,往往有先后履行顺序。因此常见的是先履行抗辩权和

① 《民法典》第 525 条规定:"当事人互负债务,没有先后履行顺序的,应当同时履行。一方在对方履行之前有权拒绝其履行请求。一方在对方履行债务不符合约定时,有权拒绝其相应的履行请求。"

不安抗辩权。

（一）先履行抗辩权的行使

先履行抗辩权，是指建设工程合同中应当先履行的一方当事人没有履行合同义务的，后履行一方当事人拒绝履行自己的合同义务的权利。《民法典》第526条规定："当事人互负债务，有先后履行顺序，应当先履行债务一方未履行的，后履行一方有权拒绝其履行请求。先履行一方履行债务不符合约定的，后履行一方有权拒绝其相应的履行请求。"先履行抗辩权的成立应当具备如下构成条件：当事人因同一建设工程合同互负债务；债务有先后履行顺序；先履行一方有到期未履行或未适当履行债务的违约行为。

在先一方的不履行或履行不适当，在后一方中止履行，原则上应该通知在先方，防止因未通知而导致违约与抗辩权行使的界限不清晰。当然，后履行一方中止履行自己的债务，不影响后履行方主张前者的违约责任；先履行一方适当履行后，后履行一方则须恢复履行其债务。如发包人和承包人约定，在施工进场前发包人向承包人分期支付工程预付款，但到期后发包人没有支付款项，承包人因此而拒绝进场施工；发包人和承包人约定，在承包人完成隐蔽工程并检验合格后由发包人向承包人支付工程款，但承包人完成的隐藏工程经检验不合格，发包人因此而不支付工程款，等等。

（二）不安抗辩权的行使

不安抗辩权，是指建设工程合同履行中应当先履行债务的当事人有确切证据证明对方有丧失或可能丧失履行能力的情形时，中止履行自己债务的权利。《民法典》第527条规定了不安抗辩权，即"应当先履行债务的当事人，有确切证据证明对方有下列情形之一的，可以中止履行：（一）经营状况严重恶化；（二）转移财产、抽逃资金，以逃避债务；（三）丧失商业信誉；（四）有丧失或者可能丧失履行债务能力的其他情形。当事人没有确切证据中止履行的，应当承担违约责任。"

鉴于建设工程领域的行业惯例，往往是先施工后付款，施工方在先履行经常面临得不到工程款的风险，法律应保障其在因发包人的经济恶化或信用丧失等情形下可以中止自己的施工，但是如果允许其任意以"不安"为由中止合同，也将可能导致工程烂尾,因此应严格依法规范不安抗辩权的行使。

构成不安抗辩权应符合如下条件:①双方当事人因同一建设工程合同互负债务。②当事人一方须有先履行的义务且已界履行期,因后者经济状况恶化或丧失信用等而导致在先履行方产生“不安”,为防止风险发生,消除“不安”状态,可以暂时保留自己的履行。③后给付义务人的履行能力明显降低,有丧失或可能丧失履行债务能力的现实危险。工程合同成立后,后给付义务人的履行能力明显降低,有不能为对待给付的现实危险,包括《民法典》第 527 条规定的四种情形。如果当事人没有确切证据而行使不安抗辩权,应承担违约责任。④后履行义务一方没有对待给付或未提供适当担保。提供担保并非其义务,而是一时对不安抗辩权的再抗辩,后履行义务人拒绝提供担保的,也不构成迟延。

《民法典》第 528 条规定:“当事人依据前条规定中止履行的,应当及时通知对方。对方提供适当担保的,应当恢复履行。中止履行后,对方在合理期限内未恢复履行能力且未提供适当担保的,视为以自己的行为表明不履行主要债务,中止履行的一方可以解除合同并可以请求对方承担违约责任。”因此,如承包方有证据证明发包人经营状况严重恶化,可以中止施工,并有权要求发包人提供适当担保,并且有权根据发包人是否提供适当担保的情形再决定是否终止还是继续履行建设工程合同。不安抗辩权行使时,应当履行通知义务和举证义务,通知内容包括:发出中止履行的意思表示和指出后给付义务人提供适当担保的合理期限,对方提供适当担保时,先履行义务一方应当恢复履行;举证义务是指先给付义务人负有举证证明后给付义务人的履行能力明显降低,有不能为对待给付的现实危险的义务。因行使不安抗辩权中止履行建设工程合同后,对方在合理期限内未恢复履行能力且未提供适当担保的,视为以自己的行为表明不履行主要债务,中止履行的一方有权单方通知对方解除该工程合同并可以请求对方承担违约责任。

第五节　建设工程合同的变更与终止

一、建设工程合同的变更

(一)建设工程合同变更概述

1. 当事人协商一致可以变更合同

建设工程开工后,因设计变更、建设工程规划指标调整等客观原因,发包人与承包人通过补充协议、会谈纪要、往来函件、签证等洽商记录形式变更工期、工程价款、工程项目性质的,属于协商一致变更合同,依法受到保护。如果双方原合同中约定的变更条件成就时,双方不需要再协商变更内容的,可以直接履行变更后内容。通常情况下,工程量的增减(包含取消或增加某道工序、某项工作等),改变工程质量标准或其他特性,改变工程的时间安排或先后实施顺序等,均有建设单位或施工方的工程变更单,经双方确认后施工。单方发出变更单或者变更指令的,必须由具有相应权限的人依法或依约签发。未经书面许可,承包人不得擅自对工程任何部分进行变更。

2. 擅自变更合同构成违约行为

未经双方协商一致,单方擅自变更合同,构成违约。设计变更不需要征得施工方同意,设计变更一般会在合同中约定如何处理签发、施工与结算问题,不属于单方擅自变更合同。

3. 合同变更应按法定或约定程序

如发包人提出工程内容的变更,承包人在施工过程中发现更加合理的方案,提出合理化建议等,均需送达对方确认变更。发包人对于影响工程结构的变更,必须经由原设计人发出设计变更指令,才能要求施工人变更施工。根据《民法典》第 502 条第 3 款的规定:依照法律、行政法规的规定,合同的变更、转让、解除等情形应当办理批准等手续的,适用前款规定。

(二)建设工程合同变更的法律效力

1. 当事人对合同变更内容约定不明的,视为未变更。

2. 已变更的内容失去法律效力。建设工程合同履行过程中,涉及大量的资料往来,双方是否有明确合意变更、如何变更、变更后果等,均需要结合工程合同的性质及变更时的工程现状予以全盘考虑。如发包人将原发包的部分工程指令第三人施工,减少工程量如何结算?发包人还是原承包人与第三人结算等,都需在变更时予以明确,事后还要注意变更是否有效。

(三)合同变更的工程价款结算

有的合同约定工程造价据实调整,工程量的变化将影响合同价款,增减工程量乘以合同约定单价,即可以在总造价中增加或扣减。实践中的难点是合同约定总价包死的,如何对工程量增加部分予以计价处理,还有就是工程量清单计价不平衡报价的,清单外的项目计价问题。一般来说,合同变更导致造价变化的处理,有三个基本规则:

1. 有相同项目,按照相同项目处理。

2. 没有相同项目,但有类似项目,参照处理。

3. 既没有相同项目,也没有类似项目,按照工程所在地通行的计价标准和计价方式计付工程款。

二、因情势变更而变更或解除建设工程合同

建设工程施工合同履行期间,工程使用的建材大幅涨价,施工方包工包料,建材价格的上涨导致施工方施工成本增加。施工方是否可以要求上调合同价格,涉及到是否适用情势变更原则的问题。

(一)情势变更原则的基本含义

情势变更原则,是指合同依法有效成立后,全面履行完毕前,因不可归责于一方当事人的原因,使合同赖以成立的客观基础或环境丧失或动摇,发生当事人预料不到的重大变化,若继续履行原合同则对一方当事人显失公平,受不利

影响的一方当事人有权请求人民法院或仲裁机构变更或解除合同的法律制度。

情势变更原则是公平原则和诚实信用原则在合同履行过程中的具体运用,其目的在于排除因当事人无法预料到的情势变更导致的显失公平结果,使双方当事人之间的利益关系能得到平衡维护,从而维护社会公平和经济秩序。实质在于通过司法公权力的介入,强行改变原有效合同已经确定的权利义务条款或解除合同,重新分配双方在交易中应当获得的利益和风险,以实现公平和公正。

情势变更原则适用的法律依据是《民法典》第 533 条第 1 款规定:"合同成立后,合同的基础条件发生了当事人在订立合同时无法预见的、不属于商业风险的重大变化,继续履行合同对于当事人一方明显不公平的,受不利影响的当事人可以与对方重新协商;在合理期限内协商不成的,当事人可以请求人民法院或者仲裁机构变更或者解除合同。"第 2 款规定:"人民法院或者仲裁机构应当结合案件的实际情况,根据公平原则变更或者解除合同。"

(二)情势变更原则的适用条件

第一,须有情势之变更。情势,是指合同订立后履行过程中发生的导致合同订立基础丧失或动摇的客观情况。是否构成"情势"的判断,应具体依据法律行为的性质和目的来加以确定,不可抗力可以构成情势变更,但是商业风险不能构成"情势"。

第二,情势变更须于合同成立后、履行完毕以前发生。也就是说,当事人提出情势变更的时间应该是在履行合同过程中。实践中,有的当事人会在工程合同中的施工内容已经完成之后,再提请人民法院变更原合同中对自己不利的价格条款。如果是已经结算完毕,则应认为合同已经履行完毕;如果仅是完成了施工,结算尚未完成,继续履行原合同价款对一方明显不公,有法院判决认为合同已经履行完毕,不适用情势变更;我们认为当事人基于诚信履行了原合同的施工,这比施工人为了协商价格变更而停工等待更有利于社会经济秩序的维护,为了保护其利益,应当认为合同尚未履行完毕,如果符合情势变更,应当允许变更其合同价款,计入工程价款结算。

第三,情势之变更,系当事人无法预料到,且因不可归责于当事人之事由而发生。不可抗力是当事人无法预见到的,商业风险则是普遍存在的,只是商业风险的种类、幅度及引起的损失大小不一定能准确预见到而已。如果是因为一方的过错,导致合同履行对一方明显不公,过错方应当承担违约责任。

第四,情势的变更导致继续履行原合同将会使一方当事人显失公平。情势变更原则适用的基础在于订立合同的客观基础丧失或发生了动摇,继续履行原合同条件,对一方明显不公,因该特殊情势而受到利益损害的一方可以提出变更或解除合同。建设工程领域的情势变更,往往包括因为政府新政策的出台,导致建材价格大幅上涨,或人工费大幅上调,再履行原工程合同的价格条件对一方明显不利等。

(三)情势变更在建设工程合同领域中的具体应用

适用情势变更原则发生的法律效果,在建设工程合同履行中有两种表现:

1. 变更合同

出现情势变更事由,如仍按原合同履行将导致当事人之间的利益严重失衡的,处于不利地位的一方可以援引公平原则请求变更工程合同中对一方不利的条款内容,消除显失公平的结果,使工程合同在公平基础上得到履行。如影响工程价款构成的国家政策发生变化,如继续履行原合同将导致发承包双方的利益明显失衡;物价飞涨超过一定幅度,如继续履行原合同将导致发承包双方的利益明显失衡。因情势变更而变更的合同条款主要表现在:上调人工费、材料费、机械设备维修费用,或者增减履行标的的数量、变更履行期限、变更标的物。

2. 解除合同

解除原建设工程合同,并免除当事人不再继续履行合同的违约责任。一般说,如果采取变更合同内容的方式仍不足以消除情势变更导致的显失公平,该当事人可以依法请求法律救济,解除合同关系。

实践中,发承包双方因主要建筑材料价格上涨而发生工程造价结算纠纷的情况时有发生,承包人通常以建筑材料涨价为理由要求增加工程价款。如果合同对材料价格没有包死,补偿建材价差是合理的。如果合同已就工程总价或材料价格一次包死,在这种情况下是否应予补偿建材价差,就应判断建材涨价是否属于情势变更的情况,因为当事人约定价格定死的本意就是一方需要承担材料上涨或下跌的风险,建材涨价一般应属于正常的商业风险范畴,涨价部分应由承包人自行负担,但是如果所有的涨价都作为商业风险,难免导致风险过大超过一方预期,也显失公平。如系情势变更的情况,涨价部分应由发包方合理负责一部分甚至全部,但如何以涨幅的界限区分商业风险抑或是情势变更,以及风险在发包人和承包人之间如何分配,在实践中难以把握。依社会公平观念衡量,交易双方签约时,一般人均应当预测到的市场变化对价格的影响,属于交易当事人应承担的市场风险,正常市场变化导致的经营亏损则属于商业风险,如果当事人主张适用情势变更,则主张调整合同价款的一方当事人须举证说明自己对物价上涨已有充分注意但仍无法预见、如继续履行原合同必将导致其经济利益明显受损、双方利益明显失衡等情况。

事实上,当事人试图以出现情势变更为由主张变更或者解除合同,难度非常大。当事人要求调整合同价款,而另一方不同意变更,则只能诉请人民法院或仲裁机构裁判,请求变更的,只能变更,请求解除合同的,人民法院或仲裁机构可以裁判变更或解除合同。

三、建设工程合同的终止

建设工程合同的终止,指的是建设工程合同因某种原因而引起当事人权利义务的消灭。包括合同履行完毕的自然终止,以及履行过程中某种原因导致的合同终止。

(一)建设工程合同终止事由

建设工程合同,可以因法定或约定事由出现而终止。终止后,工程建设不再进行。

根据《民法典》第557条的规定,导致建设工程合同终止的原因主要有:(一)债务已经履行;(二)债务相互抵销;(三)债务人依法将标的物提存;(四)债权人免除债务;(五)债权债务同归于一人(混同);(六)法律规定或者当事人约定终止的其他情形。合同终止的,该合同的权利义务关系终止。

(二)建设工程合同终止的后果

《民法典》第558条规定:"债权债务终止后,当事人应当遵循诚信等原则,根据交易习惯履行通知、协助、保密、旧物回收等义务。”《民法典》第559条规定：“债权债务终止时，债权的从权利同时消灭，但是法律另有规定或者当事人另有约定的除外。”

四、建设工程合同的解除

(一)建设工程合同解除的概念

建设工程合同的解除，是指合同成立之后，尚未履行或未全部履行之前，合同当事人依法行使解除权或者双方协商决定，提前解除合同效力的行为。解除的前提是双方建设工程合同是有效合同，通过行使解除权或协商解除，终止合同效力。如果是无效建设工程合同，则可以通过确认合同无效而终止履行。

(二)解除的种类

根据合同解除是由单方面行使解除权解除合同，还是由双方当事人协商解除合同，合同解除可以分为单方解除和双方解除。单方解除指的是具备当事人约定的或法律规定的解除条件时，享有解除权的一方行使解除权，单方通知对方解除合同，解除合同的通知到达对方时合同解除。双方解除，又称为协议解除，指的是当事人协商一致解除合同。根据合同解除的依据是法律规定还是当事人约定，可分为约定解除和法定解除。

1. 约定解除

《民法典》第562条规定：“当事人可以约定一方解除合同的事由。解除合同的事由发生时，解除权人可以解除合同。”

当事人在合同中约定了解除合同的条件，在履行过程中，约定解除条件出现时，当事人一方单方行使解除权，从而终止合同关系。如2017版《建设工程施工合同(示范文本)》“通用条款”第16.1.3条规定了因发包人违约解除合同的情形，“除专用合同条款另有约定外，承包人按第16.1.1项〔发包人违约的情形〕约定暂停施工满28天后，发包人仍不纠正其违约行为并致使合同目的不能实现的，或出现第16.1.1项〔发包人违约的情形〕第(7)目约定的违约情况，承包人有权解除合同，发包人应承担由此增加的费用，并支付承包人合理的利润。”

2. 法定解除

法定解除主要适用于当事人不履行合同的主要义务，致使合同的目的无法实现的情形。根据《民法典》第 563 条第 1 款的规定，有下列情形之一的，当事人可以解除合同：①因不可抗力致使不能实现合同目的；②在履行期限届满之前，当事人一方明确表示或者以自己的行为表明不履行主要债务（预期违约）；③当事人一方迟延履行主要债务，经催告后在合理期内仍未履行；④当事人一方迟延履行债务或者有其他违约行为致使不能实现合同目的（根本违约）；⑤法律规定的其他情形。根据《民法典》第 563 条第 2 款的规定，以持续履行的债务为内容的不定期合同，当事人可以随时解除合同，但是应当在合理期限之前通知对方。

为防止合同随意被解除，保证建设工程施工合同全面实际履行，应根据《民法典》第 563 条关于合同解除权的规定，结合工程实践确定适用于建设工程施工合同的具体情形。

（三）解除权的成就条件

双方无法协商一致解除，一方应当具备法定或约定解除权，才能通过单方行使解除权解除合同，而无须与对方达成合意。法定解除建设工程合同的情形，主要有如下情形：

1. 发包人的解除权

承包人具有下列情形之一，发包人有权请求解除建设工程施工合同的：(1) 明确表示或者以行为表明不履行合同主要义务的；(2) 合同约定的期限内没有完工，且在发包人催告的合理期限内仍未完工的；(3) 已经完成的建设工程质量不合格，并拒绝修复的；(4) 将承包的建设工程转包、违法分包的。

2. 承包人的解除权

发包人具有下列情形之一，致使承包人无法施工，且在催告的合理期限内仍未履行相应义务，承包人请求解除建设工程施工合同的，应予支持：(1) 未按约定支付工程价款的；(2) 提供的主要建筑材料、建筑构配件和设备不符合强制性标准的；(3) 不履行合同约定的协助义务的。

(四)解除权的行使期限

《民法典》第 564 条规定:“法律规定或者当事人约定解除权行使期限,期限届满当事人不行使的,该权利消灭。法律没有规定或者当事人没有约定解除权行使期限,自解除权人知道或者应当知道解除事由之日起一年内不行使,或者经对方催告后在合理期限内不行使的,该权利消灭。”解除权的行使期限一般只存在于约定解除期限的解除和法定解除中,而协商解除是当事人双方协商解除合同,一般不会发生解除期限问题。

《民法典》第 565 条规定了合同解除程序,其第 1 款规定:“当事人一方依法主张解除合同的,应当通知对方。合同自通知到达对方时解除;通知载明债务人在一定期限内不履行债务则合同自动解除,债务人在该期限内未履行债务的,合同自通知载明的期限届满时解除。对方对解除合同有异议的,任何一方当事人均可以请求人民法院或者仲裁机构确认解除行为的效力。”其第 2 款规定:“当事人一方未通知对方,直接以提起诉讼或者申请仲裁的方式依法主张解除合同,人民法院或者仲裁机构确认该主张的,合同自起诉状副本或者仲裁申请书副本送达对方时解除。”根据法律规定,单方行使解除权的,通知对方即可,合同在通知到达对方时解除,但是实践中,往往一方认为通知对方之后,合同已经解除,对方却认为其无权解除合同,而提出异议。合同是否解除,双方存在异议,应通过人民法院或仲裁机构来进行确认。

(五)合同解除的法律后果

1. 未履行合同不再履行工程建设义务

合同解除后,尚未履行的,终止履行。无论何种情形的解除,都是因为合同没有履行的必要或合同不能继续履行下去,因此,建设工程合同解除后,原合同失去法律效力,不应继续履行。《民法典》第 566 条规定合同解除的效力,即第 1 款“合同解除后,尚未履行的,终止履行……”当然,终止履行的仅是工程建设义务以及双方约定的终止事项。

2. 已履行部分,依法依约采取补救措施

已经履行的,按照《民法典》第 566 条第 1 款规定,结合实际履行情况和合同性质,当事人可以要求恢复原状、采取其他补救措施,并有权要求赔偿损失。

因为施工人已完成的工程存在严重的质量瑕疵，必须拆除重建，发包人会因承包人的严重违约解除合同，同时有权要求承包人拆除已建工程，恢复原状。当然，如果承包人已建部分工程符合质量安全等法律和合同约定的标准，发包人因其他原因解除合同的，就不能要求承包人拆除。另外，建设工程因一方违约导致合同解除的，违约方应当赔偿因此而给对方造成的损失。

3. 合同解除后应按约定承担违约责任和担保责任

《民法典》第 566 条第 2 款规定："合同因违约解除的，解除权人可以请求违约方承担违约责任，但是当事人另有约定的除外。"第 3 款规定："主合同解除后，担保人对债务人应当承担的民事责任仍应当承担担保责任，但是担保合同另有约定的除外。"

4. 合同的权利义务终止，不影响合同中结算和清理条款的效力

《民法典》第 567 条规定合同终止后有关结算和清理条款效力，"合同的权利义务关系终止，不影响合同中结算和清理条款的效力"。建设工程合同终止后，往往还涉及施工人已完成了部分工程，发包人也已支付部分工程款，已履行部分如何结算等问题，合同当事人进行经济结算以及处理合同善后事宜，仍需要有依据，因此结算和清理条款具有相对的独立性，不因合同的解除而失效。建设工程施工合同解除后，已经完成的建设工程质量合格的，发包人应当按照约定支付相应的工程价款；已经完成的建设工程质量不合格的，修复后经竣工验收合格的，承包人承担修复费用，修复后的建设工程经竣工验收仍不合格，承包人不能请求支付工程价款。

Chapter 06

第六章

建设工程合同中的造价管理

【思维导图】

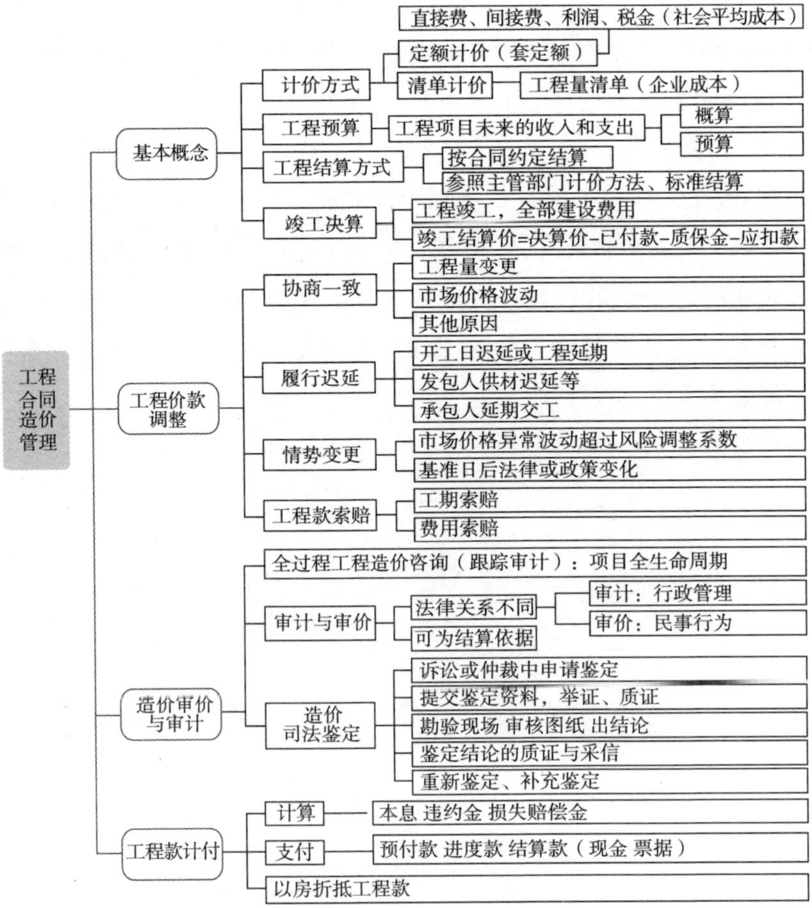

第一节 工程造价基本概念

工程造价常指工程的建造价格，亦指工程承包的价格，是建设工程项目管理的核心问题，也是工程法治化的关键环节。做好工程造价管理，应当区分定额计价与清单计价、建设工程合同的预算、决算、结算等基本概念，并用法律语言规范表达工程造价的相关基本概念及环节。

一、定额计价与工程量清单计价规范

建设工程合同发承包的合同价格以及最终的结算价格，由发承包双方协商确定或通过法律途径审定，主要采用的计价方式有两种。

（一）基本界定

1. 定额计价

工程建设定额，是指从事工程建设活动时，对人、财、物的限定标准，如定员（定工时）、定质（定质量）、定量（定数量）、定价（定价格）等。工程建设需要消耗一定数量的人力、物力和资金，不同施工企业受管理水平、技术及生产条件等的诸多限制，相同建设项目的消耗量各不相同。住房城乡建设部印发的《建设工程定额管理办法》（建标〔2015〕230 号）第 3 条规定："本办法所称定额是指在正常施工条件下完成规定计量单位的合格建筑安装工程所消耗的人工、材料、施工机具台班、工期天数及相关费率等的数量基准。定额是国有资金投资工程编制投资估算、设计概算和最高投标限价的依据，对其他工程仅供参考。"第 11 条规定："定额应合理反映工程建设的实际情况，体现工程建设的社会平均水平，积极引导新技术、新工艺、新材料、新设备的应用。"

建设工程的预算定额，就是考察社会平均必需的消耗数量标准，确定建设工程产品中每一分部分项工程的每一计量单位所消耗的物化劳动数量（人工、材料数量及所需机械台班数量)的标准。[1] 我国现行建设工程定额,主要有《全国统一建筑工程基础定额》《全国统一安装工程预算定额》《全国统一施工机械台班费用定额》。地方也有定额,如《山东省建筑工程消耗量定额》(2016)、《山东省安装工程消耗量定额》(2016)等。

定额计价是按照国家或各省级建设行政主管部门和行业主管部门发布的定额项目和工程量计算规则,计算出人工费、材料费、施工机具使用费、企业管理费、利润、规费和税金,进而汇总确定工程造价的方式。[2] 就是按规定的统一工程量计算规则计算工程数量,然后按建设行政主管部门颁布的预算定额或单位估价表计算工、料、机的费用,再按有关费用标准计取其他费用,汇总后得到工程造价。简言之,定额计价是先套双方合同约定的定额,汇总成工程直接费(人+材+机),再计取其他直接费、间接费等费用,体现的是社会平均消耗量水平。

2. 清单计价

工程量清单是载明建设工程分部分项工程项目、措施项目和其他项目的名称和相应数量以及规费、税金项目等内容的明细清单。[3] 清单计价是先给出工程量清单,再根据清单描述的工作内容分别套定额,计取管理费、利润和风险后即得到综合单价,和工程建设的数量相乘,得到分部分项清单费用,再计算措施费、其他项目费、规费、税金等,最终确定工程造价。现工程发包中常用的清单报价,发包人提供设计图纸和工程量清单,投标人依据工程量清单进行自主报价,经招标人评审确定合理低价中标的一种计价方式。

清单计价模式中计价项目的划分分别以工程实体为对象,项目综合度较大,将形成某实体部位或构件必需的多项工序或工程内容并为一体的情形,能直观地反映出该实体的基本价格。清单计价一般采用直接费单价法、综合单价

---

① 定额有不同的分类:建筑工程定额按其生产要素分类,可分为劳动消耗定额、材料消耗定额和机械台班消耗定额;按其用途分类,可分为施工定额、预算定额、概算定额、工期定额及概算指标等;按其主编单位和执行范围分类,可分为全国统一定额、主管部门定额、地区统一定额及企业定额等;按专业分类可分为建筑工程定额和设备及安装工程定额。

② 参见常设中国建设工程法律论坛第八工作组:《中国建设工程施工合同法律全书词条释义与实务指引》,法律出版社2019年版,第260页。

③ 参见常设中国建设工程法律论坛第八工作组:《中国建设工程施工合同法律全书词条释义与实务指引》,法律出版社2019年版,第274页。

法和全费用法，可以依据建设单位工程量清单，提供准确的报价。按照相关规定，使用国有资金投资的建设工程发承包，必须采用工程量清单计价。

为了规范工程造价计价行为，统一建设工程造价计价文件的编制原则和方法，住房和城乡建设部先后编写了2008年版、2013年版的《建设工程工程量清单计价规范》作为国家标准，其中的强制性条文必须适用，非强制性条文由当事人选择适用。目前主要适用2013年版《建设工程工程量清单计价规范》（GB 50500—2013）。

（二）定额计价和清单计价的主要区别①

1. 编制工程量的单位及时间不同

定额计价：发包单位和承包单位采用约定的定额，分别按工程图纸计算工程量，承包人报价后，发包人予以审核，双方协商确认让利与否及让利系数等，最终商定合同工程价款。

工程量清单计价：发包单位统一计算或委托有工程造价咨询资质单位统一计算编制工程量清单，作为招标文件的重要组成部分或提供给承包人用做报价基础，承包人根据招标人提供的工程量清单，根据自身的技术装备、施工经验、企业成本、企业定额、管理水平自主填报单价，用于投标或协商价款。

2. 计价依据不同

定额计价：双方约定适用的预算定额＋费用定额＋当事人设定的调价系数，人工、材料、机械消耗量反映的是社会平均技术水平，属于政府定价，不能充分体现企业项目管理成本和竞争能力。

清单计价：企业在报价中往往根据自己内部的企业定额确定价款，同时可能辅之以不平衡报价等投标技术手段，是更多地体现市场竞争的定价。

3. 费用组成不同

定额计价：工程造价＝直接费＋间接费＋利润＋差价＋规费＋税金。

工程量清单计价：实行量价分离原则，工程量由发包人提供，承包人依据企

---

① 参见《工程量清单计价和定额计价之间的区别，你弄懂了吗?》，载土木工程网2019年8月27日，http://www.civilcn.com/zhishi/gczj/1566867864375640.html。《定额计价与工程量清单计价的区别与联系》，载百度知道2015年12月15日，https://zhidao.baidu.com/question/121628724.html。

业自己的技术能力和管理水平自主报价，工程造价 = 分部分项工程费 + 措施项目费 + 其他项目费 + 规费 + 税金。

4. 表现形式不同

定额计价：合同价款一般是暂定总价形式，同时约定据实调整。工程进度拨款，往往根据合同价款按照约定的月形象进度或工程节点拨放，最后竣工验收结算补齐差额。

工程量清单计价：采用综合单价形式，综合单价包括人工费、材料费、机械使用费、管理费、利润，并考虑风险因素。单平方米综合单价的约定，单价相对固定，工程量发生变化时，单价一般不作调整，如果发生约定的据实调整的项目，当事人一般是在单价外做价差调差处理。

5. 单价组成不同

定额计价：使用的单价为“工料单价法”，即人 + 材 + 机，将管理费、利润等在取费中考虑。

清单计价：使用的单价为“综合单价法”，单价组成为：人工 + 材料 + 机械 + 管理费 + 利润 + 风险。更直观反映各计价项目（包括构成工程实体的分部分项工程项目和措施项目、其他项目）的实际价格，但现阶段不包括“规费和税金”。

6. 风险负担不同

定额计价：量与价均由承包商呈报，如果依据设计图纸计算的工程量出现偏差，则承包方的风险较大。发包方与承包方按照双方合同约定分配风险负担。按照国家规范与施工合同示范文本，施工方一般承担人工风险，发包方承担材料风险。也有的合同约定材料价格风险由承包方承担，同时约定材料上涨风险不超过材料价格 5% 以内的部分由承包方承担，5% 以上则由发包方承担。即将材料上涨风险调整系数确定为 5%。具体实施要看当事人合同是否以及如何约定风险调整系数。

工程量清单：发包方提供工程量，承包方提供造价，发承包双方按照计价规范与合同约定风险共担。《建设工程工程量清单计价规范》（GB 50500—2013）规定：建筑工程发承包时，必须在招标文件、合同中明确计价中的风险及其范围，不能采用无限风险、所有风险等类似语句，且有“由于市场特价波动影响合同价款的，应由发承包双方合理分摊”条款，如规定：因市场原因导致物价波动的，由承发包双方协商分摊；若因非施工单位原因导致工期延误的，计划进度日期后续工程的价格,应采用计划进度日期与实际进度日期价格两者的较高者;因法律、法规、规章、政策变化影响合同价款由业主承担。

综上,虽然不同的计价方式在权利义务、风险负担上有所不同,但往往都是发包人优先选择,并通过与承包方合同约定的方式,确定双方的权利义务及风险负担规则。

二、工程预算

(一)工程预算的界定

工程预算是对工程项目在未来一定时期内的收入和支出情况所做的计划,是加强企业管理、实行经济核算、考核工程成本、编制施工计划的依据,也是工程招投标报价和确定工程造价的主要依据。

基本建设工程预算按照建设程序分阶段进行,可以分为两类:一是概算;二是预算。概算有可行性研究投资估算和初步设计概算两种,预算有施工图设计预算和施工预算之分。

工程项目综合概、预算书是确定工程项目全部建设费用的文件,内容包括建筑、安装工程费、设备购置费及其他费用,是根据各单位工程概、预算书及其他工程和费用概算书汇编而成。分部工程是单位工程的组成部分,每部分由不同工种的工人利用不同的工具和材料完成,编制预算时,就按照所用工种和材料结构的不同,把土建工程综合划分为以下几个分部工程:基础工程、墙体工程、梁柱工程、门窗木装修工程、楼地工程、屋面工程、耐酸防腐工程、构筑物工程等。分项工程是指通过较为简单的施工就能完成的工程,并且要以采用适当的计量单位进行计算的建设设备安装工程,通常它是确定建设及设备安装工程造价的最基本的工程单位。

(二)概算和预算的区别

1. 所起的作用不同,概算编制在初步设计阶段,作为向国家和地区报批投资的文件,经审批后用以编制固定资产计划,是控制建设项目投资的依据;预算编制在施工图设计阶段,用以确定建筑产品价格,是工程价款的标底。

2. 编制依据不同,概算依据概算定额或概算指标进行编制,其内容项目概括性大;预算则依据预算定额和综合预算定额进行编制,其项目较详细。

3. 编制内容不同,概算应包括工程建设的全部内容,如总概算要考虑从筹建开始到竣工验收交付使用前所需的一切费用;预算一般不编制总预算,只编制单位工程预算和综合预算书,它不包括准备阶段的费用(如勘察、征地、生产职工培训费用等)。

三、工程结算

(一)界定

工程结算是指根据合同约定、工程进度、工程变更与索赔等情况,通过编制工程结算书对已完施工部分的工程价格进行计算的过程,计算出来的价格称为工程结算价,是发包人支付工程款项的凭据。工程结算往往发生在施工、建设以及监理单位之间。

工程款包括预付款、进度款、竣工结算款。预付款往往约定施工合同签订后的一定日期内进场前支付,进度款往往约定按照工程的形象进度或工程节点支付,结算款往往约定工程竣工结算完毕后的一定日期内支付。按照《建设工程价款结算暂行办法》第3条:"……建设工程价款结算(以下简称"工程价款结算"),是指对建设工程的发承包合同价款进行约定和依据合同约定进行工程预付款、工程进度款、工程竣工价款结算的活动。"第14条第1款规定:"工程完工后,双方应按照约定的合同价款及合同价款调整内容以及索赔事项,进行工程竣工结算。"

(二)现行工程价款结算方法

主要采取如下方式:(1)按月形象进度结算;(2)按工程节点结算;(3)竣工后一次结算;(4)目标结算方式;(5)结算双方约定的其他结算方式。

《最高人民法院关于审理建设工程施工合同纠纷案件适用法律问题的解释(一)》第19条第1、2款规定:"当事人对建设工程的计价标准或者计价方法有约定的,按照约定结算工程价款。因设计变更导致建设工程的工程量或者质量标准发生变化,当事人对该部分工程价款不能协商一致的,可以参照签订建设工程施工合同时当地建设行政主管部门发布的计价方法或者计价标准结算工程价款。”

(三)工程价款结算规则

工程合同价款的结算,往往在工程竣工验收合格后进行。如果工程因故未能施工完毕,双方协商解除或一方依解除权解除合同的,也应进行工程款结算。工程结算有“大结算”“小结算”的说法,小结算指的是仅针对工程造价、已付款项、欠付工程款等内容结算,大结算包含小结算,还包含承包人可向发包人主张的所有项目应付总价款(包含工程造价、奖励、承包人索赔、履约保证金、逾期付款利息等),以及发包人可据以抗辩或主张的所有已付款与应扣款在内的所有款项内容。①

1. 结算应依法依约进行

结算往往由承包方送审,发包方自行安排专业造价人员予以审定或委托第三方独立的造价咨询机构审定工程造价,专业人员将根据合同约定的计价标准和方法审定造价,双方签字确认。

如果因工程设计变更或工程量增加等原因,增加部分没有约定造价计价标准和方法,则应根据当地通行的计价标准与方法予以审定造价。

2. 约定固定价结算或者已签订结算协议不允许鉴定造价

合同约定属于意思自治,无论实际工程量与造价是否与合同约定契合,只要是约定不违法,则合法有效,按照约定结算。因此合同约定固定价,意味着当事人自愿承担相关风险,不能通过鉴定改变原合同约定价款,防止损害诚信交易。《最高人民法院关于审理建设工程施工合同纠纷案件适用法律问题的解释(一)》第28条规定:“当事人约定按照固定价结算工程价款,一方当事人请求对建设工程造价进行鉴定的,人民法院不予支持。”对于双方约定固定总价的建设工程合同,承包方完成全部工程施工任务后,发包方按照合同约定支付工程款本金,并依法依约支付利息等;对于原约定范围之外增加工程量或减少原约定

---

① 参见常设中国建设工程法律论坛第八工作组:《中国建设工程施工合同法律全书词条释义与实务指引》,法律出版社2019年版,第191页。

工程量的，双方按照约定的计价标准和方法，增加或减少工程价款，或按约定保持原合同总价不变。

该解释第29条规定："当事人在诉讼前已经对建设工程价款结算达成协议，诉讼中一方当事人申请对工程造价进行鉴定的，人民法院不予准许。"实践中需要注意的是，应确认哪份文件是双方最终结算协议。结算协议是指双方当事人为解决施工合同中工程价款结算、清算或支付等事宜而达成的合意。在工程竣工验收和工程价款结算后，发包人与承包人常常签订相关结算协议，就工程造价的确认、已付工程款、尚欠工程价款、付款条件、违约方式和支付方式等事宜作出约定。结算协议具有独立性和有效性，不受施工合同无效的影响，即结算协议不因施工合同无效而无效。[①] 当然，结算协议本质上属于合同，可以因违反相关法律规定而被确认为无效或被撤销，确认无效或被撤销后的结算协议丧失法律约束力，双方应当重新结算。

3. 送审后约定期限不回复视为认可送审价

实践中，承包人竣工验收或节点验收符合结算条件后，发包人总是拖延结算。为了避免这种行为导致承包人的合法利益受损，《最高人民法院关于审理建设工程施工合同纠纷案件适用法律问题的解释（一）》第21条规定以送审价进行结算："当事人约定，发包人收到竣工结算文件后，在约定期限内不予答复，视为认可竣工结算文件的，按照约定处理。承包人请求按照竣工结算文件结算工程价款的，人民法院应予支持。"

4. 结算依据的确认

因工程周期长，管理环节多，工程中往来的资料繁杂，有时也会出现合同漏项或者与往来文件前后矛盾的地方，在当事人无法协商一致的情况下，应按照相关解释规则推定当事人的真实意思，即将相关往来文件纳入结算依据。《最高人民法院关于审理建设工程施工合同纠纷案件适用法律问题的解释（一）》第22条规定："当事人签订的建设工程施工合同与招标文件、投标文件、中标通知书载明的工程范围、建设工期、工程质量、工程价款不一致，一方当事人请求将招标文件、投标文件、中标通知书作为结算工程价款的依据的，人民法院应予

① 参见常设中国建设工程法律论坛第八工作组：《中国建设工程施工合同法律全书词条释义与实务指引》，法律出版社2019年版，第189页。

支持。”

参照住房和城乡建设部、财政部印发的《建筑安装工程费用项目组成》（建标〔2013〕44号）第1条第1款：建筑安装工程费用项目按费用构成要素组成划分为人工费、材料费、施工机具使用费、企业管理费、利润、规费和税金。2016年2月19日，住房和城乡建设部办公厅《关于做好建筑业营改增建设工程计价依据调整准备工作的通知》规定，工程造价可按以下公式计算：工程造价＝税前工程造价乘以（1＋11%），税前工程造价为人工费、材料费、施工机具使用费、企业管理费、利润和规费之和。据此可见，双方结算的人工费、材料费、机具使用费等，需要双方在结算过程中根据合同约定、相关签证、联系单、会议纪要等予以审定后，计入结算；规费和税金，则是政府主管部门均有明确规定的，直接计入结算即可。

四、竣工决算

（一）竣工决算

竣工决算，是指整个建设工程全部完工并经验收以后，通过编制竣工决算书计算整个项目从立项到竣工验收到交付使用全过程中实际支付的全部建设费用，核定新增资产和考核投资效果的过程。计算出的价格称为竣工决算价，是整个建设工程最终实际价格。

（二）工程结算与竣工决算的区别

1. 二者包含的范围不同

工程竣工结算，是指按工程进度、施工合同、施工监理情况办理的工程价款结算，以及根据工程实施过程中发生的超出施工合同范围的工程变更情况，调整施工图预算价格，确定工程项目最终结算价格。它分为单位工程竣工结算、单项工程竣工结算和建设项目竣工总结算。竣工结算工程价款等于合同价款加上施工过程中合同价款调整数额减去预付及已结算的工程价款再减去保修金的数额。

竣工决算包括从筹集到竣工投产全过程的全部实际费用，即包括建筑工程费、安装工程费、设备工器具购置费用及设备费和相关税费等。按照财政部、国家发改委和建设部的有关文件规定，竣工决算是由竣工财务决算说明书、竣工财务决算报表、工程竣工图和工程竣工造价对比分析四部分组成。前两部分又称建设项目竣工财务决算，是竣工决算的核心内容。

2. 编制人和审查人不同

单位工程竣工结算由承包人编制，发包人审查；实行总承包的工程，由具体承包人编制，在总承包人审查的基础上，发包人审查。单项工程竣工结算或建设项目竣工总结算由总(承)包人编制，发包人可直接审查，也可以委托具有相应资质的工程造价咨询机构进行审查。

建设工程竣工决算的文件，由建设单位负责组织人员编写，上报主管部门审查，同时抄送有关设计单位。

3. 二者的目标不同

结算是在施工完成已经竣工后编制的，反映的是基本建设工程的实际造价。

决算是竣工验收报告的重要组成部分，是正确核算新增固定资产价值，考核分析投资效果，建立健全经济责任的依据，是反映建设项目实际造价和投资效果的文件。

第二节 合同价款调整

一、协商一致进行合同价款调整

(一)工程量变更引起工程造价据实调整

因发包方对设计方案进行调整可能增减工程量，也经常会发生施工过程中额外追加部分工程的情况，这些都会导致工程量的变化。合同内的工程量，由双方合同约定计价方式，但对于追加工程量部分，有的约定按照合同内方式计价，但有的并未约定。合同外的工程量变更，根据解释规则确定计价方式。

《最高人民法院关于审理建设工程施工合同纠纷案件适用法律问题的解释（一）》第20条规定："当事人对工程量有争议的，按照施工过程中形成的签证等书面文件确认。承包人能够证明发包人同意其施工，但未能提供签证文件证明工程量发生的，可以按照当事人提供的其他证据确认实际发生的工程量。"

因工程量变更引发工程价款调整应特别注意如下事项：

1. 合同范围内工程量的确认。如双方在合同和施工图中约定了工程内容且实际竣工验收，应当认定承包人完成了工程量，应当按此结算工程款；但是，发包人有证据证明（如施工合同、付款凭证、施工资料等）该工程量系自行完成或者另行委托他人完成，则承包人无权取得该工程款。如发包人与承包人都无充分证据证明合同内工程量由自己施工，则应由发包人承担举证不利的责任。

2. 合同范围外工程量的确认。如双方在合同和施工图中没有约定此项工程内容，但承包人主张其实际施工，并有签证单、会议记录、往来信函以及其他技术资料等可以证明系发包人安排承包人施工的，则应认定承包人的实际施工量并以此结算工程价款；如发包人有相反证据证明该项工程量是其自行或者另行委托他人完成的，则承包人无权取得该工程价款。如发包人与承包人都无充分证据证明合同外工程量由自己施工，则应由承包人承担举证不利的责任。

当事人对该部分工程价款不能协商一致的，可以参照签订建设工程施工合同时当地建设行政主管部门发布的计价方法或者计价标准结算工程价款。

（二）市场价格波动引起的调整

采用定额计价的工程项目，因定额编制后往往适用较长时间，等到工程施工时，人员、材料、机械设备的价格往往已经发生调整，为了更契合工程实际建设成本，允许对定额组价因素进行调整。各地市的住建行政部门往往发布政策性调整，工程造价计算适用定额的同时再适用现行的人、材、机的价目表及有关政策性调整，如山东的建设工程，合同当事人约定适用《山东省建设工程消耗量定额山东省价目表》及工程所在地的现行《工程结算资料汇编》，以及建设行政主管部门近期发布的计价文件等有关规定。如山东省自2017年3月1日起，执行新版《山东省建筑工程消耗量定额》《山东省安装工程消耗量定额》《山东省市政工程消耗量定额》《山东省园林绿化工程消耗量定额》《山东省建设工程施工机械台班费用编制规则》《山东省建设工程施工仪器仪表台班费用编制规则》

《山东省建设工程费用项目组成及计算规则》。为保障建设市场各方权益,经调研测算,2020 年 12 月发布《山东省住房和城乡建设厅关于调整建设工程定额人工单价及各专业定额价目表的通知》(鲁建标字〔2020〕24 号),确定“2016 版建筑、安装、市政、园林绿化工程消耗量定额(鲁建标字〔2016〕39 号)及 2018 版建筑、安装、市政工程概算定额(鲁建标字〔2018〕29 号)中的综合工日单价调整为:建筑工程 128 元/工日,装饰工程 138 元/工日,安装工程 138 元/工日,市政工程 117 元/工日,园林绿化工程 117 元/工日;《山东省建设工程施工机械台班费用编制规则》(鲁建标字〔2016〕39 号)中的人工单价调整为 130 元/工日。”

采用工程量清单计价的工程项目,也会发生清单组价的构成部分是否应当因市场价格波动而调整的问题。主要是看双方合同约定的风险分配原则。有的合同约定概不调整,有的合同则约定仅调整人工费。因为合同是意思自治的产物,一般应尊重约定,除非其违反法律、行政法规的强制性规定,或者违反了公序良俗。

(三)基准日后法律变化或政策性调整引起的调整

工程投标价与中标价往往基于发包人预设的工程日期,按照报价基准日编制投标文件,而基准日后,法律变化或政策性调整,会导致对合同价款的影响,一是可以约定风险调整系数进行合同价款调整;二是明确约定是否调整以及如何调整的依据。

二、履行迟延引起的工程价格调整

(一)暂定开工日延误或工程延期导致合同价款调整

因工程开工需要具备土地使用权证、建设用地规划许可证、建设工程规划许可证、施工许可证,有时因故建设项目审批手续无法按期办理完毕,这将导致案涉工程无法开工,暂定的开工日迟延,延误开工日期后的承包方顺延施工期间可能导致人、材、机成本上涨。另外,工程施工过程中,也经常会因为各种各样的原因导致工程延期,价款是否调整首先应区分延误的违约方,但如果不能区分时,对于延误或延期导致材料价格上涨的损失,则依据公平原则由双方分担。近期最高人民法院曾有案例认为,因工程延期导致材料价格上涨,发承包双方均未举证延期原因,依据公平原则各担一半。①

(二)发包方违约行为导致工程价格上调

1. 发包方提供条件迟延成就。发包方提供图纸、进场条件等延误,导致承包方无法顺利进场施工,承包方顺延施工期间可能导致人、材、机成本上涨。

2. 发包方供材延误。因案涉工程的主材,包括钢筋、商砼、木材等,往往由甲方供应,甲供材迟延可能导致承包方的停工、窝工,导致施工成本上调的费用增加。

3. 发包方付款延误。由于资金系种类物,发包方延期付款导致承包方无力垫资,会影响工程进度。承包方也可以据此主张延期付款导致自己垫资的利息损失等,有权要求发包方予以调整。

(三)承包方违约行为导致工程价格下降

1. 承包方施工过程中违约导致发包方用工程款扣减其违约金。

2. 承包方施工质量不合格返工导致工程款减少。

3. 工程逾期交工导致工期延长。因不可归责于自己一方的责任导致工程延长,势必导致人员、材料、机械设备等的价格上涨,该费用可以通过索赔解决。

4. 承包方过错导致工程延期给发包方造成损失被追究赔偿责任。

三、情势变更引起的价格调整

建设工程施工合同履行期间,工程使用的建材大幅涨价,施工方包工包料,建材价格的上涨导致施工方施工成本增加。施工方是否可以要求上调合同价格,就涉及到是否适用情势变更原则的问题。主要分为:合同工期内因情势变更而发生价格调整;承包方延误造成的价格调整;非承包方原因造成的价格调整。

---

① 甘肃宁远房地产开发有限公司诉苏州市湘城建筑有限公司等建设工程施工合同纠纷案,最高人民法院(2021)最高法民终371号民事判决书。

《民法典》第533条规定："合同成立后，合同的基础条件发生了当事人在订立合同时无法预见的、不属于商业风险的重大变化，继续履行合同对于当事人一方明显不公平的，受不利影响的当事人可以与对方重新协商；在合理期限内协商不成的，当事人可以请求人民法院或者仲裁机构变更或者解除合同。人民法院或者仲裁机构应当结合案件的实际情况，根据公平原则变更或者解除合同。"2017年版《建设工程施工合同（示范文本）》第11.1条"市场价格波动引起的调整"约定："除专用合同条款另有约定外，市场价格波动超过合同当事人约定的范围，合同价格应当调整。合同当事人可以在专用合同条款中约定选择以下一种方式对合同价格进行调整：第1种方式：采用价格指数进行价格调整……第2种方式：采用造价信息进行价格调整。合同履行期间，因人工、材料、工程设备和机械台班价格波动影响合同价格时，人工、机械使用费按照国家或省、自治区、直辖市建设行政管理部门、行业建设管理部门或其授权的工程造价管理机构发布的人工、机械使用费系数进行调整；需要进行价格调整的材料，其单价和采购数量应由发包人审批，发包人确认需调整的材料单价及数量，作为调整合同价格的依据……第3种方式：专用合同条款约定的其他方式。"第11.2条关于"法律变化引起的调整"，第1款规定："基准日期后，法律变化导致承包人在合同履行过程中所需要的费用发生除第11.1款〔市场价格波动引起的调整〕约定以外的增加时，由发包人承担由此增加的费用；减少时，应从合同价格中予以扣减。基准日期后，因法律变化造成工期延误时，工期应予以顺延。"前述规定，明确了承发包双方在市场价格波动时调整合同固定价格的权利义务，具有可操作性。

四、工程款索赔

（一）索赔的界定

索赔，指的是在合同履行过程中，一方对于并非自己的过错，而是应由对方承担责任的情况造成的实际损失，向对方提出经济补偿和（或）工期顺延的要求的一种赔偿方式。工程索赔是双向的，包括承包商向业主提出的施工索赔和业主向承包商提出的"反索赔"两个方面。

建设工程的承包是一项复杂的系统工程,持续周期长、可变因素多、涉及的相关主体众多,在实施过程中可能会遇到各种各样的问题,为维护承包商的正当权益,建设领域的工程索赔已成为国际惯例。工程索赔是工程承包中经常发生的正常现象,对建设工程施工合同的双方当事人而言,工程索赔是维护双方合法利益的权利,它同合同条件中的合同责任一样,构成严密的合同制约关系。索赔,在一般情况下都可以通过协商方式友好解决,但若双方无法达成妥协时,争议可通过诉讼或仲裁解决。

(二)索赔分类

索赔可以从不同的角度、按不同的标准进行以下分类:

1. 按索赔的目的分类,可分为工期索赔和费用索赔

工期索赔就是要求业主延长施工时间,使原规定的工程竣工日期顺延,从而避免了违约罚金的发生。工期索赔的依据是合同条件有关条款,这些条款应规定承包人在何种情况下,可以获准延期完成工程。获准延期对承包人非常重要,可以减少或者免除因延误而支付违约罚金的责任。

费用索赔就是要求业主或承包商双方补偿费用损失,进而调整合同价款。费用索赔的条款应在合同中列明,主要有:合同文件内容的错误;发包人的风险造成工程的破坏;化石、矿石、文物的处理;为特殊荷载而加固桥梁;由于发包人委托的其他承包人行为而对承包人工作的不利影响;工程的剥露和开孔;工程的暂停等。

承包人提出费用索赔一般有以下三种情况:

(1)承包人遇到未能预料的恶劣实际情况或者障碍,而这些障碍或者条件是一个有经验的承包人无法合理地在投标时所预见到的。

(2)承包人不满意监理工程师所确定的费率或者附加工作、额外工程的费用索赔。

(3)承包人有权提出其他费用索赔,如遇到工程延误、中断,以致影响到工程进度,导致了有关费用的增加。

2. 按索赔依据分类,可分为合同规定的索赔和非合同规定的索赔

合同规定的索赔是指索赔涉及的内容在合同文件中能够找到依据,业主或承包商可以据此提出索赔要求的索赔方式。非合同规定的索赔是指索赔涉及

的内容在合同文件中没有专门的文字表述,但可以根据该合同某些条款的含义,推论出一定的索赔权的索赔方式。

3. 按索赔的处理方式分类,可分为单项索赔和总索赔

单项索赔就是在施工过程中某一索赔事件发生之后,索赔方在合同规定的时限内就此事件提出索赔,即采取一事一索赔的方式,每一件索赔事项发生后,报送索赔通知书,编报索赔报告,要求单项解决支付,不与其他的索赔事项混在一起。索赔一经批准便可列入下个月的进度款支付中,即时结清。

总索赔,又称综合索赔或一揽子索赔,即在工程竣工前,索赔方对整个工程(或某项工程)中所发生的数起索赔事项,综合在一起进行索赔,向对方提交一份索赔报告,经审核及双方协商后列入工程结算。

单项索赔由于涉及的事件单一且及时,金额也较少,所以处理起来较容易,双方往往容易达成协议。"一揽子"索赔,由于涉及事件多,有些事件事过境迁之后说服力不强,双方在协商时容易引起争执,所以一般不宜采用。因此,我国的建设工程施工合同范本规定只能采用单项索赔。

另外,还可以按索赔的有关当事人分类,可分为承包商同业主之间的索赔;总承包商同分承包商之间的索赔;承包商同供应商之间的索赔;承包商向保险公司、运输公司的索赔等。按索赔的业务性质分类,可分为工程索赔和商务索赔。按索赔发生的原因分类,分为施工准备、进度控制、质量控制、费用控制及管理等原因引起的索赔,等等。

(三)建设工程索赔的产生原因

1. 勘察、设计方面的原因

勘察方未能全面勘察工程地质情况,或者设计方未能达到约定的设计目标,导致勘察、设计报告与合同规定不一样而发生的索赔,以及因设计变更、设计错误等原因造成的施工方损失,导致工程项目在工期、人工、材料等方面的索赔。

2. 发包方的原因

(1)发包方没有按合同规定的要求交付设计资料、设计图纸;没按合同规定的日期交付施工场地、交付行驶道路、接通水电,使承包方的施工人员和设备不能进场;没按合同规定的时间和数量支付工程款、供应材料;或供应材料不合

格,延误工期。即发包方未按合同约定完成应该完成的工作以及未能按时拨付款。

(2)发包方拖延图纸批准,拖延隐蔽工程验收,拖延对承包方提出变更、索赔等问题的答复,不及时下达指令、决定,造成工程停工,或要求加快工程进度,指令承包商采取加速措施等。

(3)发包方作出错误的指令,提供错误的数据、资料等造成工程修改、报废、返工、停工、窝工等。

3. 施工合同方面的原因

(1)合同约定不完备。在施工过程中双方在签订施工合同时未能充分考虑和明确各种因素对工程建设的影响,合同文件不完备或文件之间矛盾、不一致,甚至约定错误,致使施工合同在履行中出现矛盾,从而引起施工索赔。

(2)不依法履行施工合同。承发包双方在履行施工合同的过程中,往往因一些意见分歧和经济利益驱动等人为因素,不严格执行合同文件,而引起施工索赔。

(3)项目变更。承包方已进行施工后又进行项目的变更,工程施工项目增加或局部尺寸、数量变化等。发包方或发包方的工程师指令工程停建、缓建,指令增加、减少或删除部分工程,提高装饰标准,提高建筑五金标准等。

4. 不可预见因素引起的索赔

(1)不可抗力。在施工过程中,不可抗力的发生,如反常的气候条件、洪水、革命、暴乱、内战、政局变化、战争、经济封锁、禁运、罢工和其他一个有经验的承包商无法预见的任何自然力作用等,使工程中断或合同终止引起的施工索赔,包括:工程损失索赔及工期索赔。

(2)由外部环境而引起的索赔。如征地拆迁、施工条件和环境变化等引起索赔。

5. 其他原因导致的施工单位的索赔

由于工程项目本身变更引起:如工程量的变化、材料价格变化、现场签证等。例如,业主在验收前或交付使用前,擅自使用已完或未完工程,造成工程损坏的,或者保修期内由于业主使用不当或其他非承包方责任造成损坏,业主要求承包方予以修理等原因引起的索赔。

（四）索赔的证据收集

1. 索赔必须以合同文件为依据

一方当事人向另一方提出索赔时，要有正当索赔理由，且有索赔事件发生时的有效证据。遇到索赔事件时，工程师必须以完全独立的身份，站在客观公正的立场上审查索赔要求的正当性，以合同为依据来公平处理合同双方的利益纠纷。作为索赔依据的合同文件包括：招标文件，工程合同及附件，发包方认可的施工组织设计、工程图纸，各种变更、签证、技术规范等。

合同文件能互相解释、互为说明，除合同另有约定外，其组成和解释顺序如下：

①合同协议书；②中标通知书；③投标书及其附件；④本合同专用条款；⑤本合同通用条款；⑥标准、规范及有关技术文件；⑦图纸；⑧工程量清单；⑨工程报价单或预算书。

2. 与索赔有关的各种往来文件

工程各项会议纪要、往来信件、指令、信函、通知、答复等。即施工单位发出的与工期和费用索赔有关的证明材料，一般包括：在建工程技术规范、施工图纸、业主与施工单位签订的工程承包协议、业主对施工单位施工进度计划的批复、业主下达的变更图纸、变更令及大型工程项目技术方案的修改方案等。在索赔过程中，只有尽可能地积累一切可能涉及索赔论证的资料，才能做到以事实和数据为依据，有功而返。

3. 施工过程中形成的资料

施工计划、现场实施情况记录、施工日报、工作日志、备忘录，图纸变更、交底记录的送达份数及日期记录，工程有关施工部位的照片及录像等，工程验收报告及各项技术鉴定报告等。

4. 影响工程造价、工期等的文件、规定等

如国家、省（自治区）、市有关影响工程造价、工期的文件、规定等。

5. 其他影响建设工程合同履行的因素

其他影响建设工程合同履行的因素包括：工程材料采购、订货、运输、进场、验收、使用等方面的凭据；工程停送电、停送水、道路开通封闭等干扰事件影响的日期及恢复施工的日期；工程现场气候记录，有关天气的温度、风力、雨雪等。

还有工程预付款、进度款拨付的数额及日期记录;工程会计核算资料等其他与工程有关的资料,等等。

(五)索赔的程序

当事人在索赔前应做好相关准备:(1)进行事态调查,详细了解事件,掌握索赔证据;(2)分析事件原因,并判断其责任应由谁承担;(3)对事件的损失进行调查和计算;(4)在合同规定的时间内,向对方发出要求索赔的通知和索赔报告,提出索赔要求和支持这个要求的有关证据,证据应当详细和全面。

承包人索赔处理程序一般是:14 天内——有异议——28 天内——逾期答复——承包人接受——承包人不接受。逾期答复的后果:发包人在索赔过程中的不作为行为的不利后果,即直接认可承包人索赔要求。根据 2017 年版《建设工程施工合同(示范文本)》通用条款第 19.1 条"承包人的索赔"部分的相关约定,"根据合同约定,承包人认为有权得到追加付款和(或)延长工期的,应按以下程序向发包人提出索赔:(1)承包人应在知道或应当知道索赔事件发生后 28 天内,向监理人递交索赔意向通知书,并说明发生索赔事件的事由;承包人未在前述 28 天内发出索赔意向通知书的,丧失要求追加付款和(或)延长工期的权利。(2)承包人应在发出索赔意向通知书后 28 天内,向监理人正式递交索赔报告;索赔报告应详细说明索赔理由以及要求追加的付款金额和(或)延长的工期,并附必要的记录和证明材料。(3)索赔事件具有持续影响的,承包人应按合理时间间隔继续递交延续索赔通知,说明持续影响的实际情况和记录,列出累计的追加付款金额和(或)工期延长天数。(4)在索赔事件影响结束后 28 天内,承包人应向监理人递交最终索赔报告,说明最终要求索赔的追加付款金额和(或)延长的工期,并附必要的记录和证明材料。"第 19.2 条规定:"对承包人索赔的处理如下:(1)监理人应在收到索赔报告后 14 天内完成审查并报送发包人。监理人对索赔报告存在异议的,有权要求承包人提交全部原始记录副本。(2)发包人应在监理人收到索赔报告或有关索赔的进一步证明材料后的 28 天内,由监理人向承包人出具经发包人签认的索赔处理结果。发包人逾期答复的,则视为认可承包人的索赔要求。(3)承包人接受索赔处理结果的,索赔款项在当期进度款中进行支付;承包人不接受索赔处理结果的,按照第 20 条〔争议解决〕约定处理。"发包人在承包人未能按合同约定履行自己的各项义务或发生错误给自己造成损失的,也按以上各条款确定的时限向承包人提出索赔。

第三节 工程造价的审价与审计

一、全过程工程造价咨询

(一)概念

全过程工程咨询,是对工程建设项目前期研究和决策以及工程项目实施和运行(或称运营)的生命周期提供的包含设计和规划在内的涉及组织、管理、经济和技术等各有关方面的工程咨询服务。

服务时间:建设项目的全生命周期。①前期研究和决策;②工程项目实施;③运营。

服务范围:包括各方面的工程咨询。①设计和规划;②组织;③管理;④经济;⑤技术。

服务内容:包括各方面的工程咨询。①投资咨询;②工程勘察;③工程设计;④工程监理;⑤招标代理;⑥造价咨询;⑦项目管理等技术和管理咨询服务。

(二)政策依据

《国家发展改革委、住房城乡建设部关于推进全过程工程咨询服务发展的指导意见》(发改投资规〔2019〕515 号)提出,以工程建设环节为重点推进全过程咨询。在房屋建筑、市政基础设施等工程建设中,鼓励建设单位委托咨询单位提供招标代理、勘察、设计、监理、造价、项目管理等全过程咨询服务,满足建设单位一体化服务需求,增强工程建设过程的协同性。全过程咨询单位应当以工程质量和安全为前提,帮助建设单位提高建设效率、节约建设资金。2020 年 8 月 28 日,《住房和城乡建设部建筑市场监管司关于征求全过程工程咨询服务合同示范文本(征求意见稿)意见的函》(建司局函市〔2020〕199 号)发布,对于全过程咨询的权利义务进行了示范性规定。

政府鼓励多种形式全过程工程咨询服务模式。除投资决策综合性咨询(决策阶段)和工程建设全过程咨询(建设阶段)外,咨询单位可根据市场需求,从投资决策、工程建设、运营等项目全生命周期角度(把决策、建设、运营放在项目全生命周期的角度去综合考量),开展跨阶段(综合性、跨阶段、一体化)咨询服务组合或同一阶段内不同类型咨询服务组合。鼓励和支持咨询单位创新全过程工程咨询服务模式,为投资者或建设单位提供多样化的服务。同一项目的全过程工程咨询单位与工程总承包、施工、材料设备供应单位之间不得有利害关系。

二、工程款审计与审价的区别

工程竣工验收合格或者工程交付使用后,往往需要对工程造价委托第三方进行审定。当工程项目属于财政资金时,就会出现第三方独立审计与政府审计的结论适用于不同的工程范围的情况。

(一)结算与审计分属于两种法律关系

我国《审计法》及其实施条例中并没有关于“结算”、“决算”和“审计”关系的规定。《基本财务管理规定》第 38 条明确规定工程结算是基本建设项目竣工财务决算的依据之一,直接体现了结算与决算的重要联系。《审计法实施条例》第 20 条第 2 款规定了基本建设项目审计的内容,包括建设项目的总预算或者概算的执行情况、年度预算的执行情况和年度决算、单项工程结算、项目竣工决算。由此可见,除了单项工程结算之外,结算与审计并无直接联系,而是以项目决算作为连接的桥梁。结算、决算与审计的关系:结算是决算的基础和依据,而决算是审计的重要内容。

结算与审计分属于两种法律关系。建设项目审计是一种行政法律行为,受法律法规调整,其目的主要在于揭露基本建设项目中的违法违规行为,提高财政资金的使用效益,是一种行政监督行为,审计结论只对被审计单位有直接约束力,而不及于承包方。工程结算是一种民事法律行为,是作为平等民事主体的建设方和承包方之间对工程造价进行审查、核对用以确定最终结算的一种办法,结算结果对建设方和承包方均具有法律约束力,是支付工程结算款的依据,整个结算过程完全体现了双方当事人意思自治的原则。

(二)审计与审价结论作为工程款结算依据的风险

审计:国家行政主管机关在基本建设项目竣工后,经过初步验收,国家审计机关对项目的投资效益、投资质量、对国有资金运行状况按照审计机构有关规定进行审核评价,实行行政经济监督的行为。

审价(亦俗称审计外包):建设单位委托社会中介机构在工程项目通过竣工质量验收后,根据工程合同、国家定额及有关工程资料,对工程结算造价所作的审查核对工作亦称造价咨询。

一般说来,发承包方工程款结算以双方有效合同为依据,而财政投资的工程项目必须经政府审计,结算与审计并无直接关联。但是,鉴于政府为加强财政资金管理效益,其地方性规定往往要求以政府审计作为工程价款结算的依据,从而使得结算与审计挂起钩来。目前,全国人大常委会已发文开始进行规范性文件清理,明确要求不得将政府审计与工程合同结算挂钩。

当事人在诉讼前已就工程价款的结算达成协议,一方在诉讼中要求重新结算的,不予支持,但结算协议被法院或仲裁机构认定为无效或撤销的除外。建设工程施工合同无效,但工程经竣工验收合格,当事人一方以施工合同无效为由要求确认结算协议无效的,不予支持。

(三)工程结算与审计结论的矛盾集中体现在二者在工程价款计算差异上

将审计结论作为工程结算的依据,从表面上看明确了工程价款确定的依据,确立了审计结论在工程价款确定上的优先效力,似乎有助于减少纠纷的产生,实则打破了结算、决算与审计原有的逻辑关系,对相关制度之间的平衡产生冲击。究竟审计结论能否作为工程结算或者决算的依据,关键是看当事人有无约定以及该约定是否合法有效。

三、工程造价司法鉴定

工程竣工结算,发包人往往委托第三方进行造价审核,确认无争议的造价结论。工程量或工程价款存在争议时,无论是诉讼还是仲裁方式解决合同纠纷,起诉或仲裁后应及时申请工程造价的司法鉴定。

工程造价司法鉴定是指依法取得有关工程造价司法鉴定资格的鉴定机构和鉴定人受司法机关委托,依据国家的法律、法规以及中央和省、自治区及直辖市等地方政府颁布的工程造价定额标准,针对某一特定建设项目的施工图纸及竣工资料来计算和确定某一工程价值并提供鉴定结论的活动。

(一)造价鉴定申请

许多施工人在签订工程合同时,由于处于承揽弱势地位,往往不敢在合同条款上讨价还价,甚至有的任由发包方增加、变更工程量,却无法获得相应的签证,结果在纠纷发生时难于举证。《最高人民法院关于审理建设工程施工合同纠纷案件适用法律问题的解释(一)》第20条规定,双方出现对工程量的争议时,施工人应尽量提供施工过程中形成的签证等书面文件,来证明实际发生的工程量。若仍不能确定,则应及时向人民法院请求同意对其施工部分认定工程量及相应的工程造价鉴定。

当事人申请鉴定,一般应当在举证期限内提出。当事人申请鉴定经人民法院同意后,由双方当事人协商确定有鉴定资格的鉴定机构、鉴定人员,协商不成的,由人民法院指定。对需要鉴定的事项负有举证责任的当事人,在人民法院指定的期限内无正当理由不提出鉴定申请或者不预交鉴定费用或者拒不提供相关材料,致使对案件争议的事实无法通过鉴定结论予以认定的,应当对该事实承担举证不能的法律后果。工程造价鉴定是确定建筑工程造价的专门性工作,从专业性技术的需求和对工程造价证据效力的要求,人民法院对诉讼中工程造价的争议应依法委托具有工程造价咨询执业资格的机构和工程造价人员进行鉴定。

(二)鉴定依据的提交与质证

在对工程造价鉴定时,双方应尽可能提交还原工程施工原貌的真实、完备的资料,尽量提供有各方当事人的管理人员签字的原件,实在不能提供原件的,应尽可能提供原件证据存放处的说明。如果原件存在于争议另一方,而另一方拒不提供,可以根据《最高人民法院关于民事诉讼证据的若干规定》(法释〔2019〕19号)第95条的规定:"一方当事人控制证据无正当理由拒不提交,对待证事实负有举证责任的当事人主张该证据的内容不利于证据控制人的,人民法院可以认定该主张成立。”

按照合同约定结算工程价款是工程结算的首要标准,也是鉴定机构必须遵循的基本原则。包括:合同约定是按照固定价格结算的,应尊重合同约定,不能据实结算,也不能采用其他的计价方法和计价标准结算;合同约定的结算方式是成本加酬金方式或者可调价结算的,应当按照合同约定的计价方法和计价标准结算。施工中当事人就工程量或者工程价款变更达成的洽商记录,像签证、会谈纪要、工作联系单等意思表示明确的,应当认定其性质为合同变更的情形,不违反法律强制性规定的,应当认定洽商记录有效。因设计变更导致建设工程的工程量或者质量标准发生变化,当事人对该部分工程价款不能协商一致的,可以参照建设工程施工合同签署时当地建设行政主管部门发布的计价方法或者计价标准结算工程价款。

(三)工程造价司法鉴定的基本程序

工程造价司法鉴定可分为两个基本阶段。第一阶段以委托和受理为开端,到出具司法鉴定初稿结束。司法鉴定人的主要任务是收集工程造价鉴定计算的事实依据,依据有效的证据进行专业鉴定计算。第二阶段从当事人对司法鉴定初稿提出书面异议开始,到庭审质证后结束。其主要目的是通过当事人对鉴定报告提出异议,解决工程造价依据的事实问题、计算准确性问题、适用的规范问题,司法鉴定人在充分听取当事人的申辩及对报告异议的基础上,根据委托鉴定的内容,对鉴定报告初稿进行修改,出具工程造价司法鉴定报告。

(四)鉴定结论的质证与采信

作为证据的一种形式,鉴定结论在通过质证后一般作为有效证据予以使用,法院采信后据此予以裁判工程量及工程造价。因而围绕该鉴定结论予以质证,并最大限度地保护参建方的合法权益,非常重要。鉴定结论的质证主要包括如下方面:

(1)法院委托鉴定的事项本身是否与合同约定相吻合,是否改变了双方当事人合同约定的本质内容,法院委托鉴定的范围是否是当事人申请鉴定的范围。

(2)鉴定机构是否按照人民法院的委托要求作出鉴定。

(3)鉴定机构是否遵循了合同约定优先的原则,按照合同约定计价。

(4)鉴定机构的鉴定是否符合鉴定程序与标准。

(5)鉴定机构是否代行了审判职能。

对于鉴定机构未按照合同约定的计价原则计算工程款所作出的结论,当事人及其代理人应在开庭时大胆否定,努力保护自己的合法利益。

(五)重新鉴定

一方当事人自行委托有关部门作出的鉴定结论,另一方当事人有证据足以反驳并申请重新鉴定的,人民法院应予准许。为避免司法资源的浪费与讼累,司法鉴定一般不允许重复鉴定。当事人对人民法院委托的鉴定部门作出的鉴定结论有异议申请重新鉴定,提出证据证明存在下列情形之一的,人民法院应予准许:

(1)鉴定机构或者鉴定人员不具备相关的鉴定资格的;

(2)鉴定程序严重违法的;

(3)鉴定结论明显依据不足的;

(4)经过质证认定不能作为证据使用的其他情形。

对有缺陷的鉴定结论,可以通过补充鉴定、重新质证或者补充质证等方法解决的,不予重新鉴定。

第四节　工程款的计算与支付

一、工程款的计付

工程款的计付即结算,包含工程款本金、利息、违约金、损失赔偿金等的计算与支付。

(一)工程款本金的计付

1. 按照双方真实意思达成的有效的结算协议履行。

2. 按照经由法院或仲裁机构委托造价咨询机构作出的工程造价咨询报告审定的工程款总额,减去已付款和应扣款,计付工程款本金。

(二)工程垫资款的计付

垫资,是指发包人不预付工程款或仅支付部分工程款,承包人利用自有资金进场施工,待工程施工到一定节点后发包人再向承包人支付工程款,承包人的工程项目对外付款大于项目已收款或者应收款合计所形成的代垫支出的资金的行为。对于承包人已完成部分工程量的情况,若其在发包人全部付款之前,属于承包人垫资施工。《最高人民法院关于审理建设工程施工合同纠纷案件适用法律问题的解释(一)》第25条规定:"当事人对垫资和垫资利息有约定,承包人请求按照约定返还垫资及其利息的,人民法院应予支持,但是约定的利息计算标准高于垫资时的同类贷款利率或者同期贷款市场报价利率的部分除外。当事人对垫资没有约定的,按照工程欠款处理。当事人对垫资利息没有约定,承包人请求支付利息的,人民法院不予支持。"该条款规定了垫资约定的效力认定及未对垫资进行约定的处理原则:有约定按约定,但约定利息不得高于垫资时的同类贷款利率或者同期贷款市场报价利率;对垫资没有约定认定为工程欠款;没有约定垫资利息不计付利息。

人民法院在处理有关工程垫资纠纷案件中,一般结合垫资的特殊法律性质,对承包人主张垫资的本金和利息做出认定与处理。施工合同签订后,尚未实际履行的,首先对施工合同效力进行认定,如果合同无效也不能补正,无继续履行的可能性,法院对实际履行之前双方的投入进行审核,一般建设单位会提出办理开工手续、合同签证等费用;施工单位会提供进场施工或进场前的准备费用等,双方根据无效合同的过错原则按比例承担。对已履行完毕的施工合同,法院裁判尺度不同。"我们认为,此时应将垫资本金和利息的处理重点放在工程价款的结算上。如双方已对垫资作出明确约定的,可以根据合同的约定处理垫资的本金问题,但如当事人之间的建设工程施工合同没有对垫资作出明确约定,应将承包人的垫资作为工程欠款处理。对于部分履行的合同,如果合同有效继续履行或者合同解除，则垫资问题从合同约定；如果合同被确认无效，则垫资问题应按照无效处理，垫资本金作为返还财产的内容，利息可作为无效合同的损失，根据过错原则处理。”①

（三）工程款欠款利息的计付

《最高人民法院关于审理建设工程施工合同纠纷案件适用法律问题的解释（一）》第26条规定：“当事人对欠付工程价款利息计付标准有约定的，按照约定处理。没有约定的，按照同期同类贷款利率或者同期贷款市场报价利率计息。”其中，“按照同期同类贷款利率或者同期贷款市场报价利率计息”应按按照欠款存在的不同时间段进行区分并选择适用。对于逾期付款的违约行为发生在2019年8月20日之前的工程欠款，人民法院可以中国人民银行同期同类人民币贷款基准利率为基础计算；逾期付款违约行为发生在2019年8月20日之后的，应按照全国银行间同业拆借中心公布的同期贷款市场报价利率（LPR）标准计付利息，并采用分段、动态的给付方式，按照与欠款同期的贷款市场报价利率计付。同期贷款市场报价利率，分为一年期和五年期，如工程欠款未超过五年的，统一按照与欠款同期的欠款一年期以上贷款市场利率计息；工程欠款超过五年按照与工程欠款同期的五年期以上的贷款市场报价利率计付利息。

根据《最高人民法院关于审理建设工程施工合同纠纷案件适用法律问题的解释（一）》第27条的规定，利息从应付工程价款之日开始计付，如果当事人对付款时间没有约定或者约定不明的，下列时间视为应付款时间：（1）建设工程已实际交付的，为交付之日；（2）建设工程没有交付的，为提交竣工结算文件之日；（3）建设工程未交付，工程价款也未结算的，为当事人起诉之日。该规定确立了利息约定不明时的起算点，虽然对于无效合同的利息是否应计付未作出明确约定，但根据《民法典》第793条第1款的约定，施工合同无效但验收合格也应参照合同约定计付工程款，最高人民法院的态度是“如果无效合同存在工程款支付期限的约定，基于该约定仍是当事人真实意思表示，应以合同约定的支付工程款时间作为利息的起算时间”，“如果合同没有约定或约定不明，应根据建设

---

① 最高人民法院民事审判第一庭编著：《最高人民法院新建设工程施工合同司法解释（一）理解与适用》，人民法院出版社2021年版，第262～263页。

工程的实际情况，分别从建设工程实际交付之日、提交竣工结算文件之日以及当事人起诉之日作为应当支付工程款及利息的时间”[①]。言下之意，无论施工合同是否有效，利息计付均应按照该解释第 27 条执行。

(四)工程欠款违约金的计付

在工程款全面结算时，应当包含违约金的计付。《民法典》第 585 条第 1 款、第 2 款规定：“当事人可以约定一方违约时应当根据违约情况向对方支付一定数额的违约金，也可以约定因违约产生的损失赔偿额的计算方法。约定的违约金低于造成的损失的，人民法院或者仲裁机构可以根据当事人的请求予以增加；约定的违约金过分高于造成的损失的，人民法院或者仲裁机构可以根据当事人的请求予以适当减少。”违约金的计付，系以合同有效为前提。因此，有效的建设工程合同对于工程欠款约定有违约金数额或计价标准、计付方法的，按照约定处理；如果没有约定违约金，则应对欠款计付利息。无效建设工程合同，不存在违约金计付问题。

发承包双方在建设工程合同中约定，发包人逾期支付工程价款应支付违约金，但未约定违约金的具体数额或者计算方法，如何处理？《民法典》第 646 条规定：“法律对其他有偿合同有规定的，依照其规定；没有规定的，参照适用买卖合同的有关规定。”《最高人民法院关于审理买卖合同纠纷案件适用法律问题的解释》(法释〔2020〕17 号)第 18 条第 4 款规定：“买卖合同没有约定逾期付款违约金或者该违约金的计算方法，出卖人以买受人违约为由主张赔偿逾期付款损失，违约行为发生在 2019 年 8 月 19 日之前的，人民法院可以中国人民银行同期同类人民币贷款基准利率为基础，参照逾期罚息利率标准计算；违约行为发生在 2019 年 8 月 20 日之后的，人民法院可以违约行为发生时中国人民银行授权全国银行间同业拆借中心公布的一年期贷款市场报价利率(LPR)标准为基础，加计 30% ~50% 计算逾期付款损失。”因为目前没有法律规定建设工程合同法定违约金，实践中认为可以参照适用前述规定。

需要注意的是，实践中，双方通过非诉讼非仲裁方式协商进行工程价款结

---

① 最高人民法院民事审判第一庭编著：《最高人民法院新建设工程施工合同司法解释(一)理解与适用》，人民法院出版社 2021 年版，第 282 页。

算时,往往一方放弃违约金的主张,如果双方签订的有效结算协议已明确放弃违约金,则结算后不能再另行主张。如果双方未明确放弃违约金,也未对违约金进行结算,是否可以另行主张,则要根据双方结算是否属于最终结算的具体情况做出认定。

二、工程款的支付

(一)工程款的支付

工程款支付既包含现金支付,也包含承兑汇票交付等票据支付方式。建设单位面临资金压力大,以承兑汇票方式支付工程款的现象逐渐增多,如果遇到拒绝承兑,施工企业往往遇到资金麻烦。建设工程合同应明确约定是否接受承兑汇票付款,以及承兑汇票到期日与合同约定付款日不一致,是否承担延期付款违约责任及如何承担违约责任等。

(二)工程质保金的返还

建设工程质量保证金(以下简称质保金)是指发包人与承包人在建设工程承包合同中约定,从应付的工程款中预留,用以保证承包人在缺陷责任期内对建设工程出现的缺陷进行维修的资金。工程竣工验收后,为了落实工程在缺陷责任期内的维修责任,住房和城乡建设部、财政部根据《建筑法》《建设工程质量管理条例》《国务院办公厅关于清理规范工程建设领域保证金的通知》《基本建设财务管理规则》等相关规定,制定了《建设工程质量保证金管理办法》(建质〔2017〕138 号),规范建设工程质量保证金管理。

《建设工程质量保证金管理办法》第 2 条第 2、3 款规定:“缺陷是指建设工程质量不符合工程建设强制性标准、设计文件,以及承包合同的约定。缺陷责任期一般为 1 年,最长不超过 2 年,由发、承包双方在合同中约定。”质保金是工程款的一部分,在工程款结算时,往往预留合同价款 3% ~5% 的质保金,等到质保期满后再无息返还,或扣除应承担质保维修责任的款项后,将余额无息返还。

《最高人民法院关于审理建设工程施工合同纠纷案件适用法律问题的解释(一)》第 17 条规定:“有下列情形之一,承包人请求发包人返还工程质量保证金的，人民法院应予支持：(一)当事人约定的工程质量保证金返还期限届满；(二)当事人未约定工程质量保证金返还期限的，自建设工程通过竣工验收之日起满二年；(三)因发包人原因建设工程未按约定期限进行竣工验收的，自承包人提交工程竣工验收报告九十日后当事人约定的工程质量保证金返还期限届满；当事人未约定工程质量保证金返还期限的，自承包人提交工程竣工验收报告九十日后起满二年。发包人返还工程质量保证金后，不影响承包人根据合同约定或者法律规定履行工程保修义务。”

三、工程款以房抵债

(一)以房抵债的界定

以房抵债是指发包方将建设工程发包给承包方施工后，发包方由于某种原因不能支付工程款，将其所有的或已建成尚未出售或将来某时建成的房屋抵给承包方，代替以货币形式支付工程款，从而履行支付工程款义务的商业行为。

一般而言，以房抵款主要包括三种形式：①发包方以其所有的房屋抵付工程款；②发包方以已建成未出售的商品房抵付工程款；③发包方以在建商品房抵付工程款。实践中多为后两种。

(二)以房抵债的程序

如果发包方是房地产企业，以房抵款协议的签订与履行要具体问题具体分析。以房抵工程款自用的房屋，其实质就是建筑商向发包方(房地产企业)购买其开发的房屋并支付购房款，房地产开发企业支付工程款，依据《民法典》的规定，在等额范围内二者相抵销。以房抵完应付工程款后，可能还有一定的差价需要处理，双方协商以现金、汇票等形式补足差额。抵销价款涉及发票开具和税费，应依法出具，房地产企业应按照抵付工程款金额向建筑商开具销售不动产发票，建筑企业向房地产公司开具建筑业发票，有关税费按照约定处理或各自依法承担。

《九民会议纪要》规定了履行期届满后达成的以物抵债协议，即：“当事人在债务履行期限届满后达成以物抵债协议，抵债物尚未交付债权人，债权人请求债务人交付的,人民法院要着重审查以物抵债协议是否存在恶意损害第三人合法权益等情形,避免虚假诉讼的发生。经审查,不存在以上情况,且无其他无效事由的,人民法院依法予以支持。”当事人在建设工程合同工程款诉讼的一审程序中因达成以物抵债协议申请撤回起诉的,人民法院可予准许。当事人在二审程序中申请撤回上诉的,人民法院应当告知其申请撤回起诉。当事人申请撤回起诉,经审查不损害国家利益、社会公共利益、他人合法权益的,人民法院可予准许。当事人不申请撤回起诉,请求人民法院出具调解书对以物抵债协议予以确认的,因债务人完全可以立即履行该协议,没有必要由人民法院出具调解书,故人民法院不应准许,同时应当继续对原债权债务关系进行审理。

需要注意工程款未能如约支付时的法律保护时间,即诉讼时效。根据《民法典》第 188 条第 1 款规定:“向人民法院请求保护民事权利的诉讼时效期间为三年。法律另有规定的,依照其规定。”结算款的支付则往往受到诉讼时效的限制。合同约定结算款的付款时间的,按照约定的付款条件成就之日或者付款期限届满之日付款,债务人没有按期付款的,从应付款之次日起算诉讼时效。合同没有约定付款时间或者约定不明的,根据《民法典》和《最高人民法院关于审理建设工程施工合同纠纷案件适用法律问题的解释(一)》第 27 条规定确认工程价款应付款时间并起算诉讼时效。

Chapter 07

第七章

建设工程监理制度

【思维导图】

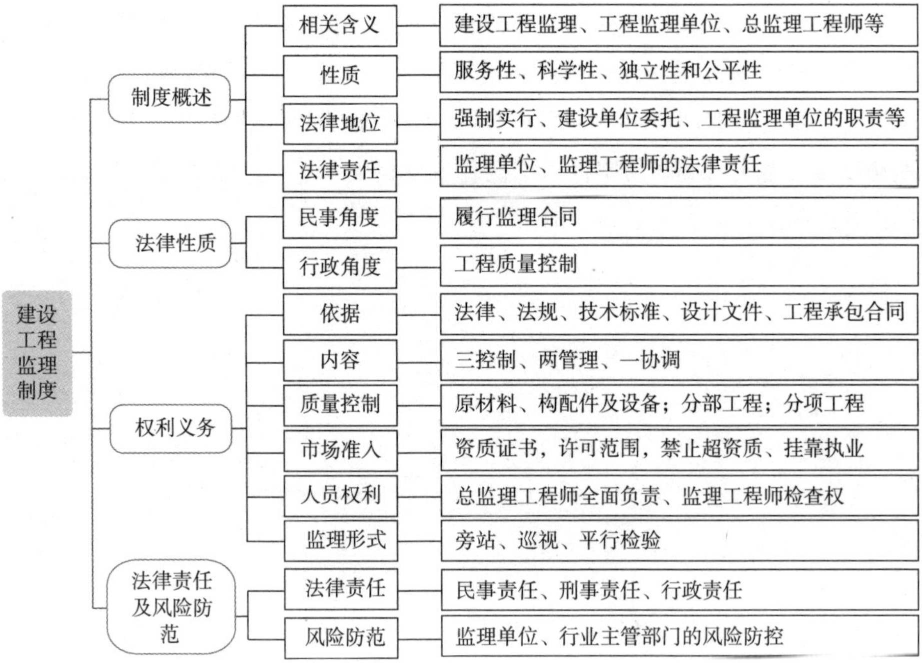

第一节 建设工程监理制度

我国从1988年开始推行对建筑工程的监理制度，到1996年年底全国绝大多数的地方和行业已在建设项目中不同程度地实施了建筑工程监理制度。建设工程监理制度对于加快我国工程建设管理方式向社会化、专业化方向发展，促进工程建设管理水平和投资效益的提高发挥了重要作用。建设工程监理制度与项目法人责任制、招标投标制、合同管理制等一同构成了我国工程建设领域的重要管理制度。

一、建设工程监理概述

(一)建设工程监理的相关含义

1. 建设工程监理

建设工程监理，是指工程监理单位接受建设单位委托，根据法律法规、工程建设标准、勘察设计文件及合同，在施工阶段对建设工程质量、造价、进度进行控制，对合同、信息进行管理，对工程建设相关方的关系进行协调，并履行建设工程安全生产管理法定职责的服务活动。

2. 工程监理单位

工程监理单位，是指依法成立并取得建设主管部门颁发的工程监理企业资质证书，从事建设工程监理与相关服务活动的技术服务机构。

3. 总监理工程师

总监理工程师，是指由工程监理单位法定代表人书面任命，负责履行建设工程监理合同、主持项目监理机构工作的注册监理工程师。

4. 总监理工程师代表

总监理工程师代表，是指经工程监理单位法定代表人同意，由总监理工程师书面授权，代表总监理工程师行使其部分职责和权力，具有工程类注册执业资格或具有中级及以上专业技术职称、3 年及以上工程实践经验、在监理企业工作并注册已满 2 年及以上并经监理业务培训的人员。

5. 专业监理工程师

专业监理工程师，是指由总监理工程师授权，负责实施某一专业或某一岗位的监理工作，有相应监理文件签发权，具有工程类注册执业资格或具有中级及以上专业技术职称、2 年及以上工程实践经验并经监理业务培训的人员。

6. 建设工程监理行为主体

工程监理的行为主体是工程监理单位。根据《建筑法》第 31 条的规定，实行监理的建筑工程，由建设单位委托具有相应资质条件的工程监理单位监理。

工程监理与政府主管部门的监督管理，二者在监督依据、监督性质以及与建设单位和承包单位的关系等方面都不相同，不能相互替代。工程监理单位对工程项目实施监督的依据，是建设单位的授权，代表建设单位实施监督；在性质上是社会中介组织作为公正方进行的监督，工程监理单位与建设单位、工程承包单位之间是平等的民事主体之间关系，监理单位如果发现承包单位有违法行为或者存在违反监理合同的行为应当向建设单位报告，没有行政处罚的权力。政府主管部门对工程质量监督的依据则是法律、法规的规定；在性质上属于强制性的行政监督管理，与建设单位和建筑工程承包单位之间属于行政管理与被管理的关系，无论建设单位和建筑工程承包单位是否愿意，都必须服从行政主管部门依法进行的监督管理，政府主管部门有权对建设单位和建筑工程承包单位的违法行为依法作出处罚。同样，建设单位自行管理、工程总承包单位或施工总承包单位对分包单位的监督管理都不属于工程监理。

7. 建设工程监理实施前提

建设工程监理实施前提是需要建设单位的委托和授权，工程监理单位在委托监理的工程中拥有一定管理权限，是建设单位授权的结果。根据《建筑法》第 31 条的规定，建设单位与其委托的工程监理单位应当订立书面委托监理合同。工程监理单位只有与建设单位以书面形式签订了建设工程监理合同，明确监理工作的范围、内容、服务期限和酬金以及双方义务、违约责任后，才能在规定的范围内实施监理。

8. 建设工程监理实施依据

建设工程监理实施依据包括法律法规、工程建设标准、勘察设计文件及合同。其中法律法规包括:《民法典》《建筑法》《招标投标法》《安全生产法》《建设工程质量管理条例》等;工程建设标准包括:有关工程技术标准、规范、规程及《建设工程监理规范》等;勘察设计文件及合同包括:批准的初步设计文件、施工图设计文件,建设工程监理合同以及与所监理工程相关的施工合同、材料设备采购合同等。

9. 建设工程监理实施范围

建设工程监理实施范围可以是建设工程项目活动的全过程监理,也可以是建设工程项目某一实施阶段的监理,如设计阶段监理、施工阶段监理等。我国目前应用最多的是施工阶段监理。施工阶段工程监理单位受建设单位委托,按照工程监理合同约定,在工程勘察、设计、保修等阶段提供的服务活动均为相关服务。工程监理单位可以拓展自身的经营范围,为建设单位提供投资决策综合性咨询、工程建设全过程咨询乃至全过程工程咨询。

10. 建设工程监理基本职责

建设工程监理是一项具有中国特色的工程建设管理制度。工程监理单位的基本职责是在建设单位委托授权范围内,通过合同管理和信息管理以及协调工程建设相关方关系,控制建设工程质量、造价和进度,即"三控两管一协调"。此外,履行建设工程安全生产管理的法定职责是《建设工程安全生产管理条例》赋予工程监理单位的社会责任。

(二)建设工程监理的性质

建设工程监理性质可概括为服务性、科学性、独立性和公平性四个方面。

1. 服务性

在工程建设中,工程监理人员利用自己的知识、技能和经验以及必要的试验、检测手段,为建设单位提供管理和技术服务。工程监理单位既不直接进行工程设计,也不直接进行工程施工;既不向建设单位承包工程造价,也不参与施工单位的利润分成。

工程监理单位的服务对象是建设单位,但不能完全取代建设单位的管理活动。工程监理单位不具有工程建设重大问题的决策权,只能在建设单位授权范围内采用规划、控制、协调等方法,控制建设工程质量、造价和进度,并履行建设工程安全生产管理的监理职责,协助建设单位在计划目标内完成工程建设任务。

2. 科学性

科学性是由建设工程监理的基本任务决定的。工程监理单位以协助建设单位实现其投资目的为己任,力求在计划目标内完成工程建设任务。由于工程建设规模日趋庞大,建设环境日益复杂,功能需求及建设标准越来越高,新技术、新工艺、新材料、新设备不断涌现,工程建设参与单位越来越多,工程风险日渐增加,工程监理单位只有采用科学的思想、理论、方法和手段,才能驾驭工程建设。

为了满足建设工程监理实际工作需求,工程监理单位应由组织管理能力强、工程建设经验丰富的人员担任领导;应有足够数量的、有丰富管理经验和较强应变能力的监理工程师组成的骨干队伍;应有健全的管理制度、科学的管理方法和手段;应积累丰富的技术资料和数据;应有科学的工作态度和严谨的工作作风,能够创造性地开展工作。

3. 独立性

《建设工程监理规范》明确规定,工程监理单位应公平、独立、诚信、科学地开展建设工程监理与相关服务活动。独立是工程监理单位公平地实施监理的基本前提。为此,《建筑法》第 34 条第 3 款规定:“工程监理单位与被监理工程的承包单位以及建筑材料、建筑构配件和设备供应单位不得有隶属关系或者其他利害关系。”

根据独立性的要求,工程监理单位应严格按照法律法规、工程建设标准、勘察设计文件、建设工程监理合同及有关建设工程合同等实施监理。在建设工程监理工作过程中,必须建立项目监理机构,按照自己的工作计划和程序,根据自己的判断,采用科学的方法和手段,独立地开展工作。

4. 公平性

我国工程监理单位受建设单位委托实施建设工程监理,需要公平地对待建设单位和施工单位。公平性是建设工程监理行业赖以长期生存和发展的基本职业道德准则。特别是当建设单位与施工单位发生利益冲突或者矛盾时,工程监理单位应以事实为依据,以法律法规和有关合同为准绳,在维护建设单位合法权益的同时,不损害施工单位的合法权益。例如,在调解建设单位与施工单位之间争议,处理费用索赔和工程延期、进行工程款支付控制及结算时,应尽量客观、公平地对待建设单位和施工单位。

二、建设工程监理的法律地位和责任

(一)工程监理的法律地位

自建设工程监理制度实施以来,有关法律、行政法规、部门规章等逐步明确了工程监理的法律地位。

1. 强制监理的建设工程的范围

(1)国家重点建设工程

国家重点建设工程,是指依据《国家重点建设项目管理办法》所确定的对国民经济和社会发展有重大影响的骨干项目。包括:基础设施、基础产业和支柱产业中的大型项目;高科技并能带动行业技术进步的项目;跨地区并对全国经济发展或者区域经济发展有重大影响的项目;对社会发展有重大影响的项目;其他骨干项目。

(2)大中型公用事业工程

大中型公用事业工程,是指项目总投资额在3000万元以上的下列工程项目:供水、供电、供气、供热等市政工程项目;科技、教育、文化等项目;体育、旅游、商业等项目;卫生、社会福利等项目;其他公用事业项目。

(3)成片开发建设的住宅小区工程

成片开发建设的住宅小区工程,建筑面积在5万平方米以上的住宅建设工程必须实行监理;5万平方米以下的住宅建设工程,可以实行监理,具体范围和规模标准由省、自治区、直辖市人民政府建设行政主管部门规定。

为了保证住宅质量,对高层住宅及地基、结构复杂的多层住宅应当实行监理。

(4)利用外国政府或者国际组织贷款、援助资金的工程

利用外国政府或者国际组织贷款、援助资金的工程范围包括:使用世界银行、亚洲开发银行等国际组织贷款资金的项目;使用国外政府及其机构贷款资金的项目;使用国际组织或者国外政府援助资金的项目。

(5)国家规定必须实行监理的其他工程

国家规定必须实行监理的其他工程,是指项目总投资额在3000万元以上

关系社会公共利益、公众安全的下列基础设施项目:煤炭、石油、化工、天然气、电力、新能源等项目;铁路、公路、管道、水运、民航以及其他交通运输业等项目;邮政、电信枢纽、通信、信息网络等项目;防洪、灌溉、排涝、发电、引(供)水、滩涂治理、水资源保护、水土保持等水利建设项目;道路、桥梁、地铁和轻轨交通、污水排放及处理、垃圾处理、地下管道、公共停车场等城市基础设施项目;生态环境保护项目;其他基础设施项目;学校、影剧院、体育场馆项目。

2. 建设单位委托工程监理单位的职责

根据《建筑法》第 31 条的规定,实行监理的建筑工程,由建设单位委托具有相应资质条件的工程监理单位监理。建设单位与其委托的工程监理单位应当订立书面委托监理合同。

根据《建设工程质量管理条例》第 12 条第 1 款的规定,实行监理的建设工程,建设单位应当委托具有相应资质等级的工程监理单位进行监理,也可以委托具有工程监理相应资质等级并与被监理工程的施工承包单位没有隶属关系或者其他利害关系的该工程的设计单位进行监理。

3. 工程监理单位的职责

根据《建筑法》第 34 条第 1 款的规定,工程监理单位应当在其资质等级许可的监理范围内,承担工程监理业务。

根据《建设工程质量管理条例》第 37 条的规定,工程监理单位应当选派具备相应资格的总监理工程师和监理工程师进驻施工现场。未经监理工程师签字,建筑材料、建筑构配件和设备不得在工程上使用或者安装,施工单位不得进行下一道工序的施工。未经总监理工程师签字,建设单位不拨付工程款,不进行竣工验收。

根据《建设工程安全生产管理条例》第 14 条的规定,工程监理单位应当审查施工组织设计中的安全技术措施或者专项施工方案是否符合工程建设强制性标准。工程监理单位在实施监理过程中,发现存在安全事故隐患的,应当要求施工单位整改;情况严重的,应当要求施工单位暂时停止施工,并及时报告建设单位。施工单位拒不整改或者不停止施工的,工程监理单位应当及时向有关主管部门报告。工程监理单位和监理工程师应当按照法律、法规和工程建设强制性标准实施监理,并对建设工程安全生产承担监理责任。

4. 工程监理人员的职责

根据《建筑法》第32条的规定，工程监理人员认为工程施工不符合工程设计要求、施工技术标准和合同约定的，有权要求建筑施工企业改正。工程监理人员发现工程设计不符合建筑工程质量标准或者合同约定的质量要求的，应当报告建设单位要求设计单位改正。

根据《建设工程质量管理条例》第38条的规定，监理工程师应当按照工程监理规范的要求，采取旁站、巡视和平行检验等形式，对建设工程实施监理。

（二）工程监理的法律责任

1. 工程监理单位的法律责任

（1）根据《建筑法》第35条的规定，工程监理单位不按照委托监理合同的约定履行监理义务，对应当监督检查的项目不检查或者不按照规定检查，给建设单位造成损失的，应当承担相应的赔偿责任。

根据《建筑法》第69条的规定，工程监理单位与建设单位或者建筑施工企业串通，弄虚作假、降低工程质量的，责令改正，处以罚款，降低资质等级或者吊销资质证书；有违法所得的，予以没收；造成损失的，承担连带赔偿责任；构成犯罪的，依法追究刑事责任。工程监理单位转让监理业务的，责令改正，没收违法所得，可以责令停业整顿，降低资质等级；情节严重的，吊销资质证书。

（2）根据《建设工程质量管理条例》第60条的规定，工程监理单位超越本单位资质等级承揽工程的，责令停止违法行为，对工程监理单位处合同约定的监理酬金1倍以上2倍以下的罚款；情节严重的，吊销资质证书；有违法所得的，予以没收。未取得资质证书承揽工程的，予以取缔，依照前款规定处以罚款；有违法所得的，予以没收。以欺骗手段取得资质证书承揽工程的，吊销资质证书，依照本条第1款规定处以罚款；有违法所得的，予以没收。

根据《建设工程质量管理条例》第61条的规定，工程监理单位允许其他单位或者个人以本单位名义承揽工程的，责令改正，没收违法所得，对工程监理单位处合同约定的监理酬金1倍以上2倍以下的罚款；可以责令停业整顿，降低资质等级；情节严重的，吊销资质证书。

根据《建设工程质量管理条例》第62条第2款的规定，工程监理单位转让工程监理业务的，责令改正，没收违法所得，处合同约定的监理酬金25%以上

50%以下的罚款;可以责令停业整顿,降低资质等级;情节严重的,吊销资质证书。

根据《建设工程质量管理条例》第67条的规定,工程监理单位有下列行为之一的,责令改正,处50万元以上100万元以下的罚款,降低资质等级或者吊销资质证书;有违法所得的,予以没收;造成损失的,承担连带赔偿责任:①与建设单位或者施工单位串通,弄虚作假、降低工程质量的;②将不合格的建设工程、建筑材料、建筑构配件和设备按照合格签字的。

根据《建设工程质量管理条例》第68条的规定,工程监理单位与被监理工程的施工承包单位以及建筑材料、建筑构配件和设备供应单位有隶属关系或者其他利害关系承担该项建设工程的监理业务的,责令改正,处5万元以上10万元以下的罚款,降低资质等级或者吊销资质证书;有违法所得的,予以没收。

(3)根据《建设工程安全生产管理条例》第57条的规定,违反本条例的规定,工程监理单位有下列行为之一的,责令限期改正;逾期未改正的,责令停业整顿,并处10万元以上30万元以下的罚款;情节严重的,降低资质等级,直至吊销资质证书;造成重大安全事故,构成犯罪的,对直接责任人员,依照《刑法》有关规定追究刑事责任;造成损失的,依法承担赔偿责任:①未对施工组织设计中的安全技术措施或者专项施工方案进行审查的;②发现安全事故隐患未及时要求施工单位整改或者暂时停止施工的;③施工单位拒不整改或者不停止施工,未及时向有关主管部门报告的;④未依照法律、法规和工程建设强制性标准实施监理的。

(4)根据《刑法》第137条的规定,建设单位、设计单位、施工单位、工程监理单位违反国家规定,降低工程质量标准,造成重大安全事故的,对直接责任人员,处5年以下有期徒刑或者拘役,并处罚金;后果特别严重的,处5年以上10年以下有期徒刑,并处罚金。

2. 监理工程师的法律责任

工程监理单位是订立工程监理合同的当事人。监理工程师一般要受聘于工程监理单位,代表工程监理单位从事建设工程监理工作。工程监理单位在履行工程监理合同时,是由具体的监理工程师来实现的,因此,如果监理工程师在工作中出现过错,其行为将被视为工程监理单位违约,应承担相应的违约责任。工程监理单位在承担违约赔偿责任后,有权在企业内部向有过错行为的监理工程师追偿损失。因此,由监理工程师个人过失引发的合同违约行为,监理工程师必然要与工程监理单位承担一定的连带责任。

根据《建设工程质量管理条例》第72条的规定,监理工程师等注册执业人员因过错造成质量事故的,责令停止执业1年;造成重大质量事故的,吊销执业资格证书,5年以内不予注册;情节特别恶劣的,终身不予注册。

根据《建设工程安全生产管理条例》第58条的规定,注册执业人员未执行法律、法规和工程建设强制性标准的,责令停止执业3个月以上1年以下;情节严重的,吊销执业资格证书,5年内不予注册;造成重大安全事故的,终身不予注册;构成犯罪的,依照《刑法》有关规定追究刑事责任。

三、建设工程监理的相关制度

按照《建筑法》《招标投标法》等有关规定,我国工程建设应实行项目法人责任制、工程监理制、招标投标制和合同管理制,这些制度相互关联、相互支持,共同构成了我国工程建设管理基本制度。

(一)项目法人责任制

为了建立投资约束机制,规范建设单位行为,对于经营性政府投资工程需实行项目法人责任制,由项目法人对项目的策划、资金筹措、建设实施、生产经营、债务偿还和资产的保值增值,实行全过程负责。项目法人责任制的核心内容是明确由项目法人承担投资风险,项目法人要对工程项目的建设及建成后的生产经营实行"一条龙"管理和全面负责。

1. 项目法人的设立

新上项目在项目建议书被批准后,应由项目的投资方派代表组成项目法人筹备组,具体负责项目法人的筹建工作。有关单位在申报项目可行性研究报告时,须同时提出项目法人的组建方案,否则,其可行性研究报告将不予审批。在项目可行性研究报告被批准后,应正式成立项目法人。按有关规定确保资本金按时到位,并及时办理公司设立登记。项目公司可以是有限责任公司(包括国有独资公司),也可以是股份有限公司。

由原有企业负责建设的大中型基建项目,需新设立子公司的,要重新设立项目法人;只设分公司或分厂的,原企业法人即是项目法人,原企业法人应向分公司或分厂派遣专职管理人员,并实行专项考核。

2. 项目法人的职权

建设项目董事会的职权有:负责筹措建设资金;审核、上报项目初步设计和概算文件;审核、上报年度投资计划并落实年度资金;提出项目开工报告;研究解决建设过程中出现的重大问题;负责提出项目竣工验收申请报告;审定偿还债务计划和生产经营方针,并负责按时偿还债务;聘任或解聘项目总经理,并根据总经理的提名,聘任或解聘其他高级管理人员。

项目总经理的职权有:组织编制项目初步设计文件,对项目工艺流程、设备选型、建设标准、总图布置提出意见,提交董事会审查;组织工程设计、施工监理、施工队伍和设备材料采购的招标工作,编制和确定招标方案、标底和评标标准,评选和确定投标、中标单位;编制并组织实施项目年度投资计划、用款计划、建设进度计划;编制项目财务预算、决算;编制并组织实施归还贷款和其他债务计划;组织工程建设实施,负责控制工程投资、工期和质量;在项目建设过程中,在批准的概算范围内对单项工程的设计进行局部调整(凡引起生产性质、能力、产品品种和标准变化的设计调整以及概算调整,需经董事会决定并报原审批单位批准);根据董事会授权处理项目实施中的重大紧急事件,并及时向董事会报告;负责生产准备工作和培训有关人员;负责组织项目试生产和单项工程预验收;拟订生产经营计划、企业内部机构设置、劳动定员定额方案及工资福利方案;组织项目后评价,提出项目后评价报告;按时向有关部门报送项目建设、生产信息和统计资料提请董事会聘任或解聘项目高级管理人员。

3. 项目法人责任制与工程监理制的关系

项目法人责任制是实行工程监理制的必要条件。项目法人责任制的核心是要落实"谁投资、谁决策,谁承担风险"的基本原则。实行项目法人责任制,必然使项目法人面临一个重要问题:如何做好投资决策和风险承担工作。项目法人为了切实承担其职责,必然需要社会化、专业化机构为其提供服务。这种需求为工程监理的发展提供了坚实基础。

工程监理制是实行项目法人责任制的基本保障。实行工程监理制,项目法人可以依据自身需求和有关规定委托监理,在工程监理单位协助下,进行建设工程质量、造价、进度目标有效控制,从而为在计划目标内完成工程建设提供了基本保证。

（二）合同管理制与工程监理制的关系

1. 合同管理制是实行工程监理制的重要保证。建设单位委托监理时，需要与工程监理单位建立合同关系，明确双方的义务和责任。工程监理单位实施监理时，需要通过合同管理控制工程质量、造价和进度目标。合同管理制的实施，为工程监理单位开展合同管理工作提供了法律和制度支持。

2. 工程监理制是落实合同管理制的重要保障。实行工程监理制，建设单位可以通过委托工程监理单位做好合同管理工作，更好地实现建设工程项目目标。

第二节　建设工程监理行为的法律性质

工程监理责任是从事监理服务的监理单位或监理工程师因违反了国家有关法律法规以及因不履行或不适当履行监理委托合同，从而给委托人或第三方造成损失而需要承担的合同责任的总称。该责任主要分为违约责任和违法责任。

工程监理责任主要考虑了两个方面的含义。一是监理单位和监理工程师都可能成为监理责任的承担主体。监理单位作为一个建筑市场的主体，必须对社会、对合同相对方负有义务，而监理工程师是义务的具体实施者，同样对社会、对接受监理服务的一方负有义务。因此，无论是监理单位还是监理工程师都是监理责任的承担主体。二是监理法律责任来自两个方面：合同的约定与法律的规定。

一、民事活动角度

从民事活动角度而言，建设工程监理是监理单位接受建设单位委托而履行监理合同的相关义务。工程监理单位是工程建设的责任主体之一，实行监理的建筑工程,由建设单位委托具有相应资质条件的工程监理单位监理,工程监理是一种有偿技术服务,工程监理单位接受建设单位委托并订立书面委托监理合同,代表建设单位,对建设工程进行管理。

工程监理实行总监理工程师负责制。总监理工程师享有合同赋予监理单位的全部权利,全面负责受委托的监理工作。总监理工程师在授权范围内发布有关指令,签认所监理的工程项目有关款项的支付凭证。没有总监理工程师的签字,建设单位不向施工单位拨付工程款,也不组织竣工验收。总监理工程师有权建议撤销不合格的工程建设分包单位、项目负责人及有关人员。

如果监理单位在责任期内,不按照监理合同约定履行监理职责,给建设单位或其他单位造成损失的,属违约,应当向建设单位赔偿。

二、行政管理角度

从行政管理角度而言,对于特定范围的工程、国家要求建设单位必须选择相应资质的监理工程进行监理,该情况下工程监理履行的是一种行政管理下的职责。

如果监理单位故意弄虚作假,降低工程质量标准,造成质量事故的,要按照《建筑法》《建设工程质量管理条例》《刑法》等相关法律法规的规定,承担相应的行政责任、刑事责任及民事责任。工程监理单位与承包单位串通,谋取非法利益,给建设单位造成损失的,应当与承包单位承担连带赔偿责任。

第三节 建设工程监理的权利义务

一、建设工程监理的依据、内容和质量控制

(一)工程监理的依据

工程监理的依据是法律、法规以及有关技术标准、设计文件和建设工程承

包合同。

1. 法律法规

监理单位应当依照《建筑法》《刑法》《建设工程质量管理条例》等法律、法规的规定,对承包单位实施监督。对建设单位违反法律、法规的要求,监理单位应当予以拒绝。

2. 技术标准

技术标准分为强制性标准和推荐性标准。强制性标准是必须执行的标准,如《建筑工程施工质量验收统一标准》《建筑地基基础工程施工质量验收标准》。推荐性标准是自愿采用的标准,如《建设工程监理规范》,双方可以合同中确定是否采用。经合同确认的推荐性标准也必须严格执行。《建筑工程施工质量验收统一标准》《建筑地基基础工程施工质量验收标准》《建设工程监理规范》《公路工程施工监理规范》《铁路建设工程监理规范》等均是监理依据。

3. 设计文件

设计文件是施工的依据,同时也是监理依据。施工单位应该按设计文件进行施工。监理单位应按照设计文件对施工活动进行监督管理。

4. 建设工程承包合同

建设工程承包合同是建设单位和施工单位依法签订的,为完成商定的某项建筑工程,明确相互权利和义务关系的协议。工程承包合同依法订立,任何一方不得擅自变更或解除合同。监理单位应当依据工程承包合同的约定,监督施工单位是否全面履行合同规定的义务。

(二)工程监理的内容

建设工程监理的主要任务是"三控制、两管理、一协调"。"三控制"即质量控制、工期控制和投资控制;"两管理",是指对工程建设承发包合同和工程建设过程中有关信息的管理;"一协调",是指协调参与工程建设的各方关系,可以通过定期或不定期召开会议的形式来实现。

施工阶段监理的主要内容包括:

(1)协助建设单位编写向建设行政主管部门申报开工的施工许可申请;

(2)协助确认承包单位选择的分包单位;

(3)审查承包单位施工过程中各分部、分项工程的施工准备情况,下达开工指令；

(4)审查承包单位的材料、设备采购清单；

(5)检查工程使用的材料、构件、设备的规格和质量；

(6)检查施工技术措施和安全防护措施的实施情况；

(7)发现工程设计不符合质量标准或合同约定的质量要求的，报告建设单位要求设计单位变更；

(8)督促履行承包合同，主持协商合同条款的变更，调解合同双方的争议，处理索赔事项；

(9)检查工程进度和施工质量，验收分部分项工程质量，签署工程付款凭证；

(10)督促整理承包合同文件和技术档案资料；

(11)组织工程竣工预验收，提出竣工验收报告；

(12)检查工程结算。

(三)工程监理单位对工程质量的控制

1. 原材料、构配件及设备的质量控制

工程所需的主要原材料、构配件及设备应由监理单位进行质量认定。控制方法一般有：审核工程所用材料、构配件及设备的出厂合格证或质量保证书；对工程原材料、构配件及设备在使用前需进行抽检或复试，其试验的范围，按有关规定、标准的要求确定；凡采用新材料、新型制品，应检查技术鉴定文件；对重要原材料、构配件及设备的生产工艺、质量控制、检测手段等进行检查，必要时应到生产厂家实地考察，以确定供货单位；所有设备，在安装前应按相应技术说明书的要求进行质量检查，必要时还应由法定检测部门检测。

2. 对分部、分项工程的质量控制

在一般情况下，主要的分项工程施工时，施工单位应将施工工艺、原材料使用、劳动力配置、质量保证措施等基本情况填写于施工条件准备情况表报监理单位，监理单位应调查核实，经同意后方可施工。分项工程施工过程中，应对关键部位随时进行抽查，抽查不合格的应通知施工单位整改，并要做好复查和记录。

所有分项工程施工单位应在自检合格后，填写分项工程报验申请表，并附上分项工程评定表。属于隐蔽工程的,还应将隐检单报监理单位,监理工程师必须严格按每道工序进行检查。经检验合格的,签发分项工程认可书;不合格的,下达监理通知,给施工单位指明整改项目。凡整改的项目,整改结果应反馈回监理单位。

二、监理单位市场准入和市场行为的规定

(一)市场准入管理

工程监理单位应当依法取得相应等级的资质证书,并在其资质等级许可的范围内承担工程监理业务。

设立监理单位,须报工程建设监理主管机关进行资质审查,并取得相应的资质等级后,到工商行政管理机关办理工商注册手续。根据监理单位的注册资金、专业技术人员、技术装备和已完成的业绩等条件将其划分为甲、乙、丙三个等级,每一等级承担监理业务的范围不同。监理单位必须在其资质等级许可的范围内,承担监理业务。工程监理单位的资质等级反映了该监理单位从事某项监理业务的资格和能力,划分工程监理资质等级是国家对工程监理市场准入管理的重要手段。

(二)规范市场行为

监理单位的市场行为必须规范。监理单位只能在资质等级许可的范围承担监理业务,这是保证监理工作质量的前提。越级监理、允许其他单位或者个人以本单位的名义承担监理业务等违法行为,将使工程监理变得有名无实,或形成实质上的无证监理,最终会对工程质量造成危害。所以必须明确规定禁止工程监理单位超越本单位资质等级许可的范围或者以其他工程监理单位的名义承担工程监理业务,禁止工程监理单位允许其他单位或者个人以本单位的名义承担工程监理业务。

建设单位将监理业务委托给工程监理单位,是建设单位对该工程监理单位的综合能力的信任。工程监理单位接受委托后,应当自行完成工程监理任务,不得将工程监理业务转手委托给其他工程监理单位。如果由于业务太多或其

他原因，工程监理单位无法完成该工程监理业务时，工程监理单位应当自动解除委托关系，由建设单位将该工程的监理业务委托给其他具有相应资质条件的工程监理单位。工程监理单位转让监理业务与施工单位转包有着同样的危害性。

三、隶属关系或利害关系回避

工程监理单位接受建设单位委托，对施工单位以及材料供应单位进行监督检查，因此，工程监理单位必须实事求是，遵循客观规律，按工程建设的科学要求进行监理活动，客观、公正地对待各方当事人，认真地进行监督管理。这是对工程监理单位执行监理任务的基本要求。

由于工程监理单位与被监理工程的承包单位以及建筑材料、建筑构配件和设备供应单位之间是一种监督与被监督的关系，为了保证工程监理单位能客观、公正地执行监理任务，工程监理单位不得与被监理工程的承包单位以及建筑材料、建筑构配件和设备供应单位有隶属关系或者其他利害关系。这里的隶属关系是指工程监理单位与被监理工程的承包单位以及建筑材料、建筑构配件和设备供应单位有行政上下级关系等。其他利害关系，是指监理单位与施工单位或材料供应单位之间存在的可能直接影响监理单位工作公正性的非常明显的经济或其他利益关系，如参股、联营等关系。当出现工程监理单位与被监理工程的承包单位以及建筑材料、建筑构配件和设备供应单位有隶属关系或者其他利害关系的情况时，工程监理单位在接受建设单位委托前，应当自行回避；在接受委托后，发现这一情况时，应当依法解除委托关系。

四、监理机构人员及其管理工程的权利

监理单位应根据所承担的监理任务，组建驻工地监理机构。监理机构一般由总监理工程师、监理工程师和其他监理人员组成。

监理工程师系岗位职务，是经全国统一考试合格，取得职业资格并经注册取得《监理工程师岗位证书》的工程建设监理人员。总监理工程师是指监理单位派到施工现场全面履行监理合同的全权负责人。

监理工程师拥有对建筑材料、建筑构配件和设备以及每道施工工序的检查权。在施工过程中，监理工程师对工序、建筑材料、构配件和设备进行检查、检验，根据检查、检验的结果来确定是否允许建筑材料、构配件、设备在工程上使用；对每道施工工序的作业成果进行检查，并根据检查结构决定是否允许进行下一道工序的施工，对于不符合规范和质量标准的工序、分部分项工程，有权要求施工单位停工整改、返工。这就从施工过程的各个环节起到了把关作用。

五、监理形式的规定

首先，由于工程施工的不可逆性，监理要对整个工程的施工过程网络实施全面控制，以各个工序的过程质量来保证整个工程的总体质量，旁站、巡视、平行检验等形式，充分体现了抓工序质量来保证总体质量的概念。其次，监理不能仅仅是事后把关，而要对施工过程实施预控，上述形式，对本道工序是过程控制，而对后续工序则又是预控手段。最后，上述形式不能理解为监理单位控制措施可以代替施工单位质量体系的作用，而应强制监理单位通过上述形式，及时、有效地监督施工单位发挥自身质量体系的作用，以达到“双管齐下”的效果。

所谓“旁站”是指对工程施工中有关地基和结构安全的关键工序和关键施工过程，进行连续不断地监督检查或检验的监理活动，有时甚至要连续跟班监理。“巡视”主要是强调除了关键点的质量控制外，监理工程师还应对施工现场进行面上的巡查监理。“平行检验”主要是强调监理单位对施工单位已经检验的工程应及时进行检验。对于关键性、较大体量的工程实物，采取分段后平行检验的方式，有利于及时发现质量问题，及时采取措施予以纠正。

工程监理规范由建设行政主管部门组织制定，内容主要有监理工作程序、监理大纲、细则的编制以及相应文书、表格的格式等。所以监理单位都应遵守工程监理规范的规定，规范自己的监理行为，努力提高监理工作质量。

第四节　建设工程监理中的法律责任及风险防范

一、建设工程监理中的法律责任

监理行为如果违反了合同以及现行法律法规的有关规定，造成了他人的损失，就要对这种损失承担法律责任，具体包括民事法律责任、刑事法律责任以及行政责任。

（一）监理的民事责任

民事责任，是指按照民法的规定，民事主体履行自身义务所应承担的法律后果，监理单位承担的民事责任主要是违约责任。违约责任是指责任主体不履行或不完全履行合同义务而应当承担的责任，当监理人员的行为背离合同的约束包括合同执行、合同合意、合同具体条款的约束时，产生的责任都是违约责任。即合同责任。

对于监理委托合同来说，监理单位是订立合同的当事人。因此，监理单位必然是违约责任的责任主体。我国现行法律中对监理承担民事责任的规定主要有：

1.《建筑法》中相关规定

《建筑法》第35条规定："工程监理单位不按照委托监理合同的约定履行监理义务，对应当监督检查的项目不检查或者不按照规定检查，给建设单位造成损失的，应当承担相应的赔偿责任。工程监理单位与承包单位串通，为承包单位谋取非法利益，给建设单位造成损失的，应当与承包单位承担连带赔偿责任。"

《建筑法》第80条规定："在建筑物的合理使用寿命内，因建筑工程质量不合格受到损害的，有权向责任者要求赔偿。"

2.《民法典》中相关规定

《民法典》第577条规定："当事人一方不履行合同义务或者履行合同义务不符合约定的，应当承担继续履行、采取补救措施或者赔偿损失等违约责任。"

《民法典》第929条规定:“有偿的委托合同,因受托人的过错造成委托人损失的,委托人可以请求赔偿损失。无偿的委托合同,因受托人的故意或者重大过失造成委托人损失的,委托人可以请求赔偿损失。受托人超越权限造成委托人损失的,应当赔偿损失。”

(二)监理的刑事责任

刑事责任是监理工程师可以承担的最严重的法律后果。我国现行法律中对监理承担刑事责任的规定主要有:

1.《建筑法》中相关规定

《建筑法》第69条第1款规定:“工程监理单位与建设单位或者建筑施工企业串通,弄虚作假、降低工程质量的……构成犯罪的,依法追究刑事责任。”

2.《刑法》中相关规定

《刑法》第137条规定了工程重大安全事故罪,即“建设单位、设计单位、施工单位、工程监理单位违反国家规定,降低工程质量标准,造成重大安全事故的,对直接责任人员,处五年以下有期徒刑或者拘役,并处罚金;后果特别严重的,处五年以上十年以下有期徒刑,并处罚金”。

(三)监理的行政责任

监理的行政责任指监理的当事人实施了法律、法规所禁止的行为而引起的行政上必须承担的法律后果。监理行政责任的责任主体有两个:一是监理单位,二是监理工程师个人。监理单位作为责任承担主体需要承担行政责任的,有以下几种情况:(1)监理单位未经批准而擅自开业的;(2)监理单位超越其资质允许的范围承接工程的;(3)工程监理单位转让监理业务的;(4)故意损害建设单位和施工单位利益的;(5)因工作失误造成重大事故的。监理工程师个人作为责任主体应承担行政责任的情况:(1)假借监理工程师名义从事监理工作的;(2)出卖、出借、转让、涂改监理工程师岗位证书的;(3)在影响公正执行监理业务的单位兼职。

对于监理单位和监理工程师的上述违法行为,应当承担行政责任,接受行政处罚。行政责任由国家行政机关认定,一般由各级建设行政主管机关根据法律给予一定的行政处分和行政处罚。

对监理单位的行政处分和处罚方式视情节轻重主要有：责令改正；责令停业整顿；降低资质等级；没收非法所得；罚款或吊销资质证书等。

对监理工程师的行政处分和处罚方式主要有：暂停执业、没收违法所得、罚款或吊销执业证书等。

我国现行法律法规对监理行政责任的规范主要体现在：

1.《建筑法》中相关规定

《建筑法》第69条规定："工程监理单位与建设单位或者建筑施工企业串通，弄虚作假、降低工程质量的，责令改正，处以罚款，降低资质等级或者吊销资质证书；有违法所得的，予以没收；造成损失的，承担连带赔偿责任；构成犯罪的，依法追究刑事责任。工程监理单位转让监理业务的，责令改正，没收违法所得，可以责令停业整顿，降低资质等级；情节严重的，吊销资质证书。"

2.《建设工程质量管理条例》中相关规定

《建设工程质量管理条例》第72条规定："违反本条例规定，注册建筑师、注册结构工程师、监理工程师等注册执业人员因过错造成质量事故的，责令停止执业1年；造成重大质量事故的，吊销执业资格证书，5年以内不予注册；情节特别恶劣的，终身不予注册。"

《建设工程质量管理条例》第73条规定："依照本条例规定，给予单位罚款处罚的，对单位直接负责的主管人员和其他直接责任人员处单位罚款数额5%以上10%以下的罚款。"

二、建设工程监理中的风险防范

建设监理工作是由监理工程师提供的一种专业技术服务，在业主委托的范围内，运用合理的技能、谨慎而勤勉地工作是监理工程师应尽的义务。正因为监理是一种专业技术服务，其风险主要表现为责任风险。监理单位及行业主管部门应加强风险意识，提高对风险的警觉和防范，减少和控制责任风险。

（一）监理单位的风险防控

1. 严格履行合同

严格合同管理，是防范监理行为风险的基础。合同管理不善是对监理责任影响最大的风险因素，因此，监理工程师必须树立牢固的合同意识，对于工作中涉及的所有合同做到心中有数，对自身的责任和义务要有清醒的认识，既要不折不扣地履行自身的责任和义务，又要注意在自身的职责范围内开展工作，随时随地以合同为处理问题的依据，在业主委托的范围内，正确地行使监理委托合同中赋予自身的权力，合理地运用自身掌握的专业技能谨慎、勤勉地为业主提供服务。

2. 提高专业技能

努力提高自身的专业技能，是监理工程师所从事的职业对自身提出的客观要求。对监理工程师来说，专业技能是其提供监理服务的必要条件。如果监理工程师墨守成规不注意学习，仅凭以往的经验办事，就无法适应现代工程项目建设的要求，显然风险也就无法避免。因此，监理工程师绝不能满足现状，必须不断学习，总结经验，提高自身的专业技术功底，锻炼自身的组织协调能力，防范由于专业技能不足可能给自身带来的风险。

3. 提高管理水平

监理单位和监理机构内部的管理机制是否健全，运作是否有效，是发挥监理工程师主观能动性、提高工作效率的重要方面，也是防止管理风险的重要一环。因此，监理单位必须结合实际，明确质量方针，制定行之有效的内部约束机制，尤其是在监理责任的承担方面，更需要有一个明确的界定。例如，监理工程师对在工作中的行为过错造成的损失，应该承担相应的责任，但监理工程师是代表监理单位进行工作的，监理工程师和业主之间并无任何的工作合同关系，监理单位和业主之间才是相互的责任主体。因此，该类的责任首先应该由监理单位对业主进行承担，不按照规定检查，给建设单位造成损失的，应当承担相应的赔偿责任。但是，监理单位的监理义务最终是落实到监理工程师身上的，其损失实际上是由具体的监理工程师造成的，监理单位对业主承担相应的赔偿义务，在监理单位内部，总监、监理机构其他成员应该承担什么样的责任，同样应该制定明确，落实到位。这对提高监理工程师的工作责任心是十分必要的。一方面，监理工程师必须具有高度的责任感；另一方面，也需要建立相关的管理制约机制，才能真正做到风险防控。

（二）行业主管部门的风险防控

1. 加强监理行业职业道德约束

要有效地防范监理工程师职业道德带来的风险，需要解决三方面的问题：一是需要对监理工程师应该遵守的职业道德作出明确界定。目前我国在这方面的工作较为粗糙、薄弱，虽然对职业操守作出了一些定义，但缺乏实际上的操作性。因此，有必要结合监理工程师的工作特征、责任等对其职业道德作出界定，便于监理工程师遵守。二是在此基础上，加强对监理工程师的职业道德教育，使遵守职业道德成为监理工程师的自觉行动。三是健全职业道德的监督机制，监理行业协会应该在这方面发挥积极作用。

2. 完善法律法规体系

迄今我国建设领域法律体系的建立已取得了长足的进展。但是，不同的法律、法规之间，国家的法律、法规和地方性法规之间也存在不一致乃至矛盾抵触的地方，法律、法规存在着覆盖不到的空白，个别法律的定义不明确。例如，《建设工程质量管理条例》第36条规定："工程监理单位应该依据法律、法规以及有关技术标准、设计文件和建设工程承包合同，代表建设单位对施工质量实施监理，并对施工质量承担监理责任。"但是，此处所述的监理责任却没有明确的规定。再如，《建设工程质量管理条例》第38条规定："监理工程师应当按照工程监理规范的要求，采用旁站、巡视和平行检验等形式，对建设工程实施监理。"但是，旁站、巡视和平行检验也不能代表监理工作方式的全部。

因此，一方面需要不断完善法律、法规；另一方面需要理顺现有法律的关系，对相互矛盾之处进行修订。

（三）推行监理工程师职业责任保险制度

监理工程师对自身因工作的疏忽或过失造成合同相对方或其他第三方的损失而承担赔偿的职业责任进行投保，一旦由于职业责任导致了业主或其他第三方的损失，其赔偿由保险公司来承担，索赔的处理过程也由保险公司来负责。也就是说，通过市场手段来转移监理工程师的责任风险。这在国际上是一种通行的办法，对于保障业主及监理工程师的切身利益起到了很好的作用。需要强调的是，职业责任保险的保险标的没有有形的物质载体，其保险的标的是责任。

因此，要开展这种保险，必须首先对监理工程师应当承担的责任进行系统分析，区分建立工程师职业责任和其他责任的异同。监理工程师职业责任保险在国内尚处于起步阶段，必须借鉴其他领域和国外的先进经验。

Chapter 08

第八章 建设工程安全生产管理制度

【思维导图】

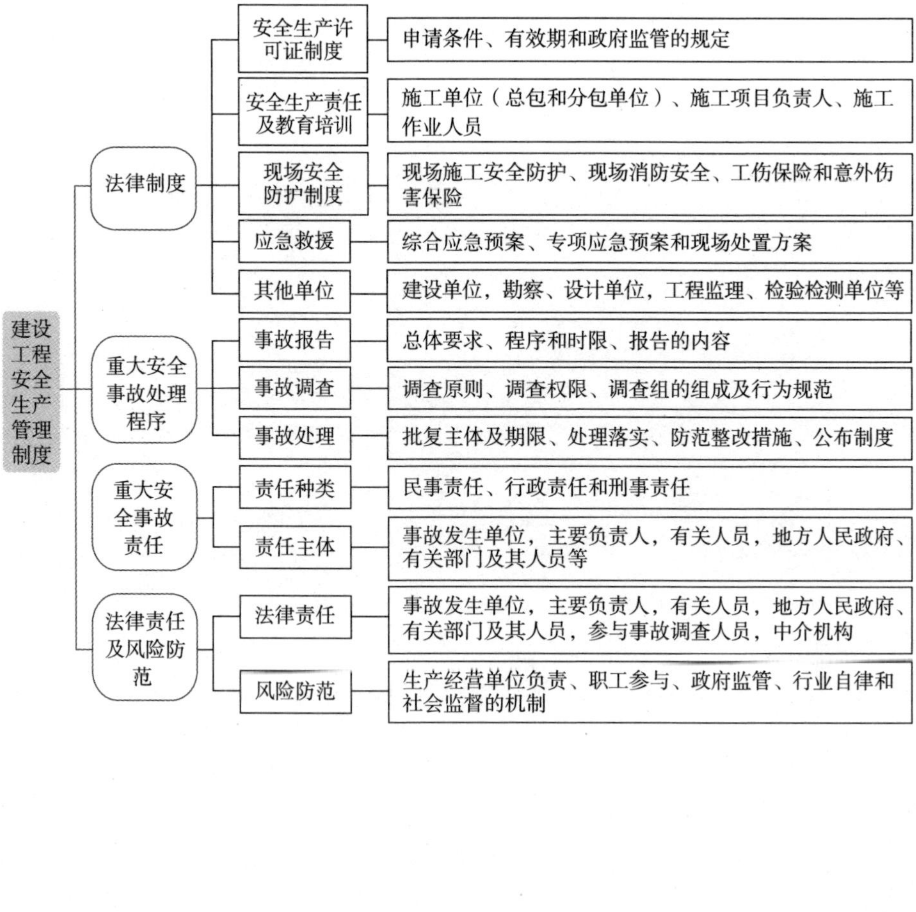

第一节　建设工程安全生产法律制度

一、施工安全生产许可证制度

国家对矿山企业、建筑施工企业和危险化学品、烟花爆竹、民用爆炸物品生产企业(以下统称企业)实行安全生产许可制度。企业未取得安全生产许可证的,不得从事生产活动。

(一)安全生产许可证的申请条件

企业取得安全生产许可证,应当具备下列安全生产条件:

(1)建立、健全安全生产责任制,制定完备的安全生产规章制度和操作规程;

(2)安全投入符合安全生产要求;

(3)设置安全生产管理机构,配备专职安全生产管理人员;

(4)主要负责人和安全生产管理人员经考核合格;

(5)特种作业人员经有关业务主管部门考核合格,取得特种作业操作资格证书;

(6)从业人员经安全生产教育和培训合格;

(7)依法参加工伤保险,为从业人员缴纳保险费;

(8)厂房、作业场所和安全设施、设备、工艺符合有关安全生产法律、法规、标准和规程的要求;

(9)有职业危害防治措施,并为从业人员配备符合国家标准或者行业标准的劳动防护用品;

(10)依法进行安全评价;

(11)有重大危险源检测、评估、监控措施和应急预案;

(12)有生产安全事故应急救援预案、应急救援组织或者应急救援人员,配备必要的应急救援器材、设备;

(13)法律、法规规定的其他条件。

(二)安全生产许可证的有效期和政府监管的规定

安全生产许可证的有效期为3年。安全生产许可证有效期满需要延期的,企业应当于期满前3个月向原安全生产许可证颁发管理机关办理延期手续。

企业在安全生产许可证有效期内,严格遵守有关安全生产的法律法规,未发生死亡事故的,安全生产许可证有效期届满时,经原安全生产许可证颁发管理机关同意,不再审查,安全生产许可证有效期延期3年。

安全生产许可证颁发管理机关应当加强对取得安全生产许可证的企业的监督检查,发现其不再具备本条例规定的安全生产条件的,应当暂扣或者吊销安全生产许可证。

人民政府建设主管部门应当加强对建筑施工企业安全生产许可证的监督管理。建设主管部门在审核发放施工许可证时,应当对已经确定的建筑施工企业是否有安全生产许可证进行审查,对没有取得安全生产许可证的,不得颁发施工许可证。

(三)违法行为应承担的法律责任

违反《建设工程安全生产管理条例》第53条规定,县级以上人民政府建设行政主管部门或者其他有关行政管理部门的工作人员,有下列行为之一的,给予降级或者撤职的行政处分;构成犯罪的,依照《刑法》有关规定追究刑事责任:

(1)对不具备安全生产条件的施工单位颁发资质证书的;

(2)对没有安全施工措施的建设工程颁发施工许可证的;

(3)发现违法行为不予查处的;

(4)不依法履行监督管理职责的其他行为。

二、施工安全生产责任和安全生产教育培训制度

(一)施工单位的安全生产责任

施工单位主要负责人(法定代表人、董事长、总经理、总裁等)依法对本单位

的安全生产工作全面负责。

施工单位应当建立健全安全生产责任制度和安全生产教育培训制度，制定安全生产规章制度和操作规程，保证本单位安全生产条件所需资金的投入，对所承担的建设工程进行定期和专项安全检查，并做好安全检查记录。

(二)施工项目负责人的安全生产责任

施工单位的项目负责人应当由取得相应执业资格的人员担任，对建设工程项目的安全施工负责，落实安全生产责任制度、安全生产规章制度和操作规程，确保安全生产费用的有效使用，并根据工程的特点组织制定安全施工措施，消除安全事故隐患，及时、如实报告生产安全事故。

(三)施工总承包和分包单位的安全生产责任

建设工程实行施工总承包的，由总承包单位对施工现场的安全生产负总责。总承包单位应当自行完成建设工程主体结构的施工。总承包单位依法将建设工程分包给其他单位的，分包合同中应当明确各自的安全生产方面的权利、义务。总承包单位和分包单位对分包工程的安全生产承担连带责任。分包单位应当服从总承包单位的安全生产管理，分包单位不服从管理导致生产安全事故的，由分包单位承担主要责任。

(四)施工作业人员的安全生产权利与义务

施工单位应当向作业人员提供安全防护用具和安全防护服装，并书面告知危险岗位的操作规程和违章操作的危害。作业人员有权对施工现场的作业条件、作业程序和作业方式中存在的安全问题提出批评、检举和控告，有权拒绝违章指挥和强令冒险作业。在施工中发生危及人身安全的紧急情况时，作业人员有权立即停止作业或者在采取必要的应急措施后撤离危险区域。

作业人员应当遵守安全施工的强制性标准、规章制度和操作规程，正确使用安全防护用具、机械设备等。

作业人员进入新的岗位或者新的施工现场前，应当接受安全生产教育培训。未经教育培训或者教育培训考核不合格的人员，不得上岗作业。

施工单位应当为施工现场从事危险作业的人员办理意外伤害保险。意外伤害保险费由施工单位支付。实行施工总承包的,由总承包单位支付意外伤害保险费。意外伤害保险期限自建设工程开工之日起至竣工验收合格止。

(五)施工单位安全生产教育培训

施工单位应当对管理人员和作业人员每年至少进行一次安全生产教育培训,其教育培训情况记入个人工作档案。安全生产教育培训考核不合格的人员,不得上岗。

施工单位在采用新技术、新工艺、新设备、新材料时,应当对作业人员进行相应的安全生产教育培训。

(六)违法行为应承担的法律责任

违反有关条例的规定,施工单位的主要负责人、项目负责人未履行安全生产管理职责的,责令限期改正;逾期未改正的,责令施工单位停业整顿;造成重大安全事故、重大伤亡事故或者其他严重后果,构成犯罪的,依照《刑法》有关规定追究刑事责任。作业人员不服管理、违反规章制度和操作规程冒险作业造成重大伤亡事故或者其他严重后果,构成犯罪的,依照《刑法》有关规定追究刑事责任。施工单位的主要负责人、项目负责人有前款违法行为,尚不够刑事处罚的,处 2 万元以上 20 万元以下的罚款或者按照管理权限给予撤职处分;自刑罚执行完毕或者受处分之日起,5 年内不得担任任何施工单位的主要负责人、项目负责人。

三、施工现场安全防护制度

(一)编制安全技术措施、专项施工方案和安全技术交底

1. 编制安全技术措施和施工现场临时用电方案

施工单位应当在施工组织设计中编制安全技术措施和施工现场临时用电方案。

2. 安全专项施工方案的编制及审核

(1)编制主体

实行施工总承包的,专项施工方案应由施工总承包单位组织编制;但起重机械安装拆卸工程、深基坑工程、附着式升降脚手架工程可以由分包的专业承

包单位组织编制。

(2)安全专项方案的内容

工程概况;编制的依据;施工计划;施工工艺技术;施工安全保证措施;劳动力计划;计算书及相关图纸。

(3)安全专项施工方案的审核

对于不需要专家论证的安全专项施工方案,施工单位技术部门组织本单位施工技术、安全、质量等部门专业人员进行审核合格后,由施工单位技术负责人签字,报监理单位由总监理工程师签字。

对于需要组织专家论证的安全专项施工方案,由施工总承包单位组织召开专家论证会,施工单位应根据论证报告修改完善专项方案,并经施工单位技术负责人、总监理工程师和建设单位项目负责人签字后,方可组织实施。

3. 安全施工技术交底

建设工程施工前,施工单位负责项目管理的技术人员应当对有关安全施工的技术要求向施工作业班组、作业人员作出详细说明,并由双方签字确认。

(二)施工现场安全防护的规定

1. 有关安全警示标志的规定

施工单位应当在施工现场入口处、施工起重机械、临时用电设施、脚手架、出入通道口、楼梯口、电梯井口、孔洞口、桥梁口、隧道口、基坑边沿、爆破物及有害危险气体和液体存放处等危险部位,设置明显的安全警示标志。安全警示标志必须符合国家标准。

2. 不同施工阶段及暂时停止施工时应采取安全措施

施工单位应当根据不同施工阶段和周围环境及季节(夏季、冬季)、气候的变化,在施工现场采取相应的安全施工措施。施工现场暂时停止施工的,施工单位应当做好现场防护。

3. 对施工现场临时设施搭建和使用的安全要求

施工现场临时搭建的建筑物应当符合安全使用要求。施工现场使用的装配式活动房屋应当具有产品合格证。施工单位应当将施工现场的办公、生活区与作业区分开设置,并保持安全距离;办公、生活区的选址应当符合安全性要求。职工的膳食、饮水、休息场所等应当符合卫生标准。施工单位不得在尚未竣工的建筑物内设置员工集体宿舍。

4. 有关安全防护设备、机械设备等的安全管理要求

施工单位采购、租赁的安全防护用具、机械设备、施工机具及配件,应当具有生产(制造)许可证、产品合格证,并在进入施工现场前进行查验。施工现场的安全防护用具、机械设备、施工机具及配件必须由专人管理,定期进行检查、维修和保养,建立相应的资料档案,并按照国家有关规定及时报废。

5. 施工起重机械等

施工单位在使用施工起重机械和整体提升脚手架、模板等自升式架设设施前,应当组织有关单位进行验收,也可以委托具有相应资质的检验检测机构进行验收;使用承租的机械设备和施工机具及配件的,由施工总承包单位、分包单位、出租单位和安装单位共同进行验收。验收合格的方可使用。《特种设备安全监察条例》规定的施工起重机械,在验收前应当经有相应资质的检验检测机构监督检验合格。

施工单位应当自施工起重机械和整体提升脚手架、模板等自升式架设设施验收合格之日起30日内,向建设行政主管部门或者其他有关部门登记。登记标志应当置于或者附着于该设备的显著位置。

(三)施工现场消防安全职责和消防安全措施

1. 施工单位消防安全责任人的设立

根据《消防法》第16条的规定,单位的主要负责人是本单位的消防安全责任人,因此施工单位的主要负责人是本单位的消防安全责任人。

2. 施工单位消防安全的职责

重点工程的施工现场被定为消防安全重点单位,消防安全职责如下:

(1)确定消防安全管理人;

(2)建立消防档案,确定消防安全重点部位,设置防火标志;

(3)实行每日防火巡查,建立巡查记录;

(4)对职工进行岗前消防培训,定期组织培训和演练。

3. 施工现场的消防安全要求

(1)公共建筑在营业、使用期间不得进行外保温材料施工,在节能改造期间应撤离居住人员,并设消防巡逻人员。严格分离用火用焊作业与保温施工作

业，严禁在施工建筑内安排人员住宿。

(2)施工现场要设置消防通道并确保畅通。

(3)因施工等特殊情况需要使用明火作业的，应当按照规定事先办理审批手续，采取相应的消防安全措施；作业人员应当遵守消防安全规定。

(4)施工现场的办公区、生活区与作业区应当分开设置，并保持安全距离。

(5)施工单位不得在尚未竣工的建筑物内设置员工集体宿舍。

(四)工伤保险和意外伤害保险的规定

1. 工伤保险

(1)工伤保险基金

工伤保险基金由用人单位缴纳的工伤保险费、工伤保险基金的利息和依法纳入工伤保险基金的其他资金构成。

工伤保险由用人单位缴纳，职工个人不缴纳。

(2)认定为工伤的情形

在工作时间和工作场所内，因工作原因受到事故伤害；工作时间前后在工作场所内，从事与工作有关的预备性或者收尾性工作受到事故伤害的；在工作时间和工作场所内，因履行工作职责受到暴力等意外伤害；患职业病的；因工外出期间，由于工作原因受到伤害或者发生事故下落不明的；在上下班途中，受到非本人主要责任的交通事故或轨道交通、客运轮渡、火车事故伤害的；其他。

(3)视同工伤的情形

在工作时间和工作岗位，突发疾病死亡或者在48小时内经抢救无效死亡的；在抢险救灾等维护国家利益、公共利益活动中受到伤害的；职工原在军队服役，因战、因公负伤致残，已取得伤残军人证，到用人单位后旧伤复发的。

(4)虽符合以上情况，但有下列情形的，不视为工伤：故意犯罪的；醉酒或吸毒的；自残或自杀的。

2. 工伤认定申请

(1)所在单位应当自事故伤害发生之日或者被诊断鉴定为职业病之日起30日内，向用人单位所在地社会保险行政部门提出工伤认定申请；

(2)保险部门自受理申请之日起60日内作出工伤认定的决定；

(3)用人单位未按规定提出的，工伤职工或者其近亲属、工会组织可以在1

年之内,直接向社保部门提出认定申请。

3. 意外伤害保险

投保人:意外伤害保险由施工单位支付。实行施工总承包的,由总承包单位支付意外伤害保险。

被保险人:施工现场从事高处作业、深基坑作业、爆破作业的人员(危险作业人员)。

建筑职工意外伤害保险是法定的非强制性保险,鼓励企业为从事危险作业的职工办理意外伤害保险(是非强制性商业保险)。

四、施工安全事故的应急救援

(一)生产安全事故的等级划分

根据生产安全事故(以下简称事故)造成的人员伤亡或者直接经济损失,事故一般分为以下等级:

(1)特别重大事故,是指造成30人以上死亡,或者100人以上重伤(包括急性工业中毒,下同),或者1亿元以上直接经济损失的事故;

(2)重大事故,是指造成10人以上30人以下死亡,或者50人以上100人以下重伤,或者5000万元以上1亿元以下直接经济损失的事故;

(3)较大事故,是指造成3人以上10人以下死亡,或者10人以上50人以下重伤,或者1000万元以上5000万元以下直接经济损失的事故;

(4)一般事故,是指造成3人以下死亡,或者10人以下重伤,或者1000万元以下直接经济损失的事故。

国务院安全生产监督管理部门可以会同国务院有关部门,制定事故等级划分的补充性规定。

以上所称的"以上"包括本数,所称的"以下"不包括本数。

(二)施工生产安全事故应急救援预案

1. 施工生产安全事故应急救援预案的分类

《生产安全事故应急预案管理办法》规定,生产经营单位的应急预案按照针对情况的不同,分为综合应急预案、专项应急预案和现场处置方案。

综合应急预案,是指生产经营单位为应对各种生产安全事故而制定的综合性工作方案,是本单位应对生产安全事故的总体工作程序、措施和应急预案体系的总纲。

专项应急预案,是指生产经营单位为应对某一种或者多种类型生产安全事故,或者针对重要生产设施、重大危险源、重大活动防止生产安全事故而制定的专项性工作方案。

现场处置方案,是指生产经营单位根据不同生产安全事故类型,针对具体场所、装置或者设施所制定的应急处置措施。

2. 施工生产安全事故应急救援预案的编制要求

应急预案的编制应当符合下列基本要求:

(1)有关法律、法规、规章和标准的规定;

(2)本地区、本部门、本单位的安全生产实际情况;

(3)本地区、本部门、本单位的危险性分析情况;

(4)应急组织和人员的职责分工明确,并有具体的落实措施;

(5)有明确、具体的应急程序和处置措施,并与其应急能力相适应;

(6)有明确的应急保障措施,满足本地区、本部门、本单位的应急工作需要;

(7)应急预案基本要素齐全、完整,应急预案附件提供的信息准确;

(8)应急预案内容与相关应急预案相互衔接。

3. 施工生产安全事故应急救援预案的评审和备案

(1)评审

施工单位应当组织专家对本单位编制的应急预案进行评审,评审后由施工单位主要负责人签署公布,向本单位从业人员公布,并及时发放到本单位有关部门、岗位和相关应急救援队伍。

(2)备案

中央管理的总公司其应急预案的备案机构为:国务院国有资产监督管理部门、国务院安全生产监督管理部门、国务院有关主管部门;中央管理企业所属单位其应急预案的备案机构为:所在地的省、自治区、直辖市或者设区的市级人民政府主管的负有安全生产监督管理职责的部门,并抄送同级人民政府应急管理部门;其他生产经营单位其应急预案的备案机构为:县级以上人民政府应急管理部门和其他负有安全生产监督管理职责的部门。

4. 施工生产安全事故应急预案的培训和演练

生产经营单位每年至少组织一次综合应急预案演练或专项应急预案演练；每半年至少组织一次现场处置方案演练。

5. 施工生产安全事故应急预案的修订

生产经营单位制定的应急预案应当至少每 3 年修订一次。

出现下列情况时应及时修订：

(1)生产经单位因兼并、重组、转制等导致隶属关系、经营方式、法定代表人发生化的；

(2)生产经营单位生产工艺和技术发生变化的；

(3)周围环境发生变化,形成新的重大危险源的；

(4)应急组织指挥体系或者职责已经调整的；

(5)依据的法律、法规、规章和标准发生变化的；

(6)应急预案演练评估报告要求修订的；

(7)应急预案管理部门要求修订的。

6. 施工总分包单位的职责分工

施工单位应当制定本单位的生产安全事故应急救援预案;实行施工总承包的,由总承包单位统一编制预案,总包单位和分包单位按照预案各自建立应急救援组织或者配备人员和器材。

五、建设单位和相关单位的建设工程安全责任制度

(一)与建设单位相关的安全责任

(1)依法办理有关批准手续。

(2)向施工单位提供真实、准确和完整的有关资料。

(3)不得提出违法要求和随意压缩合同(合理)工期。

(4)确定建设工程安全作业环境及安全施工措施所费用。

(5)不得要求(不得明示或者暗示)购买、租赁和使用不符合安全施工要求的用具设备等,禁止推销劣质材料设备。

(6)申领施工许可证应当提供有关安全施工措施的资料。根据《建设工程安全生产管理条例》第 10 条的规定，建设单位在申请领取施工许可证时，应当提供建设工程有关安全施工措施的资料。依法批准开工报告的建设工程，建设单位应当自开工报告批准之日起 15 日内，将保证安全施工的措施报送有关部门备案。

(7)装修工程和拆除工程的规定。根据《建筑法》的规定，涉及建筑主体和承重结构变动的装修工程，建设单位应当在施工前委托原设计单位或者具有相应资质条件的设计单位提出设计方案；没有设计方案的，不得施工。房屋拆除应当由具备保证安全条件的建筑施工单位承担。

(二)与勘察、设计单位相关的安全责任

1. 勘察单位的安全责任

根据《建设工程安全生产管理条例》规定，勘察单位应当按照法律、法规和工程建设强制性标准进行勘察，提供的勘察文件应当真实、准确，满足建设工程安全生产的需要。勘察单位在勘察作业时，应当严格执行操作规程，采取措施保证各类管线、设施和周边建筑物、构筑物的安全。

2. 设计单位的安全责任

(1)按照法律、法规和工程建设强制性标准进行设计。

(2)提出防范生产安全事故的指导意见和措施建议。根据《建设工程安全生产管理条例》第 13 条第 2、3 款规定，设计单位应当对涉及施工安全的重点部位和环节在设计文件中注明，并对防范生产安全事故提出指导意见。采用新结构、新材料、新工艺的建设工程和特殊结构的建设工程，设计单位应当在设计中提出保障施工作业人员安全和预防生产安全事故的措施建议。

(3)对设计成果承担责任。根据《建设工程安全生产管理条例》第 13 条第 4 款规定，设计单位和注册建筑师等注册执业人员应当对其设计负责。

(三)与工程监理单位相关的安全责任

工程监理单位的法定安全监理义务，主要有三项：

(1)对安全技术措施或专项施工方案进行审查。根据《建设工程安全生产

管理条例》第 14 条第 1 款规定，工程监理单位应当审查施工组织设计中的安全技术措施或者专项施工方案是否符合工程建设强制性标准。法律法规只要求符合强制性标准，不要求符合合同约定的推荐性标准和其他标准。

(2)依法对施工安全事故隐患进行处理。对于安全事故隐患，要求施工单位整改拒不整改的，报告主管部门；对于严重事故隐患，要求暂时停工并报告建设单位，拒不停工报告主管部门。

(3)承担建设工程安全生产的监理责任。

(四)与机械设备等单位相关的安全责任

根据《建设工程安全生产管理条例》《特种设备安全监察条例》《建筑起重机械安全监督管理规定》等相关规定，机械设备等单位，如特种设备检验检测机构、出租机械设备和施工机具及配件单位、施工起重机械和自升架设设施安装拆卸单位均应履行各自的相关安全责任。

(五)政府部门安全监督管理的相关规定

1. 管理部门

(1)国家级：国务院安监部门、国务院建设主管部门、国务院其他专业部门；

(2)地方：县级以上安监部门、县级以上建设主管部门、县级以上其他专业部门。

2. 具体监督管理措施

(1)审核发放施工许可证应当对安全施工措施进行审查(不得收费)；

(2)履行安全监督检查职责时有权采取的措施；

(3)组织制定特大安全事故应急救援预案和重大生产安全事故的抢救工作；

(4)淘汰严重危及施工安全的工艺设备材料及受理检举、控告和投诉。

第二节　建设工程重大安全事故处理程序

建设工程重大安全事故处理程序主要包括:事故报告、事故调查、事故处理。

一、事故报告

(一)事故报告的总体要求

事故报告应当及时、准确、完整,任何单位和个人对事故不得迟报、漏报、谎报或者瞒报。这是《建设工程安全生产管理条例》对事故报告提出的总体要求。这一规定是根据实践中事故报告存在的主要问题作出的,具有很强的现实针对性。事故发生后,及时、准确、完整地报告事故,对于及时、有效地组织事故救援,减少事故损失,顺利开展事故调查具有非常重要的意义。

(二)事故报告的程序和时限

事故发生后,事故现场有关人员应当立即向本单位负责人报告;单位负责人接到报告后,应当于1小时内向事故发生地县级以上人民政府安全生产监督管理部门和负有安全生产监督管理职责的有关部门报告。安全生产监督管理部门和负有安全生产监督管理职责的有关部门逐级上报事故情况,每级上报的时间不得超过2小时。情况紧急时,事故现场有关人员可以直接向事故发生地县级以上人民政府安全生产监督管理部门和负有安全生产监督管理职责的有关部门报告。

安全生产监督管理部门和负有安全生产监督管理职责的有关部门接到事故报告后,应当依照规定上报事故情况,并通知公安机关、劳动保障行政部门、工会和人民检察院。安全生产监督管理部门和负有安全生产监督管理职责的有关部门上报事故情况的同时,应报告本级人民政府。国务院安全生产监督管理部门和负有安全生产监督管理职责的有关部门以及省级人民政府接到发生特别重大事故、重大事故的报告后,应当立即报告国务院。必要时,安全生产监督管理部门和负有安全生产监督管理职责的有关部门可以越级上报事故情况。

事故报告后出现新情况的,应当及时补报。自事故发生之日起30日内,事故造成的伤亡人数发生变化的,应当及时补报。

(三)事故报告的内容

1. 事故发生单位概况

事故发生单位概况应当包括单位的全称、所处地理位置、所有制形式和隶属关系、生产经营范围和规模、持有各类证照的情况、单位负责人的基本情况以及近期的生产经营状等。对于不同行业的企业,报告的内容应该根据实际情况来确定,但应当以全面、简洁为原则。

2. 事故发生的时间、地点以及事故现场情况

报告事故发生的时间应当具体,并尽量精确到分钟。报告事故发生的地点要准确,除事故发生的中心地外,还应当报告事故所波及的区域。报告事故现场的情况应当全面,不仅应当报告现场的总体情况,还应当报告现场人员的伤亡情况、设备设施的毁损情况;不仅应当报告事故发生后的现场情况,还应当尽量报告事故发生前的现场情况,以便于前后比较,分析事故原因。

3. 事故的简要经过

事故的简要经过是对事故全过程的简要叙述。核心要求在于"全"和"简","全"是要全过程描述,"简"是要简单明了。需要强调的是,对事故经过的描述应当特别注意事故发生前作业场所有关人员和设备设施的一些细节,因为这些细节可能就是引发事故的重要原因。

4. 事故已经造成或者可能造成的伤亡人数(包括下落不明的人数)和初步估计的直接经济损失

对于人员伤亡情况的报告,应当遵守实事求是的原则,不进行无根据的猜测,更不能隐瞒实际伤亡人数,对可能造成的伤亡人数,要根据事故单位当班记录,尽可能准确报告。对直接经济损失的初步估算,主要指事故所导致的建筑物的毁损、生产设备设施和仪器仪表的损坏等。

5. 已经采取的措施

已经采取的措施主要是指事故现场有关人员、事故单位责任人、已经接到事故报告的安全生产管理部门为减少损失、防止事故扩大和便于事故调查所采

取的应急救援和现场保护等具体措施。

6. 其他应当报告的情况

这是报告事故应当包括内容的兜底条款。对于其他应当报告的情况，根据实际情况具体确定。需要特别指出的是，条例制定时考虑到事故原因往往需要进一步调查之后才能确定，为谨慎起见，没有将其列入应当报告的事项。但是，对于能够初步判定事故原因的，还是应当进行报告。事故现场有关人员需要准确报告事故的时间、地点、人员伤亡的大体情况，事故单位负责人需要报告事故的简要经过、人员伤亡和损失情况以及已经采取的措施等，安全生产监督管理部门和负有安全生产监督管理职责的有关部门向上级部门报告事故情况需要严格按照本规定进行报告。

二、事故调查

（一）事故调查处理的原则

事故调查处理应当坚持实事求是、尊重科学的原则。事故调查处理是一项比较复杂的工作，涉及方方面面的关系，同时又具有很强的科学性和技术性。要搞好事故调查处理工作，必须有正确的原则作指导。

（二）事故调查的权限

基本原则：政府负责，调查组调查。特别重大事故由国务院或者国务院授权有关部门组织事故调查组进行调查。重大事故、较大事故、一般事故分别由事故发生地省级人民政府、设区的市级人民政府、县级人民政府负责调查。省级人民政府、设区的市级人民政府、县级人民政府可以直接组织事故调查组进行调查，也可以授权或者委托有关部门组织事故调查组进行调查。

未造成人员伤亡的一般事故，县级人民政府也可以委托事故发生单位组织事故调查组进行调查。上级人民政府认为必要时，可以调查由下级人民政府负责调查的事故。自事故发生之日起30日内（道路交通事故、火灾事故自发生之日起7日内），因事故伤亡人数变化导致事故等级发生变化，依照《建设工程安全生产管理条例》规定应当由上级人民政府负责调查的，上级人民政府可以另行组织事故调查组进行调查。

(三)事故调查组的组成及行为规范

1. 事故调查组的组成

事故调查组的组成应当遵循精简、效能的原则。事故调查组组长由负责事故调查的人民政府指定。事故调查组组长主持事故调查组的工作。

事故调查组成员应当具有事故调查所需要的知识和专长,并与所调查的事故没有直接利害关系。

根据事故的具体情况,事故调查组由有关人民政府、安全生产监督管理部门、负有安全生产监督管理职责的有关部门、监察机关、公安机关以及工会派人组成,并应当邀请人民检察院派人参加。

事故调查组可以聘请有关专家参与调查。

2. 事故调查组的行为规范

事故调查组成员在事故调查工作中应当诚信公正、恪尽职守,遵守事故调查组的纪律,保守事故调查的秘密。

未经事故调查组组长允许,事故调查组成员不得擅自发布有关事故的信息。

(四)事故调查组的职责

事故调查处理应当按照"四不放过"原则,即事故原因不查清不放过,防范措施不落实不放过,职工群众未受到教育不放过,事故责任者未受到处理不放过。及时、准确地查清事故经过、事故原因和事故损失,查明事故性质,认定事故责任,总结事故教训,提出整改措施,并对事故责任者依法追究责任。

1. 及时、准确地查清事故经过、事故原因和事故损失

查清事故发生的经过和事故原因,是事故调查处理的首要任务和内容,也是进行下一步工作的基础。事故原因有可能是自然原因,即所谓"天灾",也有可能是人为原因,即所谓"人祸",更多情况下则是自然原因和人为原因共同造成的,即所谓的"三分天灾,七分人祸"。无论什么原因都要予以查明。事故损失主要包括事故造成的人身伤亡和直接经济损失。这是确定事故等级的依据。查清事故经过、事故原因和事故损失,重在及时、准确,不能久查不清或者含含糊糊,似是而非。

2. 查明事故性质,认定事故责任

事故性质是指事故是人为事故还是自然事故,是意外事故还是责任事故。查明事故性质是认定事故责任的基础和前提。如果事故纯属自然事故或者意外事故,则不需要认定事故责任。如果是人为事故和责任事故,就应当查明哪些人员对事故负有责任,并确定其责任程度。事故责任有直接责任,也有间接责任;有主要责任,也有次要责任。此外,对政府及其有关部门的负责人来说,还有一个领导责任的问题。

3. 总结事故教训,提出整改措施

安全生产工作的根本方针是安全第一、预防为主、综合治理。通过查明事故经过和事故原因,发现安全生产管理工作的漏洞,从事故中总结血的教训,并提出整改措施,防止今后类似事故再次发生,这是事故调查处理的重要任务和内容之一,也是事故调查处理的根本目的。

4. 对事故责任者依法追究责任

生产安全事故责任追究制度是我国安全生产领域的一项基本制度。《安全生产法》第16条明确规定,国家实行生产安全事故责任追究制度。结合对事故责任的认定,对事故责任人分别提出不同的处理建议,使有关责任者受到合理的处理,包括给予党纪处分、行政处分或者建议追究相应的刑事责任。这对于增强有关人员的责任心,预防事故再次发生,具有重要意义。

5. 提交事故调查报告

事故调查报告是在事故调查组全面履行职责的前提下由事故调查组作出的,这是事故调查最核心的任务,是其工作成果的集中体现。

事故调查报告是在事故调查组组长的主持下完成,事故调查报告的内容应符合规定要求,并在规定的时限内提交事故调查并报告。

(五)事故调查组的职权

事故调查组有权向有关单位和个人了解与事故有关的情况,并要求其提供相关文件、资料,有关单位和个人不得拒绝。

事故发生单位的负责人和有关人员在事故调查期间不得擅离职守,并应当随时接受事故调查组的询问,如实提供有关情况。

事故调查中发现涉嫌犯罪的,事故调查组应当及时将有关材料或者其复印件移交司法机关处理。

事故调查中需要进行技术鉴定的,事故调查组应当委托具有国家规定资质的单位进行技术鉴定。必要时,事故调查组可以直接组织专家进行技术鉴定。

(六)事故调查报告的时限

事故调查组应当自事故发生之日起60日内提交事故调查报告;特殊情况下,经负责事故调查的人民政府批准,提交事故调查报告的期限可以适当延长,但延长的期限最长不超过60日。

三、事故处理

(一)事故处理的批复主体和批复期限

重大事故、较大事故、一般事故,负责事故调查的人民政府应当自收到事故调查报告之日起15日内作出批复;特别重大事故,30日内作出批复,特殊情况下,批复时间可以适当延长,但延长的时间最长不超过30日。

(二)事故处理的落实

有关机关应当按照人民政府的批复,依照法律、行政法规规定的权限和程序,对事故发生单位和有关人员进行行政处罚,对负有事故责任的国家工作人员进行处分。事故发生单位应当按照负责事故调查的人民政府的批复,对本单位负有事故责任的人员进行处理。负有事故责任的人员涉嫌犯罪的,依法追究刑事责任。

(三)防范整改措施的落实

事故发生单位应当认真吸取事故教训,落实防范和整改措施,防止事故再次发生。防范和整改措施的落实情况应当接受工会和职工的监督。安全生产监督管理部门和负有安全生产监督管理职责的有关部门应当对事故发生单位落实防范和整改措施的情况进行监督检查。

1. 事故发生单位负责落实防范和整改措施

事故调查处理的最终目的是预防和减少事故。事故调查组在事故中要厘清事故经过、查明事故原因和事故性质,总结事故教训,并在事故调查报告中提出防范和整改措施。这样规定的目的,就是要明确事故调查不只是为调查事故、追究责任,而是要在通过事故调查查明事故原因的基础上提出防范和整改措施,进而防止事故再次发生。事故发生单位作为安全生产工作的责任主体,也应当是落实防范和整改措施的主体。

2. 工会和职工的监督

安全生产直接关系到职工的生命安全,特别是事故发生后,事故发生单位是否落实了防范和整改措施,排除了事故隐患,直接关系到广大职工的根本权益能否得到保障。实践中,确实存在一些事故发生单位由于受经济利益的驱动,在未落实防范和整改措施的情况下,急于重新开始生产经营活动,置职工的生命安全于不顾的情形。由于职工直接参与单位的生产经营活动,对事故发生单位是否落实防范和整改措施,了解和掌握得比较清楚。因此,明确职工有权对事故发生单位落实防范和整改措施的监督具有重要意义。

3. 有关部门的监督检查

我国目前安全生产监督管理的基本体制:安全生产监督管理部门对安全生产实施综合监督管理,各有关部门对各自领域的安全生产实施监督管理。安全生产监督管理部门是指国家安全生产监督管理总局和各级安全生产监督管理局。负有安全生产监督管理职责的有关部门是指除本级政府安全生产监督管理部门外,依照法律、行政法规和职责分工,对安全生产负有监督管理职责的部门。

(四)事故处理的公布制度

事故处理的情况由负责事故调查的人民政府或者其授权的有关部门、机构向社会公布,依法应当保密的除外。

事故处理情况是指事故发生后,经过事故调查对事故发生单位及事故责任人的处理意见以及落实的情况和信息。具体内容包括对事故发生单位及其有关部门人员的行政处罚及落实情况,对事故责任人的处理意见及落实情况,防范和整改措施及落实情况等。

事故处理情况可以由负责事故调查的人民政府直接向社会公布,也可以由其授权的有关部门、机构负责向社会公布。实践中,根据不同的事故等级,公布的主体也会有所不同。特别重大事故的处理情况由国务院或者其授权的有关部门、机构向社会公布,重大事故、较大事故、一般事故的处理情况分别由负责事故调查的有关省级人民政府、设区的市级人民政府、县级人民政府或者其授权的有关部门、机构向社会公布。向社会公布事故处理情况可以是一种形式,也可以同时采用多种形式。

第三节 建设工程重大安全事故责任

一、安全事故法律责任种类

安全事故法律责任,根据违反的法律关系的性质和责任要件不同,而区分为民事责任、行政责任和刑事责任。

二、事故责任主体

(一)事故发生单位

生产经营单位是安全生产的责任主体,《安全生产法》及有关法律法规对生产经营单位的安全生产责任作出了明确规定。

(二)事故发生单位主要负责人

事故发生单位主要负责人是指对生产经营单位的生产经营活动负有领导责任,对单位的生产经营活动有决策权、指挥权的人。事故发生单位主要负责人的具体所指,根据事故发生单位的组织形式不同而有所不同:对于公司制生产经营单位的主要负责人一般应当是担任法定代表人的董事长、执行董事、经理等;对于非公司制的企业,主要负责人一般是企业的厂长、经理、矿长等负责企业经营管理的人。

(三)事故发生单位有关人员

事故发生单位有关人员,包括事故发生单位直接负责的主管人员和其他直接责任人员。直接负责的主管人员是指对事故发生单位的安全生产管理、安全生产设施或者安全生产条件不符合国家规定并导致事故发生负有直接责任的单位负责人、管理人员等。其他直接责任人员则是指事故发生单位除主要负责人和直接负责的主管人员以外的其他对事故发生直接负有责任的任何人员。

(四)地方人民政府、有关部门及其人员

有关地方人民政府既包括乡政府,也包括县级、设区的市级及省级人民政府。有关部门及其人员包括安全生产监管理部门和负有安全生产监督管理职责的有关部门直接负责的主管人员和其他直接责任人员。

(五)参与事故调查的人员

参与事故调查的人员包括有关人民政府、有关部门、工会、发生事故的企业的人员以及专家等。

(六)中介机构

中介机构是指接受有关生产经营单位或者安全生产监管部门以及事故调查组委托,进行安全评价、认证、检测检验、鉴定等技术服务的中介机构。

第四节　建设工程安全生产管理中的法律责任及风险防范

一、法律责任

(一)事故发生单位

事故发生单位对事故发生负有责任的,依照下列规定处以罚款:

(1)发生一般事故的,处10万元以上20万元以下的罚款;

(2)发生较大事故的,处20万元以上50万元以下的罚款;

(3)发生重大事故的,处 50 万元以上 200 万元以下的罚款;

(4)发生特别重大事故的,处 200 万元以上 500 万元以下的罚款。

事故发生单位对事故发生负有责任的,由有关部门依法暂扣或者吊销其有关证照。

(二)事故发生单位主要负责人

事故发生单位主要负责人有下列行为之一的,处上一年年收入 40% ~80% 的罚款;属于国家工作人员的,并依法给予处分;构成犯罪的,依法追究刑事责任:

(1)不立即组织事故抢救的;

(2)迟报或者漏报事故的;

(3)在事故调查处理期间擅离职守的。

事故发生单位主要负责人未依法履行安全生产管理职责,导致事故发生的,依照下列规定处以罚款;属于国家工作人员的,并依法给予处分;构成犯罪的,依法追究刑事责任:

(1)发生一般事故的,处上一年年收入 30% 的罚款;

(2)发生较大事故的,处上一年年收入 40% 的罚款;

(3)发生重大事故的,处上一年年收入 60% 的罚款;

(4)发生特别重大事故的,处上一年年收入 80% 的罚款。

事故发生单位主要负责人受到刑事处罚或者撤职处分的,自刑罚执行完毕或者受处分之日起,5 年内不得担任任何生产经营单位的主要负责人。

(三)事故发生单位及其有关人员

事故发生单位及其有关人员有下列行为之一的,对事故发生单位处 100 万元以上 500 万元以下的罚款;对主要负责人、直接负责的主管人员和其他直接责任人员处上一年年收入 60% ~100% 的罚款;属于国家工作人员的,并依法给予处分;构成违反治安管理行为的,由公安机关依法给予治安管理处罚;构成犯罪的,依法追究刑事责任:

(1)谎报或者瞒报事故的;

(2)伪造或者故意破坏事故现场的;

(3)转移、隐匿资金、财产,或者销毁有关证据、资料的;

(4)拒绝接受调查或者拒绝提供有关情况和资料的;

(5)在事故调查中作伪证或者指使他人作伪证的;

(6)事故发生后逃匿的。

对事故发生单位负有事故责任的有关人员,依法暂停或者撤销其与安全生产有关的执业资格、岗位证书。

(四)地方人民政府、有关部门及其人员

有关地方人民政府、安全生产监督管理部门和负有安全生产监督管理职责的有关部门,有下列行为之一的,对直接负责的主管人员和其他直接责任人员依法给予处分;构成犯罪的,依法追究刑事责任:

(1)不立即组织事故抢救的;

(2)迟报、漏报、谎报或者瞒报事故的;

(3)阻碍、干涉事故调查工作的;

(4)在事故调查中作伪证或者指使他人作伪证的。

有关地方人民政府或者有关部门故意拖延或者拒绝落实经批复的对事故责任人的处理意见的,由监察机关对有关责任人员依法给予处分。

(五)参与事故调查的人员

参与事故调查的人员在事故调查中有下列行为之一的,依法给予处分;构成犯罪的,依法追究刑事责任:

(1)对事故调查工作不负责任,致使事故调查工作有重大疏漏的;

(2)包庇、袒护负有事故责任的人员或者借机打击报复的。

(六)中介机构

为发生事故的单位提供虚假证明的中介机构,由有关部门依法暂扣或者吊销其有关证照及其相关人员的执业资格;构成犯罪的,依法追究刑事责任。

二、风险防范

安全生产工作应当以人为本，坚持安全发展，坚持安全第一、预防为主、综合治理的方针，强化和落实生产经营单位的主体责任，建立生产经营单位负责、职工参与、政府监管、行业自律和社会监督的机制。

（一）生产经营单位负责

生产经营单位必须遵守有关安全生产的法律、法规，加强安全生产管理，建立、健全安全生产责任制和安全生产规章制度，改善安全生产条件，推进安全生产标准化建设，提高安全生产水平，确保安全生产。

生产经营单位的主要负责人对本单位的安全生产工作全面负责。

（二）生产经营职工参与

生产经营单位的从业人员有依法获得安全生产保障的权利，并应当依法履行安全生产方面的义务。

工会依法对安全生产工作进行监督。生产经营单位的工会依法组织职工参加本单位安全生产工作的民主管理和民主监督，维护职工在安全生产方面的合法权益。生产经营单位制定或者修改有关安全生产的规章制度，应当听取工会的意见。

（三）各级人民政府及有关部门监管

国务院和县级以上地方各级人民政府应当加强对安全生产工作的领导，支持、督促各有关部门依法履行安全生产监督管理职责，建立健全安全生产工作协调机制，及时协调、解决安全生产监督管理中存在的重大问题。

乡、镇人民政府以及街道办事处、开发区管理机构等地方人民政府的派出机关应当按照职责，加强对本行政区域内生产经营单位安全生产状况的监督检查，协助上级人民政府有关部门依法履行安全生产监督管理职责。

国务院安全生产监督管理部门依法对全国安全生产工作实施综合监督管理；县级以上地方各级人民政府安全生产监督管理部门依法对本行政区域内安

全生产工作实施综合监督管理。

(四)行业自律

有关协会组织依照法律、行政法规和章程,为生产经营单位提供安全生产方面的信息、培训等服务,发挥自律作用,促进生产经营单位加强安全生产管理。

依法设立的为安全生产提供技术、管理服务的机构,依照法律、行政法规和执业准则,接受生产经营单位的委托,为其安全生产工作提供技术、管理服务。

Chapter 09
第九章
建设工程质量管理制度

【思维导图】

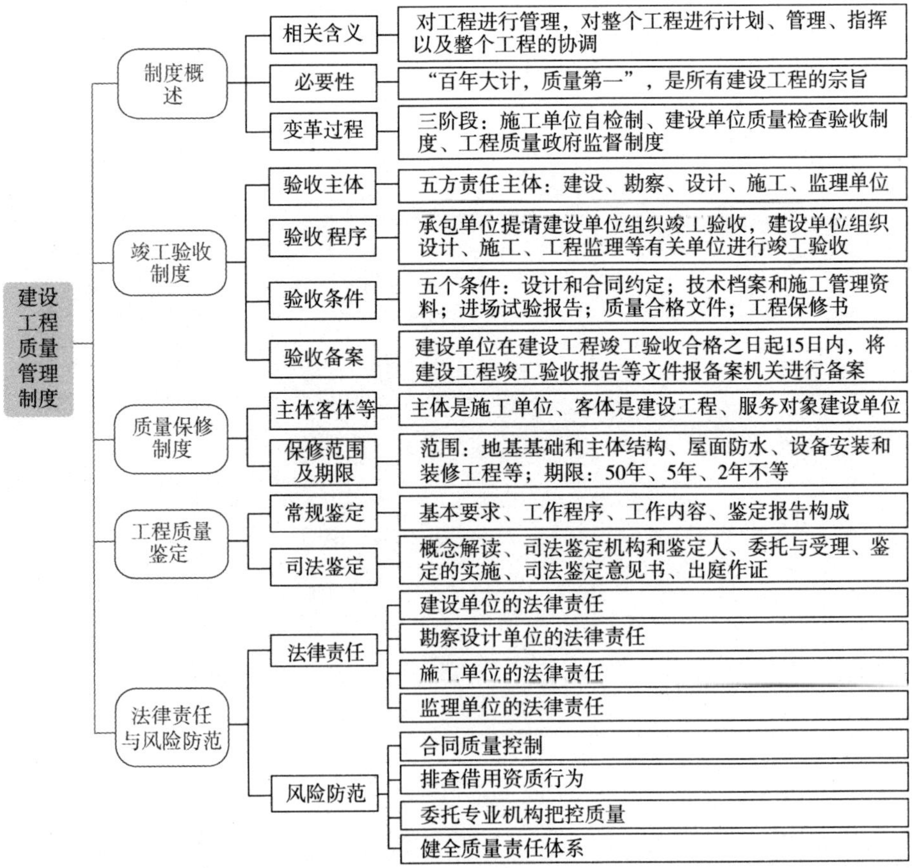

第一节　建设工程质量管理

一、建设工程质量管理的含义

（一）建设工程

建设工程，是指土木工程、建筑工程、线路管道和设备安装工程及装修工程，是为人类生活、生产提供物质技术基础的各类建（构）筑物和工程设施。

土木工程，是指建造在地上或地下、陆上或水中，直接或间接为人类生活、生产科研等服务的各类工程。可分为：道路工程、轨道交通工程、桥涵工程、隧道工程、水工工程、矿山工程、架线与管沟工程、其他土木工程。

建筑工程，是指通过对各类房屋建筑及其附属设施的建造和与其配套线路、管道、设备等的安装所形成的工程实体，是供人们进行生产、生活或其他活动的房屋或场所。建筑工程按照使用性质可分为民用建筑工程、工业建筑工程、构筑物工程及其他建筑工程。

线路管道和设备安装工程包括电力、通信线路、石油、燃气、给水、排水、供热等管道系统和各类机械设备、装置的安装活动。

装修工程，是指为保护建筑物的主体结构、完善建筑物的使用功能和美化建筑物，采用装饰装修材料或饰物，对建筑物的内外表面及空间进行的各种处理过程。

（二）建设工程质量管理

建设工程质量主要是指建设工程按照我国现有的法律法规、标准以及合同，工程满足安全、经济以及美观的要求。

建设工程质量管理是一个总称，主要是指对整个工程进行计划、管理、指挥以及协调。

(三)我国建设工程质量管理制度及特点

我国实行建设工程质量监督管理制度。政府质量监督作为一项制度,以法规的形式在《建设工程质量管理条例》中加以明确,强调了建设工程的质量必须实行政府监督管理。国家对工程质量的监督管理主要是以保证建筑工程使用安全和环境质量为主要目的,以法律、法规和强制性标准为依据,以地基基础、主体结构、环境质量和与此相关的工程建设各方主体的质量行为为主要内容,以施工许可制度和竣工验收备案制度为主要手段。

建设工程质量监督管理具有以下几个特点:第一,它具有权威性,建设工程质量监督体现的是国家意志,任何单位和个人从事工程建设活动都应当服从这种监督管理。第二,建设工程质量监督管理具有强制性,这种监督是由国家的强制力来保证的,任何单位和个人不服从这种监督管理都将受到法律的制裁。第三,建设工程质量监督管理具有综合性。这种监督管理并不局限于某一个阶段或某一个方面,而是贯穿于建设活动的全过程,并适用于建设单位、勘察单位、设计单位、建筑施工单位、工程建设监理单位。

二、建设工程质量管理的必要性

建设工程是人们日常生活和生产、经营、工作的主要场所,是人类生存和发展的物质基础。"百年大计,质量第一",是所有建设工程的宗旨。建设工程的质量,不但关系到生产经营活动的正常运行,也关系到人民生命财产安全。改革开放以来,随着我国国民经济的持续、快速发展,固定资产投资一直保持了较高的增长水平,工程建设规模逐年扩大,工业、民用、交通、城市基础设施等建设项目遍布城乡。大量基础设施项目的建设,为我国经济提供了发展基础。特别是 1998 年以来,面对亚洲金融危机的冲击,中央作出扩大内需,加快基础设施建设的重大决策,增发国债,集中用于农林水利、交通通信、城乡电网、经济适用房和城市基础设施等方面的建设。党中央、国务院对基础设施和各种建设工程的质量问题极为关心,多次强调质量责任重于泰山,要抓好工程质量,决不能搞"豆腐渣"工程。建设工程一旦出现质量问题,特别是发生重大垮塌事故,就会危及人民生命财产安全,损失巨大,影响恶劣,如 2018 年出现的"合肥市望江路

BRT 公交站亭顶板倒塌事故”、2020 年出现的“‘3·7’泉州欣佳酒店坍塌事故”等。因此，百年大计，质量第一，必须确保建设工程的安全可靠。

三、建设工程质量管理的变革过程

我国由成立初期的计划经济向改革开放后的市场经济转变，其建筑工程质量管理的发展历程也同经济和社会的步伐相适应，国家和地区政府通过不断学习创新试验逐步发展到如今的模式，其发展历程主要经历了以下四个阶段：

第一阶段：施工单位自行检查制度。

在我国自成立初期到第一个五年计划末的计划经济时代，那个时候我国建筑业百废待兴。建筑工程质量监管实行的是单一的施工单位内部检查制度。在这期间，政府对建筑工程采取的行政管理方式单一，只是通过计划对建筑工程规模和造价进行管理，而重要的建筑工程质量则由企业内部相关人员进行内部自评，也就是监管自我控制，自由裁定，政府对质量的监管甚少。

第二阶段：建设工程单位质量检查验收制度。

在 1958～1962 年第二个五年计划期间，相对于第一阶段，加入了建设单位对建筑工程质量的监管，建设单位负责对建筑工程质量进行以隐蔽验收为主的质量监督检查，施工单位也通过独立的内部质量检查部门进行全面的质量自控。施工企业和建设单位在一定程度上形成了相互制约又相互促进的共同控制工程质量的局面。

第三阶段：建筑工程质量政府监督制度。

20 世纪 80 年代改革开放后，我国建筑业如火如荼的发展壮大，之前单一的建筑工程监督检查制度已保证不了建筑工程质量的稳定。1984 年 9 月，国务院颁布《关于改革建筑业和基本建设管理体制若干问题的暂行规定》，决定在我国实行工程质量政府监督制度，第一次真正意义上将政府纳入工程质量监管的角色。政府对建筑工程质量实施全面监管，对建筑工程监管体制采用“核验制”。政府监管站在更大的视野下对立建筑企业行为进行监管工作，以法律法规为依据可以充分保证监督管理的公正性和权威性。

第四阶段：政府监督制度改革。

20 世纪 90 年代末，国家对建筑工程质量监督体制进行了改革，由之前的

"核验制"改为"备案制"。引进了监理监督制度,工程质量竣工验收由建设单位组织,工程质量等级由参建的监理单位、勘察单位、设计单位、施工单位、建设单位五方责任主体共同进行评定和验收,再由建筑工程质量监督机构对各方责任主体的质量行为和验收标准进行监督。

1998 年 3 月《建筑法》正式施行。保证建设工程质量和安全,是《建筑法》的主要立法目的之一。《建筑法》对建筑施工许可、建筑工程发包与承包、建筑安全生产管理、建筑工程质量管理等主要方面作出原则规定,对加强建筑工程质量管理发挥了积极的作用。

2000 年 1 月,为了对《建筑法》确立的一些制度和法律责任作出更进一步的完善,对参与建筑活动的各方主体的责任和义务予以明确,对处罚的额度予以明确,以更便于实际执行,进一步增强执法的力度,国务院第 279 号令发布实施《建设工程质量管理条例》。

随后,北京市、上海市、山东省、广东省等也分别发布了《北京市建设工程质量条例》(2016 年施行)、《上海市建设工程质量和安全管理条例》(2012 年施行)、《山东省房屋建筑和市政工程质量监督管理办法》(2017 年施行)、《广东省建设工程质量管理条例》(2014 年施行)等地方性行政法规。

第二节　建设工程竣工验收制度

2000 年 1 月《建设工程质量管理条例》颁布,同年 4 月《房屋建筑工程和市政基础设施工程竣工验收备案管理暂行办法》实施,这两项重要的行政法规、部门规章的出台,标志着我国建设工程质量监督管理模式发生了重大变革,从传统的"核验制"转变为"备案制",这是市场经济下政府职能转变的必然要求,也是工程质量监督管理体制的进步,它标志着我国建设工程质量进入法制化管理的新时代。它理顺了在市场经济条件下,政府、质监部门和建设单位、监理单位、施工单位等参与各方在工程质量管理上的监督与被监督、责任主体与监督主体关系,加重了建设单位的竣工验收责任。

竣工验收,是指在建设工程已按照设计要求完成全部施工任务,准备交付给建设单位投入使用时，由建设单位或有关主管部门依照国家关于建筑工程竣工验收制度的规定，对该项工程是否合乎设计要求和工程质量标准所进行的检查、考核工作。

一、建设工程竣工验收的主体

随着《建设工程质量管理条例》《房屋建筑工程和市政基础设施工程竣工验收备案管理暂行办法》的颁布实施，我国建设工程竣工验收制度从传统的“核验制”转变为“备案制”，这些带有根本性的转变将工程质量监督机构的性质由责任主体转向为管理机构，明确了工程质量监督机构是受政府委托的监督管理执法主体而非责任主体，工程建设单位、勘察单位、设计单位、施工单位、工程监理单位依法对建设工程质量负责，是工程质量的责任主体，这也就是常说的“五方责任主体”或“五大责任主体”。

根据《建设工程质量管理条例》第 16 条第 1 款的规定，建设单位收到建设工程竣工报告后，应当组织设计、施工、工程监理等有关单位进行竣工验收。因此，建设工程竣工验收的主体依然是建设单位等“五大责任主体”。

（一）建设单位

建设单位作为建设工程的投资人，在整个建设活动中居于主导地位，是建设工程最重要的责任主体。建设单位有权选择承包单位，有权对建设过程检查、控制，对工程进行验收，支付工程款和费用，在工程建设各个环节负责综合管理工作。因此，对工程进行竣工检查和验收，是建设单位的权利和义务。

（二）勘察单位和设计单位

勘察单位和设计单位是勘察设计质量的责任主体，也是整个工程质量的责任主体之一。

（三）施工单位

施工单位是工程建设的重要责任主体之一，施工单位的能力和行为对建设工程的施工质量起关键性作用。施工阶段是建设工程实物质量的形成阶段，勘察工作质量、设计工作质量均要在这一阶段得以实现。由于施工阶段涉及的责任主体多,生产环节多,时间长,影响质量稳定的因素多,协调管理难度较大,因此,施工阶段的质量责任制度显得尤为重要。

(四)工程监理单位

工程监理单位是工程建设的责任主体之一,工程监理单位接受建设单位委托,代表建设单位对建设工程进行管理。

建设行政主管部门和其他有关部门虽然不是工程建设的责任主体,但是建设工程质量监督管理的主体,其对工程质量的监督管理主要内容包括:对建设单位发包行为进行监督,对施工图文件进行审查,监督强制监理工程的执行情况,颁发施工许可证,对勘察、设计、施工、工程监理单位的承包(监理)行为的进行监督,对地基基础、结构主体质量进行检查,对竣工验收进行备案,对工程保修行为进行监督,受理单位和个人有关工程质量的检举、控告和投诉等。

二、建设工程竣工验收的程序

(一)法律法规规定的工程竣工验收的程序

根据《建设工程质量管理条例》第16条的规定,建设单位收到建设工程竣工报告后,应当组织设计、施工、工程监理等有关单位进行竣工验收。

具体的操作流程为:

(1)建设工程完工后,承包单位应当按照国家竣工验收有关规定,向建设单位提供完整的竣工资料和竣工验收报告,提请建设单位组织竣工验收。

(2)建设单位收到建设工程竣工报告后,应当根据施工图纸及说明书、国家颁发的施工验收规范和质量检验标准,及时组织设计、施工、工程监理等有关单位进行竣工验收。

(二)国家标准规定的工程竣工验收的程序

《建筑工程施工质量验收统一标准》GB50300对建筑工程施工质量验收的程序和组织进行了更为明确的规定。该标准将建筑工程施工质量验收划分为检验批、分项工程、分部工程和单位工程依次逐级进行，其验收程序及组织分别如下，汇总后如表9-1所示。

表9-1　建筑工程施工质量验收程序及组织

验收层级	组织及参与单位	组织及参与人员
检验批验收	工程监理单位组织，施工单位参与	由专业监理工程师组织施工单位项目专业质量检查员、专业工长等进行验收
分项工程验收	工程监理单位组织，施工单位参与	由专业监理工程师组织施工单位项目专业技术负责人等进行验收
分部工程验收	工程监理单位组织，施工单位、勘察、设计单位参与	由总监理工程师组织施工单位项目负责人和项目技术负责人等进行验收，勘察、设计单位项目负责人和施工单位技术、质量部门负责人应参加地基与基础分部工程的验收
单位工程竣工预验收	工程监理单位组织，施工单位参与	施工单位组织有关人员进行自检。由总监理工程师组织，各专业监理工程师参加，施工单位由项目经理、项目技术负责人等参加，其他各单位人员可不参加
单位工程竣工验收	建设单位组织，工程监理单位、施工单位、勘察、设计单位参与	由建设单位项目负责人组织，勘察、设计、施工、监理各单位项目负责人应参加验收，施工单位的技术、质量负责人也应参加验收

1. 检验批验收

检验批应由专业监理工程师组织施工单位项目专业质量检查员、专业工长等进行验收。检验批验收是建筑工程施工质量验收的最基本层次，是单位工程质量验收的基础，所有检验批均应由专业监理工程师组织验收。验收前，施工单位应完成自检，对存在的问题自行整改处理，然后申请专业监理工程师组织验收。

2. 分项工程验收

分项工程应由专业监理工程师组织施工单位项目专业技术负责人等进行验收。分项工程由若干个检验批组成，也是单位工程质量验收的基础。验收时在专业监理工程师组织下，可由施工单位项目技术负责人对所有检验批验收记录进行汇总，核查无误后报专业监理工程师审查，确认符合要求后，由项目专业技术负责人在分项工程质量验收记录中签字，然后由专业监理工程师签字通过验收。在分项工程验收中，如果对检验批验收结论有怀疑或异议时，应进行相应的现场检查核实。

3. 分部工程验收

分部工程应由总监理工程师组织施工单位项目负责人和项目技术负责人等进行验收。勘察、设计单位项目负责人和施工单位技术、质量部门负责人应参加地基与基础分部工程的验收。设计单位项目负责人和施工单位技术、质量部门负责人应参加主体结构、节能分部工程的验收。

建筑工程所包含的十个分部工程中,参加验收的人员可有以下三种情况:

(1)除地基基础、主体结构和建筑节能三个分部工程外,其他七个分部工程的验收组织相同,即由总监理工程师组织,施工单位项目负责人和项目技术负责人等参加。

(2)由于地基与基础分部工程情况复杂,专业性强,且关系到整个工程的安全,为保证质量,严格把关,规定勘察、设计单位项目负责人应参加验收,并要求施工单位技术、质量部门负责人也应参加验收。

(3)由于主体结构直接影响使用安全,建筑节能是基本国策,直接关系到国家资源战略、可持续发展等,故这两个分部工程,规定设计单位项目负责人应参加验收,并要求施工单位技术、质量部门负责人也应参加验收。

参加验收的人员,除指定的人员必须参加验收外,允许其他相关人员共同参加验收。由于各施工单位的机构和岗位设置不同,施工单位技术、质量负责人允许是两位人员,也可以是一位人员。勘察、设计单位项目负责人应为勘察、设计单位负责本工程项目的专业负责人,不应由与本项目无关或不了解本项目情况的其他人员、非专业人员代替。

4. 单位工程竣工预验收

单位工程中的分包工程完工后,施工分包单位应对所承包的工程项目进行自检,并应按规定的程序进行验收。验收时,施工总包单位应派人参加。分包单位应将所分包工程的质量控制资料整理完整,并移交给总包单位。

单位工程完工后,施工单位应组织有关人员进行自检。施工单位应首先依据验收规范、设计图纸等组织有关人员进行自检,对检查发现的问题进行必要的整改。

总监理工程师应组织各专业监理工程师对工程质量进行竣工预验收。存在施工质量问题时,应由施工单位整改。整改完毕符合规定后,由施工单位向建设单位提交工程竣工报告和完整的质量控制资料,申请建设单位组织竣工验收。

工程竣工预验收由总监理工程师组织,各专业监理工程师参加,施工单位由项目经理、项目技术负责人等参加,其他各单位人员可不参加。存在施工质量问题时,应由施工单位整改。整改完毕符合规定后,由施工单位向建设单位提交工程竣工报告和完整的质量控制资料,申请建设单位组织竣工验收。工程预验收除参加人员与竣工验收不同外,其方法、程序、要求等均应与工程竣工验收相同。竣工预验收的表格格式可参照工程竣工验收的表格格式。

5. 单位工程竣工验收

建设单位收到工程竣工报告后,应由建设单位项目负责人组织监理、施工、设计、勘察等单位项目负责人进行单位工程验收。

单位工程质量验收应由建设单位项目负责人组织,由于勘察、设计、施工、监理单位都是责任主体,因此各单位项目负责人应参加验收,考虑到施工单位对工程负有直接生产责任,而施工项目部不是法人单位,故施工单位的技术、质量负责人也应参加验收。建筑工程施工质量验收程序及组织见表 9 - 1。

三、建设工程竣工验收的条件

建设工程项目的竣工验收是施工全过程的最后一道程序,是建设投资成果转入生产或使用的标志,也是全面考核投资效益、检验设计和施工质量的重要环节。

《建筑法》明确规定,交付竣工验收的建筑工程,必须符合规定的建筑工程质量标准,有完整的工程技术经济资料和经签署的工程保修书,并具备国家规定的其他竣工条件。建筑工程竣工经验收合格后,方可交付使用;未经验收或者验收不合格的,不得交付使用。

《建设工程质量管理条例》第 16 条进一步规定,建设工程竣工验收应当具备下列五个条件:

1. 完成建设工程设计和合同约定的各项内容。

建设工程设计和合同约定的内容,主要是指设计文件所确定的、在承包合同"承包人承揽工程项目一览表"中载明的工作范围,也包括监理工程师签发的变更通知单中所确定的工作内容。承包单位必须按合同约定,按质、按量、按时完成上述工作内容,使工程具有正常的使用功能。

2. 有完整的技术档案和施工管理资料。

工程技术档案和施工管理资料是工程竣工验收和质量保证的重要依据之一,主要包括以下档案和资料:

(1)工程项目竣工报告;

(2)分项、分部工程和单位工程技术人员名单;

(3)图纸会审和设计交底记录;

(4)设计变更通知单,技术变更核实单;

(5)工程质量事故发生后调查和处理资料;

(6)隐蔽验收记录及施工日志;

(7)竣工图;

(8)质量检验评定资料等;

(9)合同约定的其他资料。

3. 有工程使用的主要建筑材料、建筑构配件和设备的进场试验报告。

对建设工程使用的主要建筑材料、建筑构配件和设备的进场,除具有质量合格证明资料外,还应当有试验、检验报告。试验、检验报告中应当注明其规格、型号、用于工程的哪些部位、批量批次、性能等技术指标,其质量要求必须符合国家规定的标准。

4. 有勘察、设计、施工、工程监理等单位分别签署的质量合格文件。

勘察、设计、施工、工程监理等有关单位依据工程设计文件及承包合同所要求的质量标准,对竣工工程进行检查和评定,符合规定的,签署合格文件。竣工验收所依据的国家强制性标准有土建工程、安装工程、人防工程、管道工程、桥梁工程、电气工程及铁路建筑安装工程验收标准等。

5. 有施工单位签署的工程保修书。

施工单位同建设单位签署的工程质量保修书也是交付竣工验收的条件之一。工程质量保修是指建设工程在办理交工验收手续后,在规定的保修期限内,因勘察设计、施工、材料等原因造成的质量缺陷,由施工单位负责维修,由责任方承担维修费用并赔偿损失。施工单位与建设单位应在竣工验收前签署工程质量保修书,保修书是施工合同的附合同。工程保修书的内容包括:保修项目内容及范围、保修期、保修责任和保修金支付方法等。健全完善的工程保修制度,对促进承包方加强质量管理,保护用户及消费者的合法权益起着重要的保障作用。

综上所述,无论是单项工程提前交付使用(如单幢住宅),还是全部工程整体交付使用,都必须经过竣工验收这一环节,并且还必须验收合格。没有经过竣工验收或者经过竣工验收确定为不合格的建设工程,不得交付使用。建设单位为提前获得投资效益,在工程未经验收即前投产使用的行为是违法的,由此所发生的质量问题,建设单位要承担相应责任。

四、建设工程竣工验收的备案

建设工程竣工验收备案制度是加强政府监督管理,防止不合格工程流向社会的一个重要手段。建设单位应依据国家《建设工程质量管理条例》第 49 条第 1 款规定,应当自建设工程竣工验收合格之日起 15 日内,将建设工程竣工验收报告和规划、公安消防、环保等部门出具的认可文件或者准许使用文件报建设行政主管部门或者其他有关部门备案。

(一)竣工验收备案提交材料

建设单位申请办理竣工验收备案应提交以下材料:

(1)房屋建筑和市政基础设施工程竣工验收备案表。

(2)建设工程竣工验收报告。

竣工验收报告应包括工程报建日期,施工许可证号,施工图设计文件审查意见,勘察、设计、施工、工程监理等单位分别签署的工程验收文件及验收人员签署的竣工验收原始文件、市政基础设施的有关质量检测和功能性试验资料以及备案机关认为需要提供的有关资料等。

(3)法律、行政法规规定应当由规划、环保等部门出具的认可文件或者准许使用文件。

(4)法律规定应当由公安消防部门出具的对大型的人员密集场所和其他特殊建设工程验收合格的证明文件。

(5)施工单位签署的工程质量保修书,住宅工程的《住宅工程质量保证书》和《住宅工程使用说明书》。

(6)法规、规章规定必须提供的其他文件。

备案机关收到建设单位报送的竣工验收备案文件,验证文件齐全后,应当在工程竣工验收备案表上签署文件收讫。

(二)工程质量监督报告

工程质量监督机构应当在工程竣工验收之日起5日内,向备案机关提交工程质量监督报告。

工程质量监督报告的内容一般包括:工程基本情况、工程质量监督工作情况表、工程质量监督结论。

办理竣工验收备案时应符合有关程序规定要求。建设行政主管部门或其他有关部门收到建设单位的竣工验收备案申请后,依据质量监督机构的监督报告,发现建设单位在竣工验收过程中有违反国家有关建设工程质量管理规定行为的,责令停止使用,限期整改,重新组织竣工验收后,再办理竣工验收备案。并根据《建设工程质量管理条例》依法对建设单位进行行政处罚。

第三节　建设工程质量保修制度

建设工程的质量由于其复杂性,难以用外观检查,尤其是一次性的外观检查难以从根本上观察工程质量,因此应当建立质量保修制度,加以弥补,就是在建筑工程竣工验收之后,在规定的期限内,如果出现质量缺陷则要由承包单位负责维修。

建设工程实行质量保修制度是《建筑法》所确定的重要法律制度,也是《建设工程质量管理条例》第39条进一步明确的一项重要制度,健全、完善的建设工程质量保修制度,对促进承包方加强质量管理,保护用户及消费者的合法权益起到重要的保障作用。

一、建设工程保修的质量责任和保修承诺

建设工程实行质量保修制度，质量保修制度作为一项法定的制度，是必须在建设活动中执行的制度。

建设工程质量保修制度，是指建设工程在办理竣工验收手续后，在规定的保修期限内，因勘察、设计、施工、材料等原因造成的质量缺陷，应当由施工承包单位负责维修、返工或更换，由责任单位负责赔偿损失。质量缺陷，是指工程不符合国家或行业现行的有关技术标准、设计文件以及合同中对质量的要求等。

建设工程实行质量保修制度是落实建设工程质量责任的重要措施。以往建设工程竣工以后，一旦出现质量缺陷，由于质量责任不明确，建设单位、勘察设计单位、施工企业以及材料供应等单位扯皮现象比较严重；保修履行责任人不明确，保修不及时，经济损失相互推诿，建设单位无法协调，使用者意见很大。

工程质量保修的主体是建设工程的承包单位，通常指施工单位；工程质量保修的客体是建设工程；工程质量保修的服务对象是建设单位；工程质量保修的承诺应由承包单位以工程质量保修书这一书面形式来体现。

对于涉及国计民生的公共建筑，特别是住宅工程的质量保修，《城市房地产开发经营管理条例》第 30 条第 1 款规定："房地产开发企业应当在商品房交付使用时，向购买人提供住宅质量保证书和住宅使用说明书。"这对住宅工程质量保修制度的执行提出了更高的要求。

二、建设工程质量保修范围

建设工程质量保修范围应当包括建设工程的基础设施工程、房屋建筑的地基基础工程和主体结构工程、屋面防水工程、有防水要求的卫生间、房间和外墙面及其他土建工程，供热、供冷系统工程、电气管线、给排水管道、设备安装和装修工程等项目。

三、建设工程质量保修期限

建设工程质量保修的期限应当按照保证建筑物合理寿命年限内正常使用，维护使用者合法权益的原则确定。这就要求合理确定保修期限不宜过短，但也不是无限期的延长。因此，《建设工程质量管理条例》第 40 条、《房屋建筑工程质量保修办法》第 7 条等法规对于在正常使用条件下，建设工程的最低保修期限作出了规定。

（一）基础设施工程、房屋建筑的地基基础工程和主体结构工程

基础设施工程、房屋建筑的地基基础工程和主体结构工程，关系到基础设施工程和房屋建筑的整体安全可靠，必须在设计文件规定的该工程的合理使用年限内予以保修。对于合理使用年限的确定，《民用建筑设计统一标准》（GB 50352—2019）表 3.2.1 载明：（1）临时性建筑，设计使用年限 5 年；（2）易于替换结构构件的建筑 25 年；（3）普通建筑和构筑物 50 年；（4）纪念性建筑和特别重要的建筑 100 年。

（二）屋面防水工程、有防水要求的卫生间、房间和外墙面的防渗漏

屋面防水工程、有防水要求的卫生间、房间和外墙面的防渗漏最低保修期限为 5 年，一般如果在 5 年内不渗漏，质量就会趋于稳定。

（三）供热与供冷系统

供热与供冷系统的最低保修期限为 2 个采暖期、供冷期，一般如果在 2 个采暖期、供冷期内不出现问题，质量就会趋于稳定。

（四）电气管线、给排水管道、设备安装和装修工程

电气管线、给排水管道、设备安装和装修工程的最低保修期限为 2 年，一般如果在 2 年内不出现问题，质量就会趋于稳定。

（五）其他项目

其他项目的保修期限由建设单位和施工单位约定。必须指出的是：

(1)这类项目要不要保修,要在合同中约定；

(2)保修期限由建设单位和施工单位约定,但必须有书面形式；

(3)约定中,保修期限不得违反《建筑法》要保证建筑物的合理寿命年限内正常使用和维护使用者的原则；

(4)约定要符合《民法典》等有关法律法规的要求。

如建设单位和施工单位另有保修约定合同,其合同中保修期限可以长于所规定的最低保修期限,但不应低于最低年限,否则视作无效。

四、保修期的起始日

保修期的起始日是竣工验收合格之日。竣工验收合格之日的确定,是指建设单位收到建设工程竣工报告后,组织设计、施工、工程监理等有关单位进行竣工验收,验收合格并各方签收竣工验收之文本的日期。但是,住宅工程售房单位对用户的保修期要从房屋出售之日起计算。

五、工程保修责任制的实施

（一）保修义务的责任落实

建设工程保修责任制的实施具体规定如下：

(1)建设工程保修的质量问题是指保修范围和保修期限内发生的质量问题。

(2)施工单位必须履行保修义务,明确了保修的责任者。

(3)施工单位对造成的损失承担赔偿责任。

（二）维修的经济责任承担

建设工程维修的经济责任的承担应按下述原则处理：

(1)施工单位未按国家有关规范、标准和设计要求施工,造成的质量缺陷,由施工单位负责返修并承担经济责任。

(2)由于设计方面的原因造成的质量缺陷,先由施工单位负责维修,其经济责任按有关规定通过建设单位向设计单位索赔。

(3)因建筑材料、构配件和设备质量不合格引起的质量缺陷,先由施工单位负责维修,其经济责任属于施工单位采购的或经其验收同意的,由施工单位承担经济责任;属于建设单位采购的,由建设单位承担经济责任。

(4)因建设单位(含监理单位)错误管理造成的质量缺陷,先由施工单位负责维修,其经济责任由建设单位承担,如属监理单位责任,则由建设单位向监理单位索赔。

(5)因使用单位使用不当造成的损坏问题,先由施工单位负责维修,其经济责任由使用单位自行负责。

(6)因地震、洪水、台风等不可抗拒原因造成的损坏问题,先由施工单位负责维修,建设参与各方根据国家具体政策分担经济责任。

对在保修期限和保修范围内发生质量问题的,一般应先由建设单位组织勘察、设计、施工等单位分析质量问题的原因,确定保修方案,由施工单位负责保修。但当问题严重时和紧急时,无论是什么原因造成的,均先由施工单位履行保修义务,不得推诿和扯皮。对引起质量问题的原因则实事求是,科学分析,分清责任,按责任大小由责任承担不同比例的经济赔偿。这里的损失,既包括因工程质量问题造成的直接损失,即用于返修的费用,也包括间接损失。如给使用人或第三人造成的财产或非财产损失等。

在保修期后的建筑物合理使用寿命内,因建设工程使用功能的质量缺陷造成的工程使用损害,由建设单位负责维修,并承担赔偿责任。

第四节　建设工程质量的鉴定与司法鉴定

一、建设工程质量的鉴定

(一)建设工程质量鉴定相关概念

1. 工程质量鉴定

指鉴定机构接受委托,依据工程质量方面的科学技术和专业知识,对工程质量状况进行技术评价,提供鉴定报告的活动。

2. 鉴定机构

指依据相关标准规范或者技术文件,采用检测方法获取数据,依靠专业知识和技能进行甄别,对工程质量进行评价的法人单位。

3. 鉴定人

指鉴定机构内具备相应专业技术能力和技能经验,从事工程质量鉴定活动的专业技术人员。

4. 鉴定报告

指鉴定机构正式出具的鉴定文件。应包含工程概况、鉴定事项、鉴定依据、工程质量现状调查与分类、实体检测与结果、结构验算与分析(如需要)、技术分析与评价、鉴定结论及建议等部分。

5. 鉴定意见

指鉴定人根据鉴定依据,运用专业知识和技术能力,通过技术方法和系统分析,给出的相应结论和建议。

(二)建设工程质量鉴定机构的基本要求

鉴定机构和鉴定人在工程质量鉴定工作中应秉持合法、客观、公正的原则,遵守职业道德和执业准则。

鉴定机构具有固定的办公场所、在本单位缴纳社保的专业技术人员,具有健全的质量管理体系、相应技术标准、完备的工程质量鉴定工作制度。

鉴定机构派出实施现场调查和勘查的鉴定人不应少于2人。

未经委托人同意,鉴定机构和鉴定人不得向其他组织或个人提供与鉴定事项有关的信息和鉴定报告。

(三)建设工程质量实体检测

实体检测是为获取基本数据、评定建筑工程质量或建筑工程性能在建筑工程实体上所实施的检测活动。实体检测是为建筑工程质量鉴定和评定提供真实、可靠、有效的检测数据和检测结论。

1. 建筑工程质量鉴定遇到下列情况之一时,应进行建筑工程质量实体检测:

(1)涉及结构安全的试块、试件以及有关材料、构件、设备检验数量不足的;

(2)施工质量的抽样检测结果达不到设计或标准要求的;

(3)对施工质量的抽样检测结果的真实性有疑义的;

(4)对施工质量有怀疑或争议的;

(5)发生工程质量事故,需要通过检测分析事故的原因及对结构影响的。

2. 建筑工程质量实体检测应符合下列规定:

(1)实体检测应为建筑工程质量鉴定和评定提供真实、可靠、有效的检测数据和检测结论;

(2)实体检测应制定合理的检测方案;

(3)实体检测的项目、抽样数量和结果判定,应符合国家现行相关标准的规定;

(4)实体检测应由具有资质的检测机构进行,并出具检测报告。

(四)建设工程质量鉴定的基本要求

根据现行国家标准《建筑工程施工质量验收统一标准》GB50300的规定,建筑工程质量鉴定应按照单位工程质量、分部工程质量、分项工程质量和检验批质量进行鉴定。鉴定项目需要通过监测获取实时数据时,应制定监测方案;必要时,监测方案应通过专家论证。

当遇到下列情况之一时,应对建设工程质量进行鉴定:

(1)未按经审查批准的施工图施工或设计单位不认可变更内容；

(2)施工过程中使用了不合格材料、构配件或设备；

(3)发现了质量问题,需明确问题的性质、成因、涉及范围及严重程度,用以指导质量问题处理工作；

(4)施工期间改变使用功能、增加使用荷载、改变结构构件受力状态及拆除部分结构构件；

(5)影响设备及工艺生产系统的正常运行和使用功能；

(6)工程验收时,质量控制资料、安全和功能检验资料严重缺失,无法反映工程质量真实情况；

(7)无法确认完工的建筑工程是否符合相关专业验收规范的规定；

(8)在建筑物(构筑物)改建、扩建、续建、节能改造和结构加固施工前；

(9)发生质量纠纷或保修期内质量投诉,需分析原因明确责任；

(10)工程发生事故,需要通过鉴定分析事故原因及对工程结构的影响；

(11)其他需要通过鉴定分析原因、明确责任、提出有效建议的情况。

(五)建设工程质量鉴定的工作程序

工程质量鉴定工作应按照下列程序进行:

(1)委托方提出鉴定需求；

(2)受托方勘查现场,查看委托方提供的设计文件、质量控制资料等工程相关资料；

(3)受托方编制工程质量检测鉴定方案；

(4)双方签订委托合同；

(5)对建筑工程实体进行检验或检测；

(6)对工程质量进行评价分析；

(7)补充现场检测(如需要)；

(8)提出鉴定结论与建议；

(9)编制并出具鉴定报告。

(六)建设工程质量鉴定的工作内容

1. 现场调查和资料调查,一般应符合下列要求:

(1)现场调查应覆盖建筑内部全部空间及建筑周边环境；

(2)现场调查时应注重对各类损伤及变形的识别；

(3)现场调查应甄别现场实际信息与图纸资料信息的吻合度；

(4)资料调查应以委托方提供的最终正式文件为依据；

(5)资料调查应包括对项目建设过程及特殊事件的询问了解。

2. 建筑工程质量实体检测方案应包括以下内容：

(1)工程项目概况；

(2)检测范围与内容；

(3)拟采用的检测方法；

(4)检测目的、方法及取样数量等；

(5)检测所需要的人员、设备、仪器、辅助设施配备；

(6)检测中的安全措施和环保措施；

(7)检测进度计划。

3. 建筑工程质量鉴定方案应包括以下内容：

(1)工程项目概况；

(2)鉴定范围与目的；

(3)鉴定依据；

(4)鉴定方法及流程；

(5)需要实物核查的抽样方案；

(6)需要实体检测的检测方案。

4. 建筑工程质量鉴定的抽样原则，应符合下列要求：

(1)建筑、结构、设备布置等，应采用全样本目测普查；

(2)外观质量、几何尺寸与尺寸偏差，宜选用一次或二次计数抽样方案；

(3)缺陷及损伤，应采用全样本目测普查；

(4)结构连接构造的检测，应选择对结构安全影响大的部位进行抽样；

(5)构件结构性能的实荷检验，应选择同类构件中荷载效应相对较大和施工质量相对较差构件或受到灾害影响、环境侵蚀影响构件等有代表性的构件；

(6)对于结构构件的质量检测，可按照施工及材料应用情况划分检验批，在检验批内随机抽样；

(7)检测及样本选取原则应满足现行国家标准和国家现行有关标准规定。

5. 建筑工程的鉴定评价，应符合下列原则：

(1)对于已完成分项验收的工程或检测分项，分项验收报告有效的项目，可进行少量验证性检测，主要依据分项验收报告进行工程质量评价鉴定；

(2)对于不能提供分项验收报告或验收报告无效的，应按要求进行实体检测，并以检测结果作为工程质量评价鉴定的主要依据；

(3)对于部分结构分项不满足工程质量要求的建筑，可按照检测结果进行结构整体计算，参照计算结果对工程质量进行评价鉴定；

(4)对于材料或设备与原设计不一致的，可参照国家现行有关设计标准的要求对工程质量进行评价鉴定。

6. 建筑工程质量鉴定的结论应符合下列规定：

(1)文字精练，用词准确，语句通顺，描述客观清晰；

(2)使用符合国家通用语言文字规范、通用专业术语规范、法律规范的用语，不得使用文言、方言和土语；

(3)使用国家标准计量单位和符号；

(4)依据充分，推论科学严谨，结果准确可靠；

(5)结论涉及鉴定范围应与委托范围一致。

(七)建设工程质量鉴定报告

鉴定报告一般由封面、报告摘要、工程概况、鉴定事项、鉴定依据、工程质量现状与损伤分类、实体检测与结果分析、结构验算与分析(如需要)、工程质量评价与损伤原因分析、鉴定结论及建议、落款、附件等部分组成。

各专业主要鉴定人应在鉴定报告上手写签名，审核人或签发人一般应具有相应专业副高级及以上职称，涉及主体结构工程质量的还应有具备注册结构工程师执业资格的人员签字。

补充鉴定报告在鉴定报告的格式基础上，应说明原鉴定报告编号、补充鉴定理由、新的鉴定事项、补充资料摘要、补充鉴定过程、补充鉴定结论。

二、建设工程质量的司法鉴定

(一)建设工程质量司法鉴定的概念

司法鉴定,是指在诉讼活动中鉴定人运用科学技术或者专门知识对诉讼涉及的专门性问题进行鉴别和判断并提供鉴定意见的活动。

建设工程质量司法鉴定,是指司法鉴定机构接受委托,运用建设工程相关理论和技术标准对有质量争议的进行调查、勘验检测、分析复核验算判断,并出具鉴定意见的活动。

在诉讼活动中,司法鉴定是查明案件事实的一种重要方法和手段,随着科学技术的不断进步,其在诉讼中的作用也越来越重要。司法鉴定的概念主要包括以下几层意思:

(1)司法鉴定是在诉讼活动中进行的,是一项涉及诉讼的活动。

不是司法鉴定活动本身具有司法职能,而是因为鉴定是在司法诉讼活动中进行的。在现实生活和工作中,需要运用科学技术或者专门知识进行鉴别和判断的问题很多,但这类活动不一定都属于司法鉴定。只有在诉讼活动中对案件的某些专门性问题进行鉴别和判断的活动,才属于司法鉴定。我国的诉讼活动,包括刑事诉讼、民事诉讼、行政诉讼三种。

(2)司法鉴定的主体是鉴定人。

鉴定人是指在诉讼活动中,依法接受委托对诉讼涉及的专门性问题进行鉴别和判断并提供鉴定意见的人。鉴定人不属于司法工作人员,而是一种特殊的证人,有的国家的法律将鉴定人称为“专家证人”。作为一种特殊的证人,鉴定人有依法就提供的鉴定意见出庭作证的义务。根据有关法律规定,鉴定人必须具有解决相关诉讼涉及的专门性问题所必需的科学技术或者专门知识。实践中应当注意的是,不能把鉴定机构等同于鉴定人。鉴定机构是由一定人数的鉴定人组成的组织,鉴定机构接受当事人或有关部门委托进行鉴定的,应当指派鉴定人进行鉴定,鉴定意见应由具体从事鉴定的人员对鉴定意见签名。

(3)司法鉴定的目的是解决诉讼涉及的专门性问题。

依照我国有关法律规定,对于诉讼涉及的专门性问题,需要进行鉴定的,应当依法进行鉴定。《刑事诉讼法》第146条规定:“为了查明案情,需要解决案件中某些专门性问题的时候,应当指派、聘请有专门知识的人进行鉴定。”《民事诉讼法》第76条规定:“当事人可以就查明事实的专门性问题向人民法院申请鉴定。当事人申请鉴定的,由双方当事人协商确定具备资格的鉴定人;协商不成的,由人民法院指定。当事人未申请鉴定,人民法院对专门性问题认为需要鉴定的,应当委托具备资格的鉴定人进行鉴定。”《行政诉讼法》第33条规定:“证据包括:……(七)鉴定意见……”可见,司法鉴定的目的就是解决诉讼涉及的专门性问题。诉讼涉及的专门性问题是指在刑事、民事、行政诉讼中,属于案件证明对象范围内的事项,如工程质量缺陷的确定及修复等,仅凭侦查人员、检察人员或者审判人员的直观、直觉或者逻辑推理还是无法作出肯定或者否定的判断,必须依法运用科学技术手段或者专门知识进行鉴别和判断才能得出正确的结论。

(4)司法鉴定的方法是运用科学技术或者专门知识进行鉴别和判断。

司法鉴定,是指诉讼活动中一项重要的调查取证活动,由于在诉讼活动中有些问题不是能够凭着直观、直觉或逻辑推理直接认识和判断的,因此必须借助于科学技术或者专门知识进行鉴别和判断。科学技术,是指人类在利用自然和改造自然过程中形成的反映自然、社会、思维等客观规律的知识体系。所谓“专门知识”,是指人们在某一领域(如建设工程领域)的生产劳动及实践中积累起来的知识经验。

(5)鉴定人应当提供鉴定意见。

鉴定人在完成鉴定工作后,应当依照法律规定的要求,向委托人提供有本人签名的书面鉴定意见。鉴定意见即诉讼法规定的鉴定结论,是指鉴定人在运用科学技术或者专门知识对诉讼中涉及的专门性问题进行鉴别和判断的基础上,给出的结论性意见。之所以将诉讼法规定的“鉴定结论”修改为“鉴定意见”,主要是因为称为“鉴定意见”更为科学、准确,更符合鉴定活动的本质特征。鉴定意见作为鉴定人个人的认识和判断,表达的只是鉴定人个人的意见,对整个案件来说,鉴定意见只是诸多证据中的一种证据,审判人员应当结合案件的全部证据,加以综合审查判断,从而正确认定案件事实,作出正确判决。

但在当前司法实践中,由于对鉴定结论的本质特征缺乏必要的知识,一些审判人员往往对鉴定结论不加分析判断，不对鉴定结论进行必要的质证和审查，在审判中盲目地予以认定，导致审判受制于鉴定，“打官司”变成了“打鉴定”，在诉讼中出现了不少问题。特别是在一个案件中对某一事项有多种不同鉴定结论的情况下，审判人员往往以鉴定人员的学历高低、资历深浅，或者鉴定机构的级别来决定对鉴定结论的取舍，而忽视通过对每个鉴定人进行质证，进而审查其鉴定结论的科学性、可靠性，从中选择正确的鉴定结论。因此，将“鉴定结论”修改为“鉴定意见”，有利于摆正这类证据在诉讼中的位置，转变办案人员的观念，以便发挥办案人员在审查判断鉴定意见时的主动性和能动性，减少其主观臆断，提高办案质量。

（二）建设工程质量司法鉴定机构和鉴定人

1. 司法鉴定机构

司法鉴定机构指接受委托从事建设工程质量鉴定的相关企业或机构。从事司法鉴定业务的企业或机构，应当具备下列条件：

第一，有明确的业务范围。鉴定机构的鉴定活动所涉及的专业领域（如建筑工程、水利工程、道路桥梁工程等），是鉴定机构自身定位的重要依据。鉴定机构需要对从事的一种或者多种鉴定业务作出明确说明。

第二，有在业务范围内进行司法鉴定所必需的仪器、设备。建设工程司法鉴定以科学技术为基础，进行司法鉴定必须有一定的检测设备基础。根据建设工程鉴定的范围，鉴定机构应具备专业的仪器、设备。

第三，有在业务范围内进行司法鉴定所必需的依法通过计量认证或者实验室认可的检测实验室。“计量认证”是指由政府计量行政部门对有关技术机构（如检测实验室）的检定、测试能力和可靠性进行的考核和证明。“实验室认可”主要是指：权威机构对实验室有能力进行规定类型的检测和（或）校准所给予的一种正式承认。通过国家实验室认可的检测技术机构，证明其符合国际上通行的校准与检测实验室能力的通用要求。通过实验室认可能够提高校准和检测数据的可信度，使用户放心使用实验室，为校准的检测结果在国际上相互承认奠定基础。

第四，每项司法鉴定业务有 3 名以上鉴定人，这是保证鉴定机构正常运转的最基本要求。

2. 司法鉴定人

在诉讼活动中，司法鉴定人是凭借其具有的专门知识、技能或特别经验，对诉讼中涉及的专门性问题，从专业的角度提出意见。在有的国家将他们规定为专家证人。为了保证鉴定人提出的鉴定意见具有一定的权威性、客观性和科学性，就需要一定的专业知识和实践经验。也就是说，司法鉴定人应当是其所从事鉴定业务领域的专家。因此，有必要对司法鉴定人的从业条件进行明确规定，具备下列条件之一的人员，可以申请登记从事司法鉴定业务：

第一，具有与所申请从事的司法鉴定业务相关的高级专业技术职称；

第二，具有与所申请从事的司法鉴定业务相关的专业执业资格或者高等院校相关专业本科以上学历，从事相关工作5年以上；

第三，具有与所申请从事的司法鉴定业务相关工作10年以上经历，具有较强的专业技能。

鉴定人应当在一个鉴定机构中从事司法鉴定业务。鉴定人从事司法鉴定业务，首先必须成为一个鉴定机构的工作成员；其次，任何鉴定人不得同时属于两个或者两个以上鉴定机构。

(三)建设工程质量司法鉴定的委托与受理

司法鉴定机构应当统一受理办案机关(人民法院、仲裁机关、公安机关等)的司法鉴定委托。

委托人委托鉴定时，应当向司法鉴定机构提供真实、完整、充分的鉴定材料，并对鉴定材料的真实性、合法性负责。司法鉴定机构应当核对并记录鉴定材料的名称、种类、数量、性状、保存状况、收到时间等。

诉讼当事人对鉴定材料有异议的，应当向委托人提出。

司法鉴定机构应当自收到委托之日起于规定时限内作出是否受理的决定。对于复杂、疑难或者特殊鉴定事项的委托，司法鉴定机构可以与委托人协商决定受理的时间。

司法鉴定机构应当对委托鉴定事项、鉴定材料等进行审查。对属于本机构司法鉴定业务范围，鉴定用途合法，提供的鉴定材料能够满足鉴定需要的，应当受理。对于鉴定材料不完整、不充分，不能满足鉴定需要的，司法鉴定机构可以要求委托人补充；经补充后能够满足鉴定需要的，应当受理。

具有下列情形之一的鉴定委托,司法鉴定机构不得受理:

(1)委托鉴定事项超出本机构司法鉴定业务范围的;

(2)发现鉴定材料不真实、不完整、不充分或者取得方式不合法的;

(3)鉴定用途不合法或者违背社会公德的;

(4)鉴定要求不符合司法鉴定执业规则或者相关鉴定技术规范的;

(5)鉴定要求超出本机构技术条件或者鉴定能力的;

(6)委托人就同一鉴定事项同时委托其他司法鉴定机构进行鉴定的;

(7)其他不符合法律、法规、规章规定的情形。

司法鉴定机构决定受理鉴定委托的,应当与委托人签订司法鉴定委托书。司法鉴定委托书应当载明委托人名称、司法鉴定机构名称、委托鉴定事项、是否属于重新鉴定、鉴定用途、与鉴定有关的基本案情、鉴定材料的提供和退还、鉴定风险,以及双方商定的鉴定时限、鉴定费用及收取方式、双方权利义务等其他需要载明的事项。司法鉴定机构决定不予受理鉴定委托的,应当向委托人说明理由,退还鉴定材料。

(四)建设工程质量司法鉴定的实施

司法鉴定机构受理鉴定委托后,应当指定本机构具有该鉴定事项执业资格的司法鉴定人进行鉴定。委托人不得要求或者暗示司法鉴定机构、司法鉴定人按其意图或者特定目的提供鉴定意见。司法鉴定机构对同一鉴定事项,应当指定或者选择 2 名司法鉴定人进行鉴定;对复杂、疑难或者特殊鉴定事项,可以指定或者选择多名司法鉴定人进行鉴定。

司法鉴定人本人或者其近亲属与诉讼当事人、鉴定事项涉及的案件有利害关系,可能影响其独立、客观、公正进行鉴定的,应当回避。司法鉴定人曾经参加过同一鉴定事项鉴定的,或者曾经作为专家提供过咨询意见的,或者曾被聘请为有专门知识的人参与过同一鉴定事项法庭质证的,应当回避。司法鉴定人自行提出回避的,由其所属的司法鉴定机构决定;委托人要求司法鉴定人回避的,应当向该司法鉴定人所属的司法鉴定机构提出,由司法鉴定机构决定。委托人对司法鉴定机构作出的司法鉴定人是否回避的决定有异议的,可以撤销鉴定委托。

司法鉴定机构应当建立鉴定材料管理制度,严格监控鉴定材料的接收、保管、使用和退还。司法鉴定机构和司法鉴定人在鉴定过程中应当严格依照技术规范保管和使用鉴定材料,因严重不负责任造成鉴定材料损毁、遗失的,应当依法承担责任。

司法鉴定人进行鉴定,应当依下列顺序遵守和采用该专业领域的技术标准、技术规范和技术方法:(1)国家标准;(2)行业标准和技术规范;(3)该专业领域多数专家认可的技术方法。

司法鉴定人有权了解进行鉴定所需要的案件材料,可以查阅、复制相关资料,必要时可以询问诉讼当事人、证人。

经委托人同意,司法鉴定机构可以派员到现场提取鉴定材料。现场提取鉴定材料应当由不少于2名司法鉴定机构的工作人员进行,其中至少1名应为该鉴定事项的司法鉴定人。现场提取鉴定材料时,应当有委托人指派或者委托的人员在场见证并在提取记录上签名。

司法鉴定人应当对鉴定过程进行实时记录并签名。记录可以采取笔记、录音、录像、拍照等方式。记录应当载明主要的鉴定方法和过程,检查、检验、检测结果,以及仪器设备使用情况等。记录的内容应当真实、客观、准确、完整、清晰,记录的文本资料、音像资料等应当存入鉴定档案。

司法鉴定机构应当自司法鉴定委托书生效之日起于规定时间内内完成鉴定。鉴定事项涉及复杂、疑难、特殊技术问题或者鉴定过程需要较长时间的,经本机构负责人批准,完成鉴定的时限可以延长,延长时限一般不得超过30个工作日。鉴定时限延长的,应当及时告知委托人。司法鉴定机构与委托人对鉴定时限另有约定的,从其约定。在鉴定过程中补充或者重新提取鉴定材料所需的时间,不计入鉴定时限。

司法鉴定机构在鉴定过程中,有下列情形之一的,可以终止鉴定:(1)发现鉴定材料不真实、不完整、不充分或者取得方式不合法的;鉴定用途不合法或者违背社会公德的;鉴定要求不符合司法鉴定执业规则或者相关鉴定技术规范的;鉴定要求超出本机构技术条件或者鉴定能力的;委托人就同一鉴定事项同时委托其他司法鉴定机构进行鉴定的;其他不符合法律、法规、规章规定的情形。(2)鉴定材料发生耗损,委托人不能补充提供的。(3)委托人拒不履行司法鉴定委托书规定的义务、被鉴定人拒不配合或者鉴定活动受到严重干扰,致使鉴定无法继续进行的。(4)委托人主动撤销鉴定委托,或者委托人、诉讼当事人拒绝支付鉴定费用的。(5)因不可抗力致使鉴定无法继续进行的;其他需要终止鉴定的情形。终止鉴定的,司法鉴定机构应当书面通知委托人,说明理由并退还鉴定材料。

有下列情形之一的,司法鉴定机构可以根据委托人的要求进行补充鉴定:(1)原委托鉴定事项有遗漏的;(2)委托人就原委托鉴定事项提供新的鉴定材料的;(3)其他需要补充鉴定的情形。补充鉴定是原委托鉴定的组成部分,应当由原司法鉴定人进行。

有下列情形之一的,司法鉴定机构可以接受办案机关委托进行重新鉴定:(1)原司法鉴定人不具有从事委托鉴定事项执业资格的;(2)司法鉴定机构超出登记的业务范围组织鉴定的;(3)原司法鉴定人应当回避没有回避的;(4)办案机关认为需要重新鉴定的;(5)法律规定的其他情形。重新鉴定应当委托原司法鉴定机构以外的其他司法鉴定机构进行;因特殊原因,委托人也可以委托原司法鉴定机构进行,但原司法鉴定机构应当指定原司法鉴定人以外的其他符合条件的司法鉴定人进行。接受重新鉴定委托的司法鉴定机构的资质条件应当不低于原司法鉴定机构,进行重新鉴定的司法鉴定人中应当至少有 1 名具有相关专业高级专业技术职称。

鉴定过程中,涉及复杂、疑难、特殊技术问题的,可以向本机构以外的相关专业领域的专家进行咨询,但最终的鉴定意见应当由本机构的司法鉴定人出具。专家提供咨询意见应当签名,并存入鉴定档案。

对于涉及重大案件或者特别复杂、疑难、特殊技术问题或者多个鉴定类别的鉴定事项,办案机关可以委托司法鉴定行业协会组织协调多个司法鉴定机构进行鉴定。

司法鉴定人完成鉴定后,司法鉴定机构应当指定具有相应资质的人员对鉴定程序和鉴定意见进行复核;对于涉及复杂、疑难、特殊技术问题或者重新鉴定的鉴定事项,可以组织 3 名以上的专家进行复核。复核人员完成复核后,应当提出复核意见并签名,存入鉴定档案。

（五）建设工程质量司法鉴定意见书的出具

司法鉴定机构和司法鉴定人应当按照统一规定的文本格式制作司法鉴定意见书。司法鉴定意见书应当由司法鉴定人签名。多人参加的鉴定，对鉴定意见有不同意见的，应当注明。

司法鉴定意见书应当加盖司法鉴定机构的司法鉴定专用章。

司法鉴定意见书一般为一式四份，三份交委托人收执，一份由司法鉴定机构存档。司法鉴定机构应当按照有关规定或者与委托人约定的方式，向委托人发送司法鉴定意见书。

委托人对鉴定过程、鉴定意见提出询问的，司法鉴定机构和司法鉴定人应当给予解释或者说明。

司法鉴定意见书出具后，发现有下列情形之一的，司法鉴定机构可以进行补正：(1)图像、谱图、表格不清晰的；(2)签名、盖章或者编号不符合制作要求的；(3)文字表达有瑕疵或者错别字，但不影响司法鉴定意见的。

补正应当在原司法鉴定意见书上进行，由至少1名司法鉴定人在补正处签名。必要时，可以出具补正书。对司法鉴定意见书进行补正，不得改变司法鉴定意见的原意。

司法鉴定机构应当按照规定将司法鉴定意见书以及有关资料整理立卷、归档保管。

（六）司法鉴定人出庭作证

在诉讼中，当事人对鉴定意见有异议的，经人民法院依法通知，鉴定人应当出庭作证，回答与鉴定事项有关的问题。司法鉴定人出庭作证，应当举止文明，遵守法庭纪律。

司法鉴定机构接到出庭通知后，应当及时与人民法院确认司法鉴定人出庭的时间、地点、人数、费用、要求等。

司法鉴定机构应当支持司法鉴定人出庭作证，为司法鉴定人依法出庭提供必要条件。

第五节　建设工程质量管理中的法律责任及风险防范

一、建设工程质量管理中的法律责任

建设工程项目具有投资大、规模大、建设周期长、生产环节多、参与方多，影响质量形成的因素多等特点，无论是哪个主体出了问题，哪个环节出了问题，都会导致质量缺陷、甚至重大质量事故的产生。譬如，如果建设单位将工程发包给不具备相应资质等级的单位承包工程，或指示施工单位使用不合格的建筑材料、构配件和设备，或者勘察单位提供的水文地质资料不准确，或设计单位计算错误，设备选型不准，或者施工单位不按图施工，或者工程监理单位不严格进行隐蔽工程检查等，都会造成工程质量出现缺陷，或导致重大事故。因此，建设工程质量管理最基本的原则和方法就是建立健全质量责任制，有关各方对其本身工作成果负责。

（一）建设单位

1. 建设单位作为建设工程的投资人，是建设工程的重要责任主体。建设单位有权选择承包单位，有权对建设过程检查、控制，对工程进行验收，支付工程款和费用，在工程建设各个环节负责综合管理工作，在整个建设活动中居于主导地位。因此，要确保建设工程的质量，首先就要对建设单位的行为进行规范，对其质量责任予以明确。

2. 建设单位应当将工程发包给具有相应资质等级的单位。工程发包权是建设单位最重要的权利之一，建设单位切实用好这一权利，将工程发包给具有相应资质等级的单位来承担，是保证建设工程质量的基本前提。

3. 建设单位不得将建设工程肢解发包。建设单位发包工程时，应该根据工程特点，以有利于工程的质量、进度、成本控制为原则，合理划分标段，不得肢解发包工程。某些建设单位利用肢解发包工程为手段进行不正当行为，不仅导致了某些人的贪污犯罪,同时也危害了公共安全。

4. 建设单位应当依法对工程建设项目的勘察、设计、施工、监理以及与工程建设有关的重要设备、材料等的采购进行招标。采用招标方式选择承包单位和材料供应单位,有以下几方面的优点:一是有利于选择到优秀的承包单位和供应单位;二是有利于降低成本;三是有利于堵住工程发包活动中的行贿受贿等腐败和不正当竞争行为的黑洞,创造一个公平竞争的市场环境。

5. 建设单位必须向有关的勘察、设计、施工、工程监理等单位提供与建设工程有关的原始资料。原始资料必须真实、准确、齐全。原始资料是勘察单位、设计单位、施工单位、工程监理单位赖以进行勘察作业、设计作业、施工作业、监理作业的基础性材料。建设单位作为建设活动的总负责方,向有关的勘察单位、单位、施工单位、工程监理单位提供原始资料,并保证这些资料的真实、准确、齐全是其基本的责任和义务。

6. 建设工程发包单位不得迫使承包方(包括勘察、设计、施工和工程监理单位)以低于成本价格竞标,不得任意压缩合理工期。

这一规定对保证建设工程质量至关重要。成本是构成价格的主要部分,是承包方估算投标价格的依据和最低的经济界限。实际工作中,个别建设单位一味强调降低成本,节约开支,往往导致出现偷工减料、以次充好、粗制滥造等手段,致使工程出现质量问题,影响工程效益的发挥,最终受损害的仍是建设单位。

合理工期是指在正常建设条件下,采取科学合理的施工工艺和管理方法,以现行的建设行政主管部门颁布的工期定额为基础,结合项目建设的具体情况而确定的使投资方、各参加单位均获得满意的经济效益的工期。实际工作中,盲目赶工期、简化工序、不按规程操作,导致建设项目出现问题的情况很多,这是应该制止的。

7. 建设单位不得明示或暗示设计单位或者施工单位违反工程建设强制性标准,降低建设工程质量。强制性标准是保证建设工程结构安全可靠的基础性要求,违反了这类标准,必然会给建设工程带来重大质量隐患。在实践中,一些建设单位为了自身的经济利益,明示或暗示承包单位违反强制性标准的要求,降低工程质量标准,如要求设计单位减少层高,增大容积率;要求施工单位采用建设单位采购的不合格材料设备等,这种行为是法律所不允许的。

8. 建设单位应当将施工图设计文件报县级以上人民政府建设行政主管部

门或者其他有关部门审查。施工图设计文件审查的具体办法,由国务院建设行政主管部门会同国务院其他有关部门制定。施工图设计文件审查是基本建设必须进行的一道程序,建设单位应严格执行。施工图设计文件未经审查批准的,不得使用。

9. 实行监理的建设工程,建设单位应委托具有相应资质条件的工程监理单位监理。

10. 建设单位在领取施工许可证或者开工报告之前,应当按照《建设工程质量管理条例》等有关规定办理工程质量监督手续。办理工程质量监督手续是法定程序,建设单位在领取施工许可证或者开工报告之前,应当到建设行政主管部门或国务院铁路、交通、水利等有关部门或其委托的工程质量监督机构办理工程质量监督手续,接受政府部门的工程质量监督管理。

11. 建设单位按照合同约定负责采购建筑材料、建筑构配件和设备的,建设单位应当保证建筑材料、建筑构配件和设备符合设计文件和合同要求。谁采购的材料,谁负责保证其质量,因此对建设单位供应的材料和设备,在使用前,承包单位要对其进行检验和试验,如果不合格,不得在工程上使用,并通知建设单位予以退换。

12. 建设单位不得明示或者暗示施工单位使用不合格的建筑材料、建筑构配件和设备。有些建设单位在得知其供应的材料设备不合格后,为了赶进度,或为了降低采购成本,仍然指示施工单位使用不合格的建筑材料、建筑构配件和设备,这是一种严重的违法行为。

13. 涉及建筑主体和承重结构变动的装修工程,建设单位应当在施工前委托原设计单位或者具有相应资质等级的设计单位提出设计方案;没有设计方案的,不得施工。

14. 建设单位收到建设工程竣工报告后,应当组织设计、施工、工程监理等有关单位进行竣工验收。对工程进行竣工检查和验收,是建设单位的权利和义务。无论是单项工程提前交付使用(如单幢住宅),还是全部工程(如整个小区)整体交付使用,都必须经过竣工验收这一环节,并且还必须验收合格,否则,没有经过竣工验收或者经过竣工验收确定为不合格的建设工程,不得交付使用。建设单位为提前获得投资效益,工程未经验收就提前投产使用的行为是违法的,由此所发生的质量问题,建设单位要承担责任。

15. 建设单位应当严格按照国家有关档案管理的规定，及时收集、整理建设项目各环节的文件资料，建立、健全建设项目档案，并在建设工程竣工验收后，及时向建设行政主管部门或者其他有关部门移交建设项目档案。

（二）勘察、设计单位

1. 勘察、设计单位和执业注册人员是勘察设计质量的责任主体，也是整个工程质量的责任主体之一，由他们来承担勘察设计质量的法律责任和经济责任。

2. 从事建设工程勘察、设计的单位应当依法取得相应等级的资质证书，并在其资质等级许可的范围内承揽工程。勘察设计单位的资质等级反映了勘察设计单位从事某项勘察、设计工作的资格和能力，是国家对勘察、设计市场准入管理的重要手段。所有勘察、设计单位必须取得勘察、设计证书后方可承接相应的勘察、设计业务。

3. 禁止勘察、设计单位超越其资质等级许可的范围或者以其他勘察、设计单位的名义承揽工程。禁止勘察、设计单位允许其他单位或者个人以本单位的名义承揽工程。勘察设计行业作为一个特殊的行业有严格的市场准入条件。勘察、设计单位只有具备了相应的资质条件，才有能力保证勘察设计的质量；超越资质等级许可的范围承揽工程，也就超越了其勘察设计的能力，因而无法保证其勘察设计的质量。

4. 勘察、设计单位不得转包或者违法分包所承揽的工程。转包容易造成承包人压价转包，层层扒皮，使最终用于勘察、设计的费用大为降低以至于影响勘察、设计的质量。转包也破坏了合同关系应有的稳定性和严肃性，承包人转包违背了发包人的意志，损害了发包人的利益，这是法律所不允许的。

5. 勘察、设计单位必须按照工程建设强制性标准进行勘察、设计，并对其勘察、设计的质量负责。注册建筑师、注册结构工程师等注册执业人员应当在设计文件上签字，对设计文件负责。

6. 勘察单位提供的地质、测量、水文等勘察成果必须真实、准确。设计单位应当根据勘察成果文件进行建设工程设计。设计文件应当符合国家规定的设计深度要求，注明工程合理使用年限。

7. 设计单位在设计文件中选用的建筑材料、建筑构配件和设备，应当注明其规格、型号、性能等技术指标,其质量要求必须符合国家规定的标准。除有特殊要求的建筑材料、专用设备、工艺生产线等外,设计单位不得指定生产厂、供应商。

8. 设计单位应当就审查合格的施工图设计文件向施工单位作出详细的说明。施工图完成并经审查合格后,设计文件的编制工作已经完成,但这并不是设计工作的完成,设计单位仍应就设计文件向施工单位作详细的说明,也就是通常所说的设计交底,这对施工正确贯彻设计意图,加深对设计文件难点、疑点的理解,确保工程质量有重要的意义,这是工程建设中的惯例。

9. 设计单位应当参与建设工程质量事故分析,并对因设计造成的质量事故,提出相应的技术处理方案。首先,在工程出现事故时,该工程的设计单位对事故的分析具有权威性;其次,设计是技术性很强的工作,设计文件的文字量尤其是图纸量比较大,该工程的设计单位最有可能在短时间内发现存在的问题,这对及时地进行事故处理是有利的。

(三)施工单位

1. 施工阶段是建设工程实物质量的形成阶段,勘察工作质量、设计工作质量均要在这一阶段得以实现。由于施工阶段涉及的责任主体多,生产环节多,时间长,影响质量稳定的因素多,协调管理难度较大,因此,施工阶段的质量责任制度尤为重要。施工单位是建设市场的重要责任主体之一。它的能力和行为对建设工程的施工质量起关键性作用。

2. 施工单位应当依法取得相应等级的资质证书,并在其资质等级许可的范围内承揽工程。施工单位的资质等级,是施工单位建设业绩、人员素质、管理水平、资金数量、技术装备等综合能力的体现。

3. 禁止施工单位超越本单位资质等级许可的业务范围或者以其他施工单位的名义承揽工程。企业只能根据其自身的综合能力进行相应的工程承包活动,否则会由于其某方面的能力达不到,而造成工程质量事故,给工程留下隐患,严重的会造成工程倒塌事故。

4. 禁止施工单位允许其他单位或者个人以本单位的名义承揽工程。在实践中,为在发承包竞争活动中争取到工程项目,一些施工单位因自身资质条件不符合招标项目所要求的资质条件,会采取种种手段骗取发包方的信任,其中包括借用其他施工单位的资质证书,以其他施工单位的名义承揽工程等手段进行违法承包活动。这种行为一方面扰乱了建设市场秩序,另一方面也给工程留下了质量隐患。

5. 施工单位不得转包或者违法分包工程。转包的最主要特点是转包人只从受转包方收取管理费,而不对工程进行施工和管理。建设单位对受转包人的管理缺乏法律依据,受转包人的行为不受承包合同的约束,为了非法赢利,不择手段。所谓违法分包,是指施工总承包单位将工程分包给不具备相应资质条件的单位;违反合同约定,又未经建设单位认可,擅自分包工程;将主体工程的施工分包给他人;分包单位再分包的。

6. 施工单位对建筑工程的施工质量负责。施工单位应在其质量体系正常、有效运行的前提下,保证工程施工的全过程和工程的实物质量符合设计文件和相应技术标准的要求。

7. 施工单位应当建立质量责任制,确定工程项目的项目经理、技术负责人和施工管理负责人。施工单位的质量责任制,是其质量保证体系的一个重要组成部分,也是项目质量目标得以实现的重要保证。建立质量责任制,主要包括制定质量目标计划,建立考核标准,并层层分解落实到具体的责任单位和责任人,赋予相应的质量责任和权力。

8. 建筑工程实行总承包的,总承包单位应当对全部建设工程质量负责;建设工程勘察、设计、施工、设备采购的一项或者多项实行总承包的,总承包单位应当对其承包的建设工程或者采购的设备的质量负责。在建设工程的发承包中采用总承包方式,对那些缺乏工程建设方面专门技术力量的难以对建设项目实施具体的组织管理的建设单位来说,更具有明显的优越性,也符合社会化大生产专业分工的要求。

总承包单位依法将建设工程分包给其他单位的,分包单位应当按照分包合同的约定对其分包工程的质量向总承包单位负责,总承包单位与分包单位对分包工程的质量承担连带责任。

9. 施工单位必须按照工程设计图纸和施工技术标准施工,不得擅自修改工程设计,不得偷工减料。按工程设计图纸和施工技术标准施工,是保证工程实现设计意图的前提,也是明确划分设计、施工单位质量责任的前提,是施工单位保证工程质量最基本要求。偷工减料,是一种非法牟利行为,在工程的一般部位偷工减料将产生一般性的质量通病，会影响工程外观质量或一般使用功能；而在关键部位，偷工减料将会造成严重的结构隐患。

10. 施工单位在施工过程中发现设计文件和图纸有差错的，应当及时提出意见和建议。工程建设项目的设计涉及多个专业，各专业间协调配合比较复杂，设计文件可能会有差错。这些差错通常会在图纸会审或施工过程中被逐步发现，对设计文件的差错，施工单位在发现后，有义务及时向设计单位提出，避免造成不必要的损失和质量问题。这是施工单位应具备的起码的职业道德，也是履行合同应尽的最基本的义务。

11. 施工单位必须按照工程设计要求、施工技术标准和合同约定，对建筑材料、建筑构配件、设备和商品混凝土进行检验，检验应当有书面记录和专人签字；未经检验或者检验不合格的，不得使用。

12. 施工单位必须建立、健全施工质量的检验制度，严格工序管理，作好隐蔽工程的质量检查和记录。施工质量检验，通常是指工程施工过程中工序质量检验，或称为过程检验。有预检及隐蔽工程检验和自检、交接检、专职检、分部工程中间检验等。施工单位要加强对施工过程（工序）的质量控制，特别是要加强影响结构安全的地基和结构等关键施工过程的质量控制。完善的检验制度和严格的工序管理是保证工序过程质量的前提，只有过程网络上的所有过程的质量都受到严格的控制，整个工程的质量才能得以保证。

隐蔽工程在隐蔽以前，施工单位应当通知建设单位和建设工程质量监督机构。在施工过程中，某一道工序所完成的工程实物，被后一工序形成的工程实物所隐蔽，而且不可以逆向作业，前者就称为隐蔽工程。隐蔽工程被后续工序隐蔽后，其施工质量就很难检验及认定。如果不认真做好隐蔽工程的质量检查工作，就容易给工程留下隐患。所以隐蔽工程在隐蔽前，施工单位除了要做好检查、检验并做好记录之外，还要及时通知建设单位（实施监理的工程为监理单位）和建设工程质量监督机构，以接受政府监督和向建设单位提供质量保证。

13. 施工人员对涉及结构安全的试块、试件以及有关材料，应当在建设单位或者工程监理单位监督下现场取样，并送具有相应资质等级的质量检测单位进行检测。在工程施工过程中，为了控制工程总体或相应部位的施工质量，一般要依据有关技术标准，用特定的方法，对用于工程的材料或构件抽取一定数量的样品，进行检测或试验，并根据其结果来判断其所代表部位的质量。这是控制和判断工程质量水平所采取的重要技术措施。

14. 施工单位对施工中出现质量问题的建设工程或者竣工验收不合格的建设工程,应当负责返修。返修包括返工和修理。所谓返工是工程质量不符合规定的质量标准,而又无法修理的情况下重新进行施工;修理是指工程质量不符合标准,而又有可能修复的情况下,对工程进行修补使其达到质量标准的要求。无论是施工过程中出现质量问题的建设工程,还是竣工验收时发现质量问题的工程,施工单位都要负责返修。对于非施工单位造成质量问题或竣工验收不合格的工程,施工单位也应当负责返修,但是造成的损失及返修费用由责任方承担。

15. 施工单位应当建立、健全教育培训制度,加强对职工的教育培训;未经教育培训或者考核不合格的人员,不得上岗作业。施工单位建立、健全教育培训制度,加强对职工的教育培训,是企业重要的基础工作之一,只有全员素质提高,工程质量才能从根本上得到保证,由于施工单位从事施工活动的大多数人员都来自农村,施工单位的培训任务十分艰巨。教育培训通常包括各类质量教育和岗位技能培训等。

(四)监理单位

1. 工程监理单位是工程建设的责任主体之一,工程监理是一种有偿技术服务,工程监理单位接受建设单位委托,代表建设单位,对建设工程进行管理。

2. 工程监理单位应当依法取得相应等级的资质证书,并在其资质等级许可的范围内承担工程监理业务。工程监理单位的资质等级反映了该监理单位从事某项监理业务的资格和能力,是国家对工程监理市场准入管理的重要手段。

3. 禁止工程监理单位超越本单位资质等级许可的范围或者以其他工程监理单位的名义承担工程监理业务。禁止工程监理单位允许其他单位或者个人以本单位的名义承担工程监理业务。监理单位只能在资质等级许可的范围承担监理业务,这是保证监理工作质量的前提。越级监理、允许其他单位或者个人以本单位的名义承担监理业务等违法行为,将使工程监理变得有名无实,或形成实质上的无证监理,最终会对工程质量造成危害。

4. 工程监理单位不得转让工程监理业务。建设单位将监理业务委托给工程监理单位,是建设单位对该工程监理单位的综合能力的信任。工程监理单位接受委托后，应当自行完成工程监理任务，不得将工程监理业务转手委托给其他工程监理单位。工程监理单位转让监理业务与施工单位转包有着同样的危害性。

工程监理单位与被监理工程的施工承包单位以及建筑材料、建筑构配件和设备供应单位有隶属关系或者其他利害关系的，不得承担该项建设工程的监理业务。工程监理单位接受建设单位委托，对施工单位以及材料供应单位进行监督检查，因此，必须实事求是，遵循客观规律，按工程建设的科学要求进行监理活动，客观、公正地对待各方当事人，认真地进行监督管理。这是对工程监理单位执行监理任务的基本要求。

5. 工程监理单位应当依照法律、法规以及有关技术标准、设计文件和建设工程承包合同，代表建设单位对施工质量实施监理，并对施工质量承担监理责任。监理单位对施工质量承担监理责任，主要有违法责任和违约责任两个方面。如果监理单位故意弄虚作假，降低工程质量标准，造成质量事故的，要按照《建筑法》的规定，承担相应的法律责任。对监理单位的违法责任的规定，工程监理单位与承包单位串通，谋取非法利益，给建设单位造成损失的，应当与承包单位承担连带赔偿责任。

如果监理单位在责任期内，不按照监理合同约定履行监理职责，给建设单位或其他单位造成损失的，属违约责任，应当向建设单位赔偿。

6. 工程监理单位应当选派具备相应资格的总监理工程师和监理工程师进驻施工现场。监理工程师拥有对建筑材料、建筑构配件和设备以及每道施工工序的检查权。未经监理工程师签字，建筑材料、建筑构配件和设备不得在工程上使用或者安装，施工单位不得进行下一道工序的施工。工程监理实行总监理工程师负责制，总监理工程师享有合同赋予监理单位的全部权利，全面负责受委托的监理工作，未经总监理工程师签字。建设单位不拨付工程款，不进行竣工验收。

监理工程师应当按照工程监理规范的要求，采取旁站、巡视和平行检验等形式，对建设工程实施监理。首先，由于工程施工的不可逆性，监理要对整个工程的施工过程网络实施全面控制，以各个工序的过程质量来保证整个工程的总体质量，旁站、巡视、平行检验等形式，充分体现了抓工序质量来保证总体质量的概念。其次，监理不能仅仅是事后把关，而要对施工过程实施预控，上述形式，对本道工序是过程控制，而对后续工序则又是预控手段。再次，上述形式不能理解为监理单位控制措施可以代替施工单位质量体系，而应强制监理单位通过上述形式，及时、有效地监督施工单位发挥自身质量体系的作用，以达到“双管齐下”的效果。

二、建设工程质量管理中的风险防范

（一）合同质量控制

根据《建筑法》第15条规定，建筑工程的发包单位与承包单位应当依法订立书面合同，明确双方的权利和义务。发包单位和承包单位应当全面履行合同约定的义务。不按照合同约定履行义务的，依法承担违约责任。因此，建设单位可以根据实际情况在发承包合同中约定工程质量标准，从合同上控制工程质量。

1. 施工合同

建筑工程总承包单位按照总承包合同的约定对建设单位负责；分包单位按照分包合同的约定对总承包单位负责。总承包单位和分包单位就分包工程对建设单位承担连带责任。

建设工程竣工验收应当具备的首要前提条件，就是完成建设工程设计和合同约定的各项内容。承包单位必须按合同约定，按质、按量、按时完成上述工作内容，使工程具有正常的使用功能。

工程监理人员认为工程施工不符合工程设计要求、施工技术标准和合同约定的，有权要求建筑施工企业改正。

建筑施工企业必须按照工程设计要求、施工技术标准和合同的约定，对建筑材料、建筑构配件和设备进行检验，不合格的不得使用。

2. 勘察、设计合同

建筑工程的勘察、设计单位必须对其勘察、设计的质量负责。勘察、设计文件应当符合有关法律、行政法规的规定，建筑工程质量、安全标准，建筑工程勘察、设计技术规范以及合同的约定。设计文件选用的建筑材料、建筑构配件和设备，应当注明其规格、型号、性能等技术指标，其质量要求必须符合国家规定的标准。

工程监理人员发现工程设计不符合建筑工程质量标准或者合同约定的质量要求的,应当报告建设单位要求设计单位改正。

3. 监理合同

实行监理的建筑工程,由建设单位委托具有相应资质条件的工程监理单位监理。建设单位与其委托的工程监理单位应当订立书面委托监理合同。工程监理单位应当依照法律、法规以及有关技术标准、设计文件和建设工程承包合同,代表建设单位对施工质量、建设工期和建设资金使用等方面实施监理,并对施工质量承担监理责任。

4. 工程质量保修书

施工单位与建设单位应在竣工验收前签署工程质量保修书,保修书是施工合同的附合同。工程质量保修是指建设工程在办理交工验收手续后,在规定的保修期限内,因勘察设计、施工、材料等原因造成的质量缺陷,由施工单位负责维修,由责任方承担维修费用并赔偿损失。工程保修书的内容包括:保修项目内容及范围;保修期;保修责任和保修金支付方法等。工程保修制度对于促进承包方加强质量管理,保护用户及消费者的合法权益起着重要的保障作用。

(二)排查挂靠经营等借用资质行为

1. 施工资质

禁止施工单位允许其他单位或者个人以本单位的名义承揽工程。

施工单位的资质等级,是施工单位建设业绩、人员素质、管理水平、资金数量、技术装备等综合能力的体现。对于施工单位,国家规定除应具备企业法人营业执照外,还应取得相应的资质证书,《建筑业企业资质管理规定》对此作出了明确的规定。根据《建筑业企业资质管理规定》第 3 条规定,建筑承包企业应在其资质等级许可的经营范围内从事承包工程活动。在实践中,为在发承包竞争活动中争取到工程项目,一些施工单位因自身资质条件不符合招标项目所要求的资质条件,会采取种种手段骗取发包方的信任,其中包括借用其他施工单位的资质证书,以其他施工单位的名义承揽工程等手段进行违法承包活动。这种行为一方面扰乱了建设市场秩序,另一方面也给工程留下了质量隐患。因此,必须明令禁止这种行为,无论是“出借方”还是“借用方”,都将受到法律的处罚。

2. 勘察、设计资质

禁止勘察、设计单位允许其他单位或者个人以本单位的名义承揽工程。

由于超越资质等级许可的范围承接工程的行为大多是通过借用、有偿使用其他有相应资质单位的资质证书、图签来完成的，因此被借用者、出卖者也负有不可推卸的责任。

3. 监理资质

禁止工程监理单位允许其他单位或者个人以本单位的名义承担工程监理业务。

工程监理单位的资质等级反映了该监理单位从事某项监理业务的资格和能力，是国家对工程监理市场准入管理的重要手段。建设单位将监理业务委托给工程监理单位，是建设单位对该工程监理单位的综合能力的信任。工程监理单位接受委托后，应当自行完成工程监理任务，不得将工程监理业务转手委托给其他工程监理单位。如果由于业务太多或其他原因，工程监理单位无法完成该工程监理业务时，工程监理单位应当自动解除委托关系，由建设单位将该工程的监理业务委托给其他具有相应资质条件的工程监理单位。工程监理单位转让监理业务与施工单位转包有着同样的危害性。

（三）委托专业监理机构或项目管理单位进行质量把控

由于建设工程的专业性极强，没有专业知识的人员无法驾驭工程的生产建设，因此，建设单位应当委托具备专业知识的监理机构和监理人员对工程质量实施全程监督管理，做到未经监理工程师签字不得使用、不予认可、不得进行下一道工序、不得付款，切实防范工程质量风险。

工程监理单位应当依照法律、法规以及有关技术标准、设计文件和建设工程承包合同，代表建设单位对施工质量实施监理，并对施工质量承担监理责任。

某些地方行政法规如《上海市建设工程质量和安全管理条例》中明确鼓励建设单位委托项目管理单位，对建设工程全过程进行专业化的管理和服务。工程项目管理单位，是指依法设立，具有相应资质，受工程项目建设单位委托，按照合同约定，代表建设单位对工程项目的组织实施进行全过程或若干阶段的管理和服务的企业。项目管理服务是指工程项目管理企业按照合同约定，在工程项目决策阶段,为业主编制可行性研究报告,进行可行性分析和项目策划;在工程项目实施阶段,为业主提供招标代理、设计管理、采购管理、施工管理和试运行(竣工验收)等服务,代表业主对工程项目进行质量、安全、进度、费用、合同、信息等管理和控制。工程项目管理企业一般应按照合同约定承担相应的管理责任。

(四)建立健全工程质量责任体系

工程质量管控需要工程各参与主体的共同努力和配合,因此,建立起约束工程各参与主体的质量责任体系尤为重要。建设单位、勘察、设计单位、施工单位及监理单位的质量责任不再赘述。

Chapter 10

第十章

建设工程合同纠纷的处理

【思维导图】

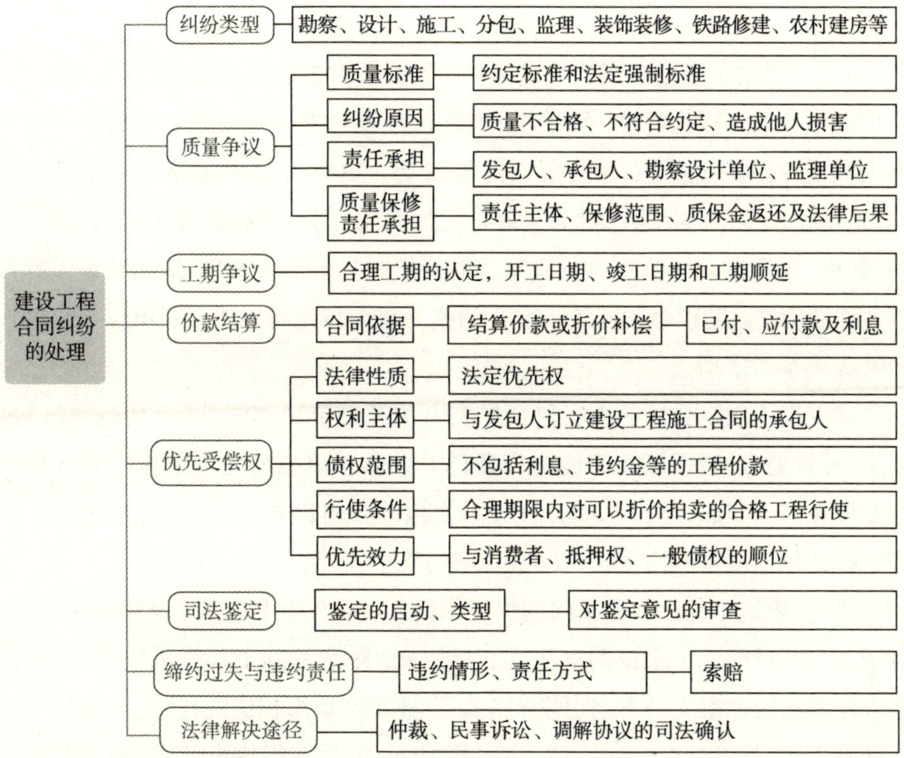

第一节　建设工程合同纠纷的主要类型

《民法典》第788条第2款规定："建设工程合同包括工程勘察、设计、施工合同。"《民法典》第791条第1款规定："发包人可以与总承包人订立建设工程合同，也可以分别与勘察人、设计人、施工人订立勘察、设计、施工承包合同……"在建设工程合同纠纷处理实践中，较为常见的类型有建设工程勘察合同、监理合同、分包合同、装饰装修合同、铁路修建、农村建房施工合同等纠纷。

一、建设工程勘察合同纠纷

根据《建设工程勘察设计管理条例》第2条第2款的规定，建设工程勘察，是指根据建设工程的要求，查明、分析、评价建设场地的地质地理环境特征和岩土工程条件，编制建设工程勘察文件的活动。由此可以界定建设工程勘察合同，是指建设单位与勘察单位为完成特定的勘察任务，根据建设工程的要求，查明、分析、评价建设场地的地质地理环境特征和岩土工程条件，编制建设工程勘察文件的协议。勘察合同就是反映并调整发包人与受托地质工程单位之间的权利义务关系的依据。[①]

建设工程勘察合同的内容包括提交有关基础资料和文件（包括概预算）的期限、质量要求、费用以及其他协作条件等条款。单纯的建设工程勘察合同纠纷案件在司法实践中较为少见，一般由发包人拒付勘察费而引起，拒付的具体事由往往包括勘察成果不符合勘察合同的质量、时间要求等内容。

另外，建筑工程出现质量问题引发纠纷时，部分案件涉及工程勘察合同，如对于工程项目的地下水位勘察失误，导致建设楼房基础工程质量缺陷，发包人要求勘察人因勘察文件不当引发的工程质量问题承担相应责任，此类纠纷还往往涉及设计、施工等合同的主体，一般情况下，需要进行质量鉴定，确定质量问

① 黄薇主编：《中华人民共和国民法典合同编释义》，法律出版社2020年版，第655页。

题的原因及勘察、设计、施工等单位的责任比例。

二、建设工程设计合同纠纷

建设工程设计合同，是指承包人接受发包人的委托，完成建设工程设计工作，发包人支付相应价款的合同。根据《建设工程勘察设计管理条例》第2条第3款的规定，建设工程设计，是指根据建设工程的要求，对建设工程所需的技术、经济、资源、环境等条件进行综合分析、论证，编制建设工程设计文件的活动。

建设工程设计对建设工程项目的影响较大，除建设工程设计合同拖欠费用纠纷之外，建设工程质量纠纷中，往往涉及是否存在设计问题的争议。设计变更问题也往往是建设工程价款和工期争议的一个多发因素。

建设工程设计一般涉及方案设计、初步设计、施工设计，他们之间还具有一定的关联性。同建设工程勘察合同一样，建设工程设计工作具有较强的专业性，主要是运用工程技术理论及技术经济方法，按照现行技术标准，对新建、扩建、改建项目的工艺、土建、公用工程、环境工程等进行设计，并提供作为建设依据的文件和图纸。因此，纠纷发生后，对于建设工程设计是否存在缺陷，往往需要通过鉴定进行判断。

三、建设工程施工合同纠纷

建设工程施工合同，是指建设单位与施工单位签订的，由施工单位进行工程建设施工活动并交付建设工程成果，建设单位依据约定支付相应价款的合同。在司法实践中，建设工程施工合同纠纷案件最为常见，由于建设工程施工合同涉及范围较广，该类纠纷所涉及合同类型较多，包括各类房屋建筑及其附属设施的建造、装饰装修和与其配套的线路、管道、设备等安装以及城镇市政基础设施工程。①

为防止和减少纠纷的发生，针对大型建设工程施工周期长、质量要求高、合同内容多的特点，同时，国家相关行政主管部门推行了《建设工程施工合同（示

① 王利明：《合同法研究》（第3卷），中国人民大学出版社2015年版，第470页。

范文本)》,供发包方和承包方在订立施工合同时进行参照。

建设工程施工合同纠纷产生的原因,一般为发包人拖欠工程款、承包人违约撤场、建设工程质量存在缺陷、工期延误、优先受偿权等。此类纠纷争议焦点问题较多,如结算协议的认定、合同效力、实际施工人的主体资格、工程价款数额的认定、工程质量缺陷责任、工期违约、违约责任等。

四、建设工程分包合同纠纷

建设工程分包,是指承包人在承包工程后,将其承包范围内的部分工程项目交给第三人完成的行为。分包人,是指按照法律规定和合同约定,分包部分工程或工作,并与承包人签订分包合同的具有相应资质的法人。根据分包工程的内容可以分为劳务作业分包、专业工程分包。劳务作业分包是将简单劳动从复杂劳动剥离出来单独进行承包施工的劳动,与承包人之间既不是劳务也不是劳动合同关系,而是建设工程施工合同关系。

对于分包合同的签订,根据《民法典》第 791 条的规定,发包人可以与总承包人订立建设工程合同,也可以分别与勘察人、设计人、施工人订立勘察、设计、施工承包合同。发包人不得将应当由一个承包人完成的建设工程支解成若干部分发包给数个承包人。总承包人或者勘察、设计、施工承包人经发包人同意,可以将自己承包的部分工作交由第三人完成。第三人就其完成的工作成果与总承包人或者勘察、设计、施工承包人向发包人承担连带责任。承包人不得将其承包的全部建设工程转包给第三人或者将其承包的全部建设工程肢解以后以分包的名义分别转包给第三人。禁止承包人将工程分包给不具备相应资质条件的单位。禁止分包单位将其承包的工程再分包。建设工程主体结构的施工必须由承包人自行完成。根据《招标投标法》第 48 条第 2 款的规定,中标人按照合同约定或者经招标人同意,可以将中标项目的部分非主体、非关键性工作分包给他人完成。接受分包的人应当具备相应的资格条件,并不得再次分包。

根据上述法律规定,分包从法律的角度上可以分为合法分包和违法分包。分包行为是否有效,主要应从分包是否属于肢解转包、是否经过发包人同意、分包单位是否具有相应资质、是否属于再分包等方面确定。实务中,对于劳务分包的性质及其与转包的区分是建设工程分包合同纠纷中比较常见的争议问题。转包的特点在于,其实质上是原承包人将工程项目全部倒手给他人,自己并不履行合同约定的义务。①

五、建设工程监理合同纠纷

建设工程监理合同,是指具有建筑工程监理资质的监理单位受建设单位委托,根据法律法规、工程建设标准、勘察设计文件及合同,对建设工程进行监理服务,建设单位向监理单位支付报酬的合同。

单纯的建设工程监理合同纠纷并不多见,但是在建设工程施工合同纠纷案件中,工程造价认定、工期顺延、工程质量等多方面的争议,均涉及监理问题。这与监理的工作范围较广有关。监理往往涉及建设工程的全程管理,包括对工程质量、进度、造价进行控制,对合同信息进行管理,工程建设相关方的协调,履行安全生产管理法定职责等。

对于建设工程监理合同中监理人的责任承担纠纷问题,根据《建筑法》第 35 条第 1 款规定,工程监理单位不按照委托监理合同的约定履行监理义务,对应当监督检查的项目不检查或者不按照规定检查,给建设单位造成损失的,应当承担相应的赔偿责任。也就是说,监理人在因违约行为给建设单位造成损失的情况下,应当进行民事赔偿。

六、装饰装修合同纠纷

装饰装修合同是指建筑装饰装修企业与发包方订立的,装饰装修企业从事装饰装修活动发包方支付对价的合同。建筑装饰装修是指为使建筑物,构筑物内、外空间达到一定的环境质量要求,使用装饰装修材料,对建筑物、构筑物外表和内部进行修饰处理的工程建筑活动。

根据《建设工程质量管理条例》第 15 条规定,涉及建筑主体和承重结构变动的装修工程,建设单位应当在施工前委托原设计单位或者具有相应资质等级

---

① 黄薇主编:《中华人民共和国民法典合同编释义》,法律出版社 2020 年版,第 662 页。

的设计单位提出设计方案;没有设计方案的,不得施工。房屋建筑使用者在装修过程中,不得擅自变动房屋建筑主体和承重结构。由此可知,装修工程可能涉及建筑主体和承重结构变动,包括在建设工程范围内,应适用建设工程的法律和司法解释。装饰装修工程大体可分为家庭居家装饰装修和工业装饰装修,二者存在较大的区别,可以参照住房和城乡建设部 2018 年 2 月发布的国家标准《建筑装饰装修工程质量验收标准》以及装饰装修工程价款占整个价款的比例进行判断。

七、铁路修建合同纠纷

铁路修建工程是建设工程的一种特别类型,狭义的铁路工程范围包括:铁路选线、铁路轨道、路基和铁路站场及枢纽,可以分为铁路站前工程和站后工程。包括铁路路基、桥涵、隧道、道床、轨道、站场工程及其附属设施建设;铁路通信、信号、电力设备安装和房屋、给排水建设等。该类工程的特点是构造繁杂,线路线型多变,施工里程一般较长。铁路建成后,必须依照国家基本建设程序的规定,经验收合格,方能交付正式运行。

与一般的建设工程存在区别的是,基于铁路修建工程的特殊性,工程质量要求高、工期紧、投入大,引发纠纷的潜在因素较多。由于铁路修建工程往往规模大、技术性强,建设项目的组织实施由铁路建设管理单位进行,投资方一般不直接以自身的名义参与工程的发包及管理监督。根据原铁道部《铁路建设管理办法》第 16 条规定,铁路建设项目的建设管理单位是建设项目的组织实施机构,是实现建设目标的直接责任者。建设管理单位由建设项目投资人选择或组建。建设项目投资人按权力和责任统一的原则,明确建设管理单位的职责和权限,并监督其完成建设工作。铁路建设管理单位必须是依法设立、从事铁路建设业务的企业或具有独立法人资格的事业单位,并满足其他相应的条件。

八、农村建房施工合同纠纷

根据《建筑法》第 83 条第 3 款的规定,抢险救灾及其他临时性房屋建筑和农民自建低层住宅的建筑活动,不适用本法。对于农村建房施工合同纠纷是否应当认定为建设工程合同,需要根据所建设房屋的情况进行分类认定。

根据原建设部《关于加强村镇建设工程质量安全管理的若干意见》第 3 条第 3 项规定,对于村庄建设规划范围内的农村自建两层(含两层)以下住宅(以下简称农民自建低层住宅)的建设活动,县级建设行政主管部门的管理以为农民提供技术服务和指导作为主要工作方式。根据上述法律和相关规范意见的精神,农村三层(含三层以上)房屋不属于农民自建低层住宅,依法应纳入《建筑法》的调整范围,施工合同性质属于农村建房的建设工程施工合同,施工资质和施工质量等属于《建筑法》调整的范围。

实践中,农村建房合同纠纷较为复杂,主要诉因是拖欠建房工程价款、建房质量问题、工期拖延等,由于存在合同订立、履行不规范的情况,主要特点是市场监管缺失、没有合同或者约定不明、事实难以查清等,与一般的建设工程纠纷存在一定程度的区别。

第二节　建设工程质量争议

近年来随着我国房地产市场的快速发展,建设规模不断扩大,建设工程质量问题的争议也大量出现,由于涉及广大人民群众的生命安全,一些严重的质量问题往往引起社会的高度关注。我国《民法典》《建筑法》《建设工程质量管理条例》等法律法规,对建设工程的质量问题均作了严格的规定。实践中,建设工程质量争议大量出现,是建设工程合同纠纷案件中除工程价款纠纷外,产生争议最多的案件类型,也往往与建设工程价款纠纷相伴生。由于建设工程质量问题的专业技术性较强,通过司法鉴定认定质量问题和修复费用的情形较为普遍,往往当事人争议较大,成为建设工程合同纠纷处理中的一个热点难点。

一、建设工程质量的标准

建设工程的质量标准是建设工程合同的主要条款,一般由双方当事人在合同中进行明确约定,双方当事人均应受合同内容的约束。但是为保障建设工程的质量,国家对于建设工程的质量往往有明确的强制性安全标准。根据《标准化法》第 10 条第 1 款规定,对保障人身健康和生命财产安全、国家安全、生态环境安全以及满足经济社会管理基本需要的技术要求,应当制定强制性标准。根据《建筑法》第 52 条第 1 款规定,建筑工程勘察、设计、施工的质量必须符合国家有关建筑工程安全标准的要求,具体管理办法由国务院规定。由此,建设工程的质量标准可以分为约定标准和法定强制性标准。约定的标准中,一般主要是指合同设计文件的要求,有的还包括工程质量拟达到的奖项。当事人在建设工程合同中约定的质量标准,不能低于法定强制性安全标准。

国家法律、法规、部门规章、相关标准及技术规范等对工程质量的要求,属于法定质量标准。根据 2000 年发布的《实施工程建设强制性标准监督规定》第 3 条第 1 款的规定,工程建设强制性标准是指直接涉及工程质量、安全、卫生及环境保护等方面的工程建设标准强制性条文。在相关规定中,有些属于可由当事人自行选择适用的内容,属于推荐性标准,而工程建设的强制性标准是双方当事人必须遵守的最低标准。按照国家有关规定,保证结构安全和功能的标准大多数属强制性标准,对促进建筑活动健康发展、保障工程质量、安全具有重要意义。①

根据《民法典》第 799 条第 2 款规定,建设工程竣工经验收合格后,方可交付使用;未经验收或者验收不合格的,不得交付使用。这里的竣工验收应当达到的质量标准,既包括符合工程勘察设计文件的要求,也包括符合国家法律规定的验收规范。

二、建设工程质量纠纷产生的主要情形

建设工程质量纠纷的产生,主要是工程质量不合格导致不能通过工程质量验收而引发。也有一些纠纷,属于在承包方向发包方索要工程款时,在未进行竣工验收的情况下,通过司法鉴定确认工程质量是否合格或者是否符合合同要求而引发。

---

① 杜万华主编:《〈第八次全国法院民事商事审判工作会议(民事部分)纪要〉理解与适用》,人民法院出版社 2017 年版,第 472 页。

(一)工程质量不合格

主要是指施工单位完成的建设工程产品不符合工程勘察设计文件的要求或者不符合国家建筑工程质量验收标准及相关专业验收规范的规定,不能通过工程质量验收。在工程质量不满足相关规定时,可以进行返修返工处理,但仍然不能通过竣工验收的,就属于工程质量不合格。[①]

(二)没有达到约定标准

建设工程合同约定的标准有时高于国家法律规定的标准,比如双方约定建设工程需要获得一定奖项,如鲁班奖,因未达到该质量标准发生的争议,同工程质量不合格存在区别。只要工程质量合格就达到了发包人付款的条件,因此即使未达到合同约定的较高质量标准,发包人也不能以此为由拒绝支付工程款。至于工程质量没有达到合同约定的较高标准的问题,应由承包人承担施工质量未达到合同约定标准的违约责任,而无须承担修理、返工或者改建等质量缺陷责任。

(三)对他人造成损害

根据《民法典》第 802 条的规定,因承包人的原因致使建设工程在合理使用期限内造成人身损害和财产损失的,承包人应当承担赔偿责任。对由于建设工程质量出现问题,发生倒塌、脱落、倾斜等造成除建设工程本身质量问题以外的其他损失的,应当由责任人承担责任。属于承包人施工责任的,由承包人承担,属于勘察设计责任的,由勘察人、设计人承担。由于发包人提供的建筑构材料等出现问题引发的,由发包人承担。监理人未尽到监理职责的,也应承担相应责任。

三、建设工程质量纠纷的责任承担

建设工程质量问题产生的原因在实践中较为复杂,不同原因情形下承担责

---

① 常设中国建设工程法律论坛第八工作组:《中国建设工程施工合同法律全书:词条释义与实务指引》,法律出版社 2019 年版,第 701 页。

任的主体及责任承担方式也都存在差异,《民法典》《建筑法》区分不同情况作出了规定,具体情况如下:

(一)发包人

发包人承担建设工程质量责任的方式主要有两个方面:一是不享有拒绝支付工程款的权利;二是对于建设工程由于自身原因产生质量问题造成损害的,承担赔偿责任。

《民法典》第799条第1款规定:"建设工程竣工后,发包人应当根据施工图纸及说明书、国家颁发的施工验收规范和质量检验标准及时进行验收。验收合格的,发包人应当按照约定支付价款,并接收该建设工程。"

《最高人民法院关于审理建设工程施工合同纠纷案件适用法律问题的解释(一)》第13条规定:"发包人具有下列情形之一,造成建设工程质量缺陷,应当承担过错责任:(一)提供的设计有缺陷;(二)提供或者指定购买的建筑材料、建筑构配件、设备不符合强制性标准;(三)直接指定分包人分包专业工程。承包人有过错的,也应当承担相应的过错责任。"

《最高人民法院关于审理建设工程施工合同纠纷案件适用法律问题的解释(一)》第14条规定:"建设工程未经竣工验收,发包人擅自使用后,又以使用部分质量不符合约定为由主张权利的,人民法院不予支持;但是承包人应当在建设工程的合理使用寿命内对地基基础工程和主体结构质量承担民事责任。"

《建筑法》第80条规定:"在建筑物的合理使用寿命内,因建筑工程质量不合格受到损害的,有权向责任者要求赔偿。"

(二)承包人

根据《民法典》第577条的规定,当事人不履行合同义务或者履行合同义务不符合约定的,应当承担继续履行、采取补救措施或者赔偿损失等违约责任。承包人承担建设工程质量的主要有方式有:修理返工重建、承担修复费用、减少工程价款、赔偿财产损失和违约责任。此外,对于因修理或者返工、改建造成工期延误损失,施工人仍应承担。①

---

① 杜万华主编:《中华人民共和国民法典实施精要》,法律出版社2021年版,第640页。

根据《建筑法》第 58 条第 1 款的规定,建筑施工企业对工程的施工质量负责。根据《民法典》第 801 条的规定,因施工人的原因致使建设工程质量不符合约定的,发包人有权请求施工人在合理期限内无偿修理或者返工、改建。

根据《民法典》第 793 条的规定,建设工程施工合同无效的情况下,如果经修复后的建设工程经验收合格,发包人可以请求承包人承担修复费用。经修复后的建设工程经验收不合格的,承包人无权请求参照合同关于工程价款的约定折价补偿。如果工程质量不合格并非承包人的全部责任,发包人对因建设工程不合格造成的损失有过错的,应当承担相应的责任。

根据《最高人民法院关于审理建设工程施工合同纠纷案件适用法律问题的解释(一)》第 12 条的规定,因承包人的原因造成建设工程质量不符合约定,承包人拒绝修理、返工或者改建,发包人请求减少支付工程价款的,人民法院应予支持。

根据《民法典》第 802 条的规定,因承包人的原因致使建设工程在合理使用期限内造成人身损害和财产损失的,承包人应当承担赔偿责任。

根据《民法典》第 801 条的规定,因施工人的原因致使建设工程质量不符合约定的,发包人有权请求施工人在合理期限内无偿修理或者返工、改建。经过修理或者返工、改建后,造成逾期交付的,施工人应当承担违约责任。另外,对于承包人施工的工程虽然经竣工验收合格,但是未达到双方约定的较高质量标准的,应当承担违约责任。

(三)勘察、设计单位

根据《建筑法》第 56 条的规定,建筑工程的勘察、设计单位必须对其勘察、设计的质量负责。《建设工程质量管理条例》第 22 条第 1 款规定:“设计单位在设计文件中选用的建筑材料、建筑构配件和设备,应当注明规格、型号、性能等技术指标,其质量要求必须符合国家规定的标准。”

根据《民法典》第 800 条的规定,勘察、设计的质量不符合要求或者未按照期限提交勘察、设计文件拖延工期,造成发包人损失的,勘察人、设计人应当继续完善勘察、设计,减收或者免收勘察、设计费并赔偿损失。

根据《建设工程质量管理条例》第 24 条的规定,设计单位应当参与建设工程质量事故分析,并对因设计造成的质量事故,提出相应的技术处理方案。

(四)监理单位

根据《建设工程质量管理条例》第 36 条的规定,工程监理单位应当依照法律、法规以及有关技术标准、设计文件和建设工程承包合同,代表建设单位对施工质量实施监理,并对施工质量承担监理责任。

(五)分包与挂靠主体

根据《建筑法》第 55 条的规定,建筑工程实行总承包的,工程质量由工程总承包单位负责,总承包单位将建筑工程分包给其他单位的,应当对分包工程的质量与分包单位承担连带责任。

根据《最高人民法院关于审理建设工程施工合同纠纷案件适用法律问题的解释(一)》第 7 条的规定,缺乏资质的单位或者个人借用有资质的建筑施工企业名义签订建设工程施工合同,发包人请求出借方与借用方对建设工程质量不合格等因出借资质造成的损失承担连带赔偿责任的,人民法院应予支持。

(六)监管单位

根据《建筑法》第 79 条的规定,负责颁发建筑工程施工许可证的部门及其工作人员对不符合施工条件的建筑工程颁发施工许可证的,负责工程质量监督检查或者竣工验收的部门及其工作人员对不合格的建筑工程出具质量合格文件或者按合格工程验收……造成损失的,由该部门承担相应的赔偿责任。

(七)权利主体

根据《建筑法》第 80 条的规定,在建筑物的合理使用寿命内,因建筑工程质量不合格受到损害的,有权向责任者要求赔偿。

根据《建筑法》第 63 条的规定,任何单位和个人对建筑工程的质量事故、质量缺陷都有权向建设行政主管部门或者其他有关部门进行检举、控告、投诉。

四、建设工程的质量保修责任

建设工程质量保修制度,是指在建设工程办理竣工验收手续交付建设单位使用后,在法律规定或者合同约定的质量保修期内,除由于发包人等原因造成的质量缺陷外,由施工单位对工程缺陷负责进行维修的法律制度。根据《民法典》第795条的规定,质量保修范围和质量保证期,应作为施工合同的内容。建设工程质量保修责任的承担和保修金的支付问题,是建设工程质量纠纷中一种常见类型。

(一)承包单位是质量保修的责任主体

根据《建设工程质量管理条例》第39条的规定,建设工程实行质量保修制度。建设工程承包单位在向建设单位提交工程竣工验收报告时,应当向建设单位出具质量保修书。质量保修书中应当明确建设工程的保修范围、保修期限和保修责任等。《建设工程质量管理条例》第41条规定:"建设工程在保修范围和保修期限内发生质量问题的,施工单位应当履行保修义务,并对造成的损失承担赔偿责任。"

(二)建筑工程的质量保修范围

根据《建筑法》第62条的规定,建筑工程实行质量保修制度。建筑工程的保修范围包括地基基础工程、主体结构工程、屋面防水工程和其他土建工程,以及电气管线、上下水管线的安装工程,供热、供冷系统工程等项目;保修的期限应当按照保证建筑物合理寿命年限内正常使用,维护使用者合法权益的原则确定。具体的保修范围和最低保修期限由国务院规定。

(三)质量保修金的返还

根据《建设工程质量保证金管理办法》第2条第1、2款的规定,本办法所称建设工程质量保证金(以下简称保证金)是指发包人与承包人在建设工程承包合同中约定,从应付工程款中预留,用以保证承包人在缺陷责任期内对建设工程出现的缺陷进行维修的资金。缺陷是指建设工程质量不符合工程建设强制性标准、设计文件以及承包合同的约定。对于质量保修金的返还条件,《最高人民法院关于审理建设工程施工合同纠纷案件适用法律问题的解释(一)》第17条进行了专门具体规定,符合以下情形的质量保证金予以返还,但不影响承包人根据合同约定或者法律规定履行工程保修义务。

(1)当事人约定的工程质量保证金返还期限届满。

(2)当事人未约定工程质量保证金返还期限的,自建设工程通过竣工验收之日起满2年。

(3)因发包人原因建设工程未按约定期限进行竣工验收的,自承包人提交工程竣工验收报告90日后当事人约定的工程质量保证金返还期限届满;当事人未约定工程质量保证金返还期限的,自承包人提交工程竣工验收报告90日后起满2年。

(四)不履行质量保修责任的法律后果

根据《建筑法》第75条的规定,建筑施工企业违反本法规定,不履行保修义务或者拖延履行保修义务的,责令改正,可以处以罚款,并对在保修期内因屋顶、墙面渗漏、开裂等质量缺陷造成的损失,承担赔偿责任。

根据《最高人民法院关于审理建设工程施工合同纠纷案件适用法律问题的解释(一)》第18条第1款的规定,因保修人未及时履行保修义务,导致建筑物毁损或者造成人身损害、财产损失的,保修人应当承担赔偿责任。

根据《最高人民法院关于审理建设工程施工合同纠纷案件适用法律问题的解释(一)》第18条第2款的规定,保修人与建筑物所有人或者发包人对建筑物毁损均有过错的,各自承担相应的责任。

第三节　建设工程工期争议

建设工程工期,是指建设项目或单项工程在建设过程中耗用的时间,即从开工起到完成承包合同约定的全部工程内容,达到竣工验收标准所经历的时间,通常以天数计算。根据是否扣除停工天数计算划分,工期可以分为日历工期和实际工期。实际工期是从全部日历天数中扣除节假日未施工的天数及因设计、材料、气候等原因停工的天数,对于分析工期定额的情况具有实际意义。而日历工期对于双方的权利义务产生直接影响,一般承包合同约定采用日历工期。

一、合理工期的认定

根据《民法典》第795条的规定，建设工期一般应当在施工合同进行规定。根据《建设工程质量管理条例》第10条第1款的规定，建设工程发包单位，不得任意压缩合理工期。而对于合理工期的认定没有统一的标准。

实践中，由于国家法律、行政法规和部门规章对合理工期都没有作出明确规定，各地结合实际对于合理工期进行了规范。较多规范意见主要参考工期定额，规定在一定比例范围内压缩为合理工期，但各省市规定的比例存在一定差异，大体上为10%～30%。建筑安装工程工期定额，是依据国家建筑工程质量检验评定标准施工及验收规范有关规定，结合各施工条件，本着平均、经济合理的原则制定的。工期定额是编制施工组织设计、安排施工计划和考核施工工期的依据，是编制招标标底，投标标书和签订建筑安装工程合同的重要依据。但是定额工期与合同工期并不存在直接的约束关系，一般情况下合同工期都要短于定额工期。

二、开工日期和竣工日期

工期的计算，首先需要明确开工日期和竣工日期。为明确纠纷解决标准、统一裁判尺度，《最高人民法院关于审理建设工程施工合同纠纷案件适用法律问题的解释（一）》第8、9条对于在当事人不能形成一致意见的情况下，开工日期和竣工日期的判断进行了专门规定，具体内容如下：

（一）开工日期

1. 开工日期为发包人或者监理人发出的开工通知载明的开工日期；开工通知发出后，尚不具备开工条件的，以开工条件具备的时间为开工日期；因承包人原因导致开工时间推迟的，以开工通知载明的时间为开工日期。

2. 承包人经发包人同意已经实际进场施工的，以实际进场施工时间为开工日期。

3. 发包人或者监理人未发出开工通知，亦无相关证据证明实际开工日期的,应当综合考虑开工报告、合同、施工许可证、竣工验收报告或者竣工验收备案表等载明的时间,并结合是否具备开工条件的事实,认定开工日期。

(二)竣工日期

1. 建设工程经竣工验收合格的,以竣工验收合格之日为竣工日期;

2. 承包人已经提交竣工验收报告,发包人拖延验收的,以承包人提交验收报告之日为竣工日期;

3. 建设工程未经竣工验收,发包人擅自使用的,以转移占有建设工程之日为竣工日期。

三、工期顺延

建设工期属于建设工程合同的实质性内容,经过招投标程序确定建设工期后,发包人与承包人不得另行签订压缩工期的协议,签订的协议改变中标合同实质性内容的,对双方当事人不具有约束力。但是建设工程属于继续性合同,履行期限长、情况变化大,工期顺延具有专业性、复杂性、动态性。为防止出现发包人利用优势地位,对承包人申请工期顺延签证不予处理的情况。对于合同中约定顺延工期应当经发包人或者监理人签证等方式确认的,有些情况下承包人虽未取得工期顺延的确认,但能够证明顺延事由符合合同约定,而且在合同约定的期限内向发包人或者监理人申请过工期顺延的,应当认定工期顺延。实践中,工期顺延的认定主要有以下情形:

(一)工程量增加、设计变更导致顺延

对于工程量增加、设计变更以及其他法定情形,经发包人签证确认,相应顺延,不存在争议。对于未取得签证确认,但能够证明在合同约定的办理期限内向发包人申请过工期顺延的,也应当进行相应顺延。由于工程量清算往往在工程后期进行,承包人有权就工期增加的内容提出工期补偿。主要的考虑因素是工程变更对工期的影响,具体可以根据施工进度计划、暂停施工指示、复工指示、变更指示、变更图纸和说明、工期顺延申请书面通知及签收资料、往来信函等分析判断。

（二）发包人未履行协助义务

对于发包人逾期支付工程进度款、未按约定提供甲供材、提供的甲供材不符合强制性标准、未提供施工场地或设计图纸及其他资料手续、发包人自行分包的工程延误等情形，导致承包人停工窝工，承包人催告后发包人逾期仍不履行的，应顺延工期。这里需要注意的是，迟延支付工程款属于发包人违约，其承担责任包括支付利息等。不应直接把迟延支付进度款的时间，认定为工期顺延的时间，而是应当具体问题具体分析，根据迟延支付工程款对工期的影响、承包人未申请工期顺延的理由是否合理等进行综合判断。

（三）客观原因

对于不利物质条件、异常气候条件、不可抗力发生造成的施工停止，应当根据实际情况认定工期是否进行相应顺延。可能影响工期的具体情况如下：

1. 出现隧道掘进遇瓦斯等不可预见的自然物质条件、非自然的物质障碍和污染物。

2. 出现发掘文物、古迹等具有地质研究或考古价值的遗迹、化石、钱币等物品。

3. 出现台风、寒潮、雷雨大风、强降水等异常气候。

4. 出现地震、海啸、瘟疫、骚乱、戒严暴动、战争等不可抗力。

5. 出现环保令、国家重大活动采取的政府管制。

（四）解决争议质量的时间

建设工程竣工前，当事人对工程质量发生争议，工程质量经鉴定合格的，鉴定期间为顺延工期期间。

第四节　建设工程价款结算争议

建设工程的价款同工程质量、工期等，都是建设工程合同应当包含的基本内容。根据《建筑法》第 18 条规定，建筑工程造价应当按照国家有关规定，由发包单位与承包单位在合同中约定。公开招标发包的，其造价的约定，须遵守招标投标法律的规定。发包单位应当按照合同的约定，及时拨付工程款项。根据《招投标法实施条例》第 57 条的规定，价款为建设工程合同的主要条款之一，属于合同的实质性内容。基于建设工程项目建设的复杂性，工程价款往往在订立合同时难以确定具体明确的数额，而是约定一定的计价方式，由于黑白合同、工程量变化、违约等因素叠加，建设工程价款作为当事人权利义务核心内容的结算问题，属于建设工程合同争议中涉及的最基本领域，一直以来都是纠纷化解中的一个重点。

一、结算的合同依据

建设工程合同纠纷案件中，发包方和承包方往往签订多份合同，对于工程的价款作出不同约定，采信哪一份合同作为工程结算的依据，直接影响工程价款数额的认定。因此，工程价款结算合同的判断，属于价款争议的基础问题。

（一）合同效力对工程款结算合同认定的影响

在合同有效的前提下，应根据双方签订的合同进行价款结算。由于建设工程较多采用招投标方式，当事人之间存在数份有效合同的情况比较少见，随着招投标范围的大幅缩减，在非必招标工程项目合同中，发包人与同一承包人或者与不同的承包人签订合同的情况会逐渐显现。由于建设工程合同具有承揽合同的性质，判断的主要依据是实际履行的合同。

根据《民法典》第 793 条第 1 款的规定，建设工程施工合同无效，但建设工程经竣工验收合格，承包人可以请求参照合同约定折价补偿，承包人请求按照其他标准进行结算的，原则上不应支持。对于承包人提供的鉴定意见等能够证明工程质量合格的，也可以请求参照合同约定的价款计算方式折价补偿。这是由建设工程施工合同的特殊性所决定的，建设工程施工过程中，承包人将劳务物化到建设工程中，建筑材料也使用到建设工程中，虽然施工合同无效，但是发包人实际取得了承包人建设的工程项目成果，并经竣工验收合格，无法适用于合同无效的返还原则，只能折价补偿。按照何种标准折价补偿，相对来说参照合同约定更能尊重当事人的真实意思。

(二)多份合同无效时的结算依据

由于建设工程合同的效力对于工程款结算产生一定程度的影响,因此对于合同效力的认定,往往是解决价款争议的首要问题。

对于多份合同均无效的情况下,建设工程价款结算应参照的合同依据问题,根据《最高人民法院关于审理建设工程施工合同纠纷案件适用法律问题的解释(一)》第24条的规定,建设工程质量合格,一方当事人可以请求参照实际履行的合同关于工程价款的约定折价补偿承包人。实际履行的合同难以确定的,当事人可以请求参照最后签订的合同关于工程价款的约定折价补偿承包人。实际履行的合同,需要根据结算报告、审核报告、付款凭证、会议纪要、往来信函等证据,进行认定。(详见本书第三章第五节“黑白合同”的认定与处理)

二、工程结算价款或折价补偿款

支付工程款是发包人的主要合同义务,对于建设工程合同而言,合同有效应当按照合同约定支付工程价款。合同无效,建设工程质量合格的,可以参照合同约定认定折价补偿的数额。这样有利于保证工程质量,符合当事人真实意思、平衡双方利益。还可以适当简化程序减少诉累,便于法院掌握施行。[①] 具体情形如下:

(一)合同约定固定价款

建设工程合同中明确约定工程量增减不影响建设工程的造价,即固定价款,除工程造价低于成本价等情形外,应当根据合同约定认定结算价款。

(二)合同约定以一定结算文件作为结算依据

1. 文件合同明确约定发包人收到竣工验收结算报告后,在约定期限没有答复,视为认可竣工结算文件的,施工人举证证明结算文件已经按要求交付或相

---

① 黄薇主编:《中华人民共和国合同编释义》,法律出版社2020年版,第669页。

关人员已经签收结算文件未答复的,应按照送审价进行结算。

2. 合同有按照第三方审计进行结算的明确约定;一方已经委托有资质的第三方进行审核并经双方认可,或者双方当事人已经完成工程价款结算,结算结果已经双方签字认可时,应按照第三方审计进行结算。

3. 合同明确约定以审计、行政主管部门的审计结论作为工程造价结算依据;有关部门出具了有效的审计结论等证据的,应以审计确定工程造价。但是,合同没有明确约定的,不得以相关审计意见作为发包方和承包方之间结算工程价款的依据。

(三)合同约定以一定计价方式作为认定工程价款依据

由双方当事人根据约定的标准确定价款,当事人不能协商确定,一般可通过申请鉴定的方式认定工程价款的数额。

(四)对计价标准约定不明确

1. 合同未对计价标准作出约定,或难以认定双方计价标准的,可以按照定额进行确认。

2. 按定额标准确认,可能发生利益严重失衡的,可以按照签订合同时或实际施工时行政主管部门发布的计价标准进行认定。通常情况下,以施工时的市场价格标准认定工程价款更为接近实际。

(五)建设工程造价鉴定

对于通过发包方承包方在建设工程的合同约定以及相关补充协议、结算资料等,不能直接认定工程价款的,可由当事人申请通过委托鉴定的方式进行。工程造价司法鉴定,是建设工程价款认定中的一个重要问题,较多案件通过司法鉴定的方式确定工程价款。关于工程造价鉴定的常见情形,笔者将在建设工程鉴定部分进行更为详细的阐述。

三、工程量

在建设工程施工合同履行中,由于设计变更等原因,经常发生工程量的变化，由此影响了工程价款数额的确认。对于工程量的确认，除双方签订的建设工程施工合同外，双方对于合同履行中的具体工程量、工程施工事务协商确认的签证，往往是证明工程量的主要证据。另外，一些涉及工程量的会议纪要、双方往来信函等书面文件，也属于判断施工工程量的合同依据。

1. 根据《最高人民法院关于审理建设工程施工合同纠纷案件适用法律问题的解释(一)》第 19 条第 2 款的规定，因设计变更导致建设工程的工程量或者质量标准发生变化，当事人对该部分工程价款不能协商一致的，可以参照签订建设工程施工合同时当地建设行政主管部门发布的计价方法或者计价标准结算工程价款。

2. 当事人对工程量有争议的，按照施工过程中形成的签证等书面文件确认。承包人能够证明发包人同意其施工，但未能提供签证文件证明工程量发生的，可以按照当事人提供的其他证据确认实际发生的工程量。工程量一般应由施工人进行举证，具体内容包括招投标文件等施工前约定，工程量清单、签证、图纸等施工过程中产生的文件以及施工后形成的结算报告等，用以证明工程项目的施工主体。

3. 发包人对工程量不认可或认为存在甩项、减项、工程未完工时，应提供相应施工合同及签证等证据，用以证明该部分工程项目不属于主张权利的承包人施工。

四、工程款利息

如果发包人未按合同约定支付工程款，就会产生迟延支付利息的问题。当事人在诉讼中，经常就利息的支付时间、标准等问题发生争议。对于迟延支付工程款利息的法律性质，在性质上属于法定孳息，是基于一定的法律关系而产生的收益。[①] 从目前对于建设工程价款利息的规定来看，利息对工程价款具有附随性，在合同无效的情况亦不排除计取，具有法定孳息的特点，不适用过错

---

① 王利明：《债法总则》，中国人民大学出版社 2016 年版，第 55 页。

原则。[①]

1. 利息从应付工程价款之日计付。建设工程是一种特殊的商品，工程交付对方就应当付款，欠款就产生利息。当事人对付款时间没有约定或约定不明的，工程已经交付的，实际交付之日为应付款时间；没有交付的，提交竣工结算文件之日为应付款之日；没有交付的，工程价款也未结算的，起诉之日为应付款之日。

2. 利息执行约定或银行贷款利息。当事人对欠付工程款利息计价标准有约定的，按照约定处理；没有约定的，按照人民银行发布的同期同类贷款利息处理。自 2019 年 8 月 20 日起，按同期全国银行同业拆借中心公布的贷款利率计算。

3. 垫资款及其利息应按照双方约定进行返还，但是约定利息高于人民银行发布的同期同类利率的部分除外。对垫资没有约定的，按工程欠款处理；对利息没有约定的，承包人请求支付利息的，不予支持。

五、已付及应扣款项

由于建设工程施工合同履行周期长，情况复杂，在付款过程中，经常出现向第三人付款、以借款的形式支付进度款、折抵工程借款、以房抵债等情况，需要结合履约实际情况，予以合理确认。

1. 对于已付工程款及其他应扣款项，对方当事人没有异议的可以直接确认，有异议部分根据另行提供的付款凭证、领款单、取款记录、领款人授权文件等补充资料进行确认。

2. 通过有关付款或扣款意思表示的证据，如请款单、承兑汇票领取记录等，结合收款人是否是合同相对人、交易对象是否具有表见代理外观、双方是否存在特殊的付款习惯等证据，确定该款项是否纳入已付款范畴。

3. 代付社保金、以房抵款、代付材料款、垫付民工工资款项是建设工程施工合同中常见的应予抵扣的事项，应根据合同约定，结合支付证据进行认定。

① 最高人民法院民法典贯彻实施工作领导小组主编：《中华人民共和国民法典合同编理解与适用》，人民法院出版社 2020 年版，第 1969 页。

第五节　建设工程价款优先受偿权纠纷

建设工程价款优先受偿权是指在建设工程竣工以后，发包人未按照约定支付价款，承包人对其承包的建设工程，通过折价、拍卖等方式而获得的价款优先受偿权利。[①] 我国《民法典》第807条规定："……发包人逾期不支付的，除根据建设工程的性质不宜折价、拍卖外，承包人可以与发包人协议将该工程折价，也可以请求人民法院将该工程依法拍卖。建设工程的价款就该工程折价或者拍卖的价款优先受偿。"

由于当前建筑市场仍然存在着较多发包人拖欠承包人工程款的现象，导致承包人资金运转困难，甚至不能足额支付工资和报酬。在承包方出现债务危机的情况下，建设工程价款优先受偿权作为一种优先于抵押权和一般金钱债务的权利，引发更多争议并进入诉讼领域。

一、法律性质

根据《最高人民法院关于审理建设工程施工合同纠纷案件适用法律问题的解释(一)》第36条的规定，承包人根据《民法典》第807条规定享有的建设工程价款优先受偿权优于抵押权和其他债权。关于承包人建设工程价款优先受偿权的法律性质，主要有三种观点，即不动产留置权说、法定抵押权说和法定优先权说。

根据目前法律规定，建设工程价款优先受偿权属于法定抵押权的认识更符合我国的立法实际。具体理由如下：

第一，承包人完成的建设工程为不动产，而留置权以动产为标的物，建设工程价款优先受偿权本身来源与工程本身属于发包方所有承包方不宜占有控制有关，留置权理论可能造成承包人拒不交付所施工工程的局面，不利于建筑市

---

① 王利明：《合同法研究》(第3卷)，中国人民大学出版社2015年版，第484页。

场的稳定和交易秩序。

第二，无论是《物权法》还是《民法典》物权编，均未规定建设工程价款优先受偿权的物权效力，该权利不具有抵押权的物权属性和公示作用。

第三，对于建设工程价款优先受偿权的内容仍然在《民法典》合同编中规定，不以占有或者登记为公示要件，而且属于应当予以优先保护的权利。所以，建设工程承包人的工程价款优先受偿权的法律性质属于法定优先权的理解，更符合我国当前的法律规定。

二、权利主体

（一）与发包人存在直接合同关系的承包人享有优先权

合法承包人享有向发包人主张建设工程价款优先权，符合一般的合同法原则，二者之间具有直接的合同关系，承包人履行合同义务进行了施工，即具有行使优先权的主体资格。《最高人民法院关于审理建设工程施工合同纠纷案件适用法律问题的解释（一）》第 35 条规定，与发包人订立建设工程施工合同的承包人，依据《民法典》第 807 条的规定请求其承建工程的价款就工程折价或者拍卖的价款优先受偿的，人民法院应予支持。值得注意的是，该条司法解释并未排除无效合同的承包人享有优先权。

（二）装饰装修合同的施工人享有优先权

装饰装修工程属于建设工程，可以适用《民法典》第 807 条关于优先受偿权的规定。《最高人民法院关于审理建设工程施工合同纠纷案件适用法律问题的解释（一）》第 37 条规定，装饰装修工程具备折价或者拍卖条件，装饰装修工程的承包人请求工程价款就该装饰装修工程折价或者拍卖的价款优先受偿的，人民法院应予支持。该规定明确了装饰装修合同的施工人可以作为主张建设工程价款优先受偿权的主体，但应以工程具备折价或者拍卖条件为前提。

（三）转包、违法分包关系的实际施工人不享有优先权

转包，是指承包单位承包建设工程后，不履行合同约定的责任和义务，将其

承包的全部建设工程转给他人或者将其承包的全部建设工程肢解以后以分包的名义分别转给其他单位承包的行为。转包属于无效的法律行为。分包,是指承包人在承包工程后,将其承包范围内的部分工程项目交给第三人完成的行为。分包从法律的角度上分为合法分包和违法分包。对于实际施工人是否享有建设工程价款优先受偿权的问题,根据《最高人民法院关于审理建设工程施工合同纠纷案件适用法律问题的解释(一)》第35条的规定,与发包人订立建设工程施工合同的承包人,依据《民法典》第807条的规定请求其承建工程的价款就工程折价或者拍卖的价款优先受偿的,人民法院应予支持。因此,建设工程价款优先受偿权系归属于承包人的权利,原则上只能由承包人享有。

(四)发包人明知借用资质的施工人享有优先权

挂靠,是指单位或个人以其他有资质的施工单位的名义,承揽工程的行为。对于挂靠人是否享有建设工程价款优先受偿权的主体资格问题,目前审判实践中存在不同观点,至少应分以下两种情形。一种情形是在发包人明知挂靠事实,被挂靠人仅为名义上的合同相对方,可以认定挂靠人与发包人之间达成合意,直接成立建设工程施工合同关系。挂靠人取得承包人的法律地位,具有主张优先受偿权的主体资格。另一种情形是发包人对挂靠行为不知情,挂靠人应仅可根据合同相对性向被挂靠人主张权利,因而不享有对发包人的工程价款优先受偿权。

(五)勘察人、设计人、监理人等主体不享有优先权

根据《建设工程质量管理条例》(已经过两次修订)和《建设工程安全生产管理条例》的规定,建设工程包括土木工程、建筑工程、线路管道和设备安装工程及装修工程。狭义的建设工程不包括工程勘察、设计和工程监理。建设工程的勘察人、设计人、监理人,并非建设工程的施工主体,对于在建设合同中产生的勘察、设计、监理等应付价款,可以通过拒绝交付劳动成果等方式完成,不存在基于不动产统一利用,必须交付劳动成果的情形,对该类技术性债权的保护,也与施工人的投入及生存权益保护存在一定程度区别,其对于建设工程的增值部分亦较难确定,因此,不应作为建设工程价款优先受偿权的权利主体。

三、债权范围

《最高人民法院关于审理建设工程施工合同纠纷案件适用法律问题的解释(一)》第40条规定,承包人建设工程价款优先受偿的范围依照国务院有关行政主管部门关于建设工程价款范围的规定确定。承包人就逾期支付建设工程价款的利息、违约金、损害赔偿金等主张优先受偿的,人民法院不予支持。由此,建设工程价款优先受偿权的债权范围应限定在工程价款。

(一)成本、利润和税金

根据原建设部《建设工程施工发包与承包价格管理暂行规定》第5条的规定,建设工程价款由成本(直接成本、间接成本)、利润(酬金)和税金构成,对于人工费、材料费、施工机具使用费、企业管理费、规费、利润、税金等,属于目前国务院行政主管部门关于建设工程价款范围的规定,《民法典》第807条保护的客体是建设工程的全部价款,也就是承包人完成工程建设的对价。[①] 工程利润是工程款的组成部分,应当属于优先权的受偿范围。

(二)停工窝工损失

对于停工窝工损失经过双方签证确认,属于工程价款范围的,应计入工程造价,故可以主张优先权。但是对于未经双方签证,承包人以停工窝工损失为由,主张发包人因违约造成的损失,且承包人并未实际支出的款项,不应计入工程造价,亦不能纳入优先权行使的范围。

(三)预期可得利润

预期利润,是指承包人承揽工程所要达到的效益目的,属于预期收益。作为商业利润的一种,与其他债权人的利润在性质上并无区别,不具有优先受偿的权利基础。因此,承包人的预期利润不应纳入建设工程优先权所涵盖的工程

---

① 中国建设工程法律评论第四工作组编著:《建设工程优先受偿权》,法律出版社2017年版,第21~22页。

款债权范围。

（四）逾期支付工程款的利息

工程款的利息不属于工程价款，在性质上接近于发包人因违约给承包人造成的损失。建设工程价款优先受偿权对于各方当事人的利益影响较大，应注意利益保护的平衡，在已经将承包人利润纳入优先权保护范围的情况下，不宜再将利息纳入优先受偿的范围。

（五）履约保证金、违约金、赔偿金

履约保证金，是指工程发包人为防止承包人在合同履行过程中违反合同约定，并弥补发包人因此造成的损失而要求承包人交纳的一定数目的金钱，是债的担保方式，不属于工程款范畴，也不是承包人基于建设工程施工实际支出的费用，不应纳入优先权保护范围。违约金、赔偿金等在性质上属于承包人因发包人违约所造成的损失，不属于工程价款的范畴，也不是承包人在建设工程上的投入，应排除在优先受偿范围之外。《最高人民法院关于审理建设工程施工合同纠纷案件适用法律问题的解释（一）》第 40 条规定："承包人建设工程价款优先受偿的范围依照国务院有关行政主管部门关于建设工程价款范围的规定确定。承包人就逾期支付建设工程价款的利息、违约金、损害赔偿金等主张优先受偿的，人民法院不予支持。"

四、行使条件

建设工程价款优先受偿权作为一种法定优先权，对涉及纠纷当事人的利益具有较大影响，为确保交易的稳定和利益平衡，需在一定条件下方能行使。在建设工程质量合格的情况下，在合理期限内能够对可以拍卖的工程行使，但应限于承包人施工工程的增值部分。发包人和承包人之间对优先权放弃和限制的约定，应以不损害建筑工人利益为前提。

（一）建设工程质量合格

建设工程优先权的行使应以建设工程质量合格作为前提条件。对此，《最高人民法院关于审理建设工程施工合同纠纷案件适用法律问题的解释(一)》第38条规定,建设工程质量合格,承包人请求其承建工程的价款就工程折价或者拍卖的价款优先受偿的,人民法院应予支持。建设工程质量合格,是指经相关部门组织竣工验收,或者相关机构进行工程质量检测,做出符合国家建筑工程质量标准的结论。[①] 值得注意的是,根据《最高人民法院关于审理建设工程施工合同纠纷案件适用法律问题的解释(一)》第39条的规定,未竣工的建设工程,质量合格的,承包人也享有建设工程价款优先受偿权。

(二)在合理期限内行使

根据《最高人民法院关于审理建设工程施工合同纠纷案件适用法律问题的解释(一)》第41条的规定,承包人应当在合理期限内行使建设工程价款优先受偿权,但最长不得超过18个月,自发包人应当给付建设工程价款之日起算。对于建设工程价款优先受偿权的行使期限问题,司法解释最终确定以应付工程价款的时间为基准日,建设工程优先受偿权的行使,是其变价权与优先受偿权的实现程序,以建设工程价款符合支付条件为前提。为促进和约束权利人主张权利,保护相对方和其他债权人的利益,规定了最长不得超过18个月的期限,该期限与诉讼时效不同,不适用中止、中断和延长。如果承包人在发包人应付工程价款18个月后再主张权利的,则应认定该权利已经归于消灭。

(三)工程可以折价拍卖

不宜折价拍卖的建设工程,应当理解为法律禁止流通物。包括公有物,如国家机关办公的房屋建筑物及军事设施;公用物,如公共道路、桥梁、机场港口,及公共图书馆、博物馆等。经政府有关主管部门认定为违法建设并作出处罚决定予以限期拆除或没收建设物、构筑物的,不得主张建设工程价款优先受偿权。

(四)限于施工工程价值

建设工程价款优先受偿权所指向的标的物,应该是承包人施工所完成的工

---

① 最高人民法院民事审判第一庭编著:《最高人民法院建设工程施工合同司法解释(二)理解与适用:条文·释义·原理·实务》,人民法院出版社2019年版,第396页。

程，分包人在分包范围内完成的工程或投入，装饰装修工程应限定在建筑物因装饰装修而增加价值的范围。值得强调的是，我国实行"房地一体主义"，如果承包人行使工程款的优先受偿权，房地是一体拍卖的，对于土地这一部分价值，承包方没有任何的投入，其价值不应该作为建设工程优先受偿权的客体。[①] 就此，优先权实现过程中的土地使用权转移是确定的，只不过建设工程价款优先受偿权只能在建筑物的价值范围内行使。

五、优先效力

优先权具有优先性，其在效力上优先于普通债权。对于建设工程价款优先受偿权的对抗效力，主要有以下几个方面：

（一）关于消费者权利保护

消费者交付购买商品房的全部或者大部分款项后，承包人就该商品房享有的工程价款优先受偿权不得对抗买受人。这种做法主要考虑消费者购买商品房生存的权利，同时还关系到社会的稳定；而承包人的权利主要还是一种经营利益，与劳动者利益并不等同，不能凌驾于消费者利益之上。[②]

（二）关于抵押权和其他债权

《最高人民法院关于审理建设工程施工合同纠纷案件适用法律问题的解释（一）》第 36 条规定，承包人根据《民法典》第 807 条规定享有的建设工程价款优先受偿权优于抵押权和其他债权。在审判实践中，优先受偿权的实现主要是在拍卖建设工程的价款中进行优先受偿。

（三）在破产分配中的顺位

由于目前《破产法》及相关司法解释未对建设工程价款优先受偿权在债权

---

① 杜万华主编、最高人民法院民事审判第一庭编：《民事审判指导与参考》（总第 62 辑），人民法院出版社 2020 年版，第 294 页。

② 梁慧星：《裁判的方法》，法律出版社 2003 年版，第 135 ~ 136 页。

受偿顺位中进行明确。按照《企业破产法》应当遵守“尊重非破产法规范”的原则,在破产分配中,建设工程优先权不能对抗已交付购买商品房的全部或者大部分款项的消费者的权利,但优于抵押权人及其他债权人。同时,根据权利优先的比较,对于在抵押权人以及债务清偿顺位之后的债权,建设工程价款优先权所涉及的工程债权应当优先受偿。

第六节　建设工程的司法鉴定

建设工程合同案件事实认定较为复杂,往往需要借助司法鉴定对工程造价、质量缺陷、修复费用、停工窝工损失等予以确定。受各种因素影响,当事人对鉴定意见采信的争议较大。因此,建设工程施工合同案件需要进行司法鉴定委托时,应当严格执行工程造价、工程质量等鉴定程序的启动条件,尊重合同中有关工程价款结算方法、标准的约定内容,防止以鉴代审。

一、司法鉴定的启动

(一)举证期限届满前提出鉴定申请

根据《最高人民法院关于适用〈中华人民共和国民事诉讼法〉的解释》第121条第1、3款的规定,当事人申请鉴定,可以在举证期限届满前提出。申请鉴定的事项与待证事实无关联,或者对证明待证事实无意义的,人民法院不予准许。符合依职权调查收集证据条件的,人民法院应当依职权委托鉴定,在询问当事人的意见后,指定具备相应资格的鉴定人。

人民法院在审理案件过程中认为待证事实需要通过鉴定意见证明的,应当向当事人释明,并指定提出鉴定申请的期间。符合人民法院依职权调查收集证据规定情形的,人民法院应当依职权委托鉴定。

(二)应当在人民法院指定期间内申请鉴定,并预交鉴定费用

逾期不提出申请或者不预交鉴定费用的,视为放弃申请。对需要鉴定的待证事实负有举证责任的当事人,在人民法院指定期间内无正当理由不提出鉴定申请或者不预交鉴定费用,或者拒不提供相关材料,致使待证事实无法查明的,应当承担举证不能的法律后果。

一审诉讼中负有举证责任的当事人未申请鉴定,虽申请鉴定但未支付鉴定费用或者拒不提供相关材料,二审诉讼中申请鉴定,人民法院认为确有必要的,应当依照《民事诉讼法》第 177 条第 1 款第 3 项“原判决认定基本事实不清的,裁定撤销原判决,发回原审人民法院重审,或者查清事实后改判”的规定处理。

(三)鉴定范围合理限定

当事人对部分案件事实有争议的,仅对有争议的事实进行鉴定,但争议事实范围不能确定,或者双方当事人请求对全部事实鉴定的除外。

(四)法院关于鉴定的释明

当事人对工程造价、质量、修复费用等专门性问题有争议,人民法院认为需要鉴定的,应当向负有举证责任的当事人释明。

二、司法鉴定资料的提交

(一)法院根据申请确定鉴定事项

根据《最高人民法院关于审理建设工程施工合同纠纷案件适用法律问题的解释(一)》第 33 条的规定,人民法院准许当事人的鉴定申请后,应当根据当事人申请及查明案件事实的需要,确定委托鉴定的事项、范围、鉴定期限等,并组织当事人对争议的鉴定材料进行质证。

(二)鉴定资料确认

鉴定资料较多的,人民法院可以先行组织当事人对资料进行核对,确定无

争议的资料和有争议的资料，由双方当事人对核对结果进行书面确认，再由人民法院组织当事人对于有争议的资料进行质证。

（三）鉴定资料质证

人民法院应当组织当事人对鉴定材料进行质证。未经质证的材料，不得作为鉴定的根据。经人民法院准许，鉴定人可以调取证据、勘验物证和现场、询问当事人或者证人。

（四）工程造价鉴定资料范围

一般应包括：(1)招投标文件；(2)施工合同；(3)施工图纸或竣工图纸(附电子版)；(4)开工、竣工报告；(5)工作联系单；(6)签证、设计变更、会议纪要、隐蔽工程验收记录等相关资料；(7)结算资料；(8)施工单位资质证书；(9)需要提交的其他材料。当事人申请鉴定但拒不提供相关材料的，应当承担举证不能的法律后果。

三、司法鉴定的主要类型

（一）工程造价鉴定

1. 不应当进行工程造价鉴定的情形

当事人申请工程造价司法鉴定，经审查有下列情形之一的，不予准许鉴定。(1)当事人已就工程款数额协商一致并形成结算协议；(2)当事人约定按照固定价结算工程价款(超出合同约定的部分除外)；(3)当事人诉前已经共同委托鉴定并出具了鉴定意见，明确表示受该咨询意见约束，但有充分证据推翻的除外；(4)人民法院根据当事人提交的证据可以直接认定工程款数额；(5)当事人约定，发包人收到竣工结算文件后，在约定期限内不予答复，视为认可竣工结算文件的，按照约定根据竣工结算文件结算工程价款。

2. 计价标准的确定

对于建设工程价款的计价标准争议，在纠纷处理中较为高发。比较突出的是，在双方存在数份合同的情况下，如何确定哪份作为计价依据。从总体上而言,在数份合同存在计价标准冲突的情况下,主要原则是首先判断合同的效力,一般情形下,双方履行的有效合同应当作为认定价款的标准。其次,在数份合同均无效的情况下,以实际履行的合同作为判断标准。实际履行的合同难以确定的,参照最后签订的合同作为鉴定折价补偿的依据。对于双方没有合同约定,或者约定不明确,以及因设计变更导致建设工程的工程量或者质量标准发生变化,当事人对该部分工程价款不能协商一致的,可以参照签订建设工程施工合同时当地建设行政主管部门发布的计价方法或者计价标准结算工程价款。必要时,也可以允许鉴定机构采用两种或多种计价方式出具鉴定意见,以便于最终审查判定。

3. 施工量的确认

当事人对工程量有争议的,按照施工过程中形成的签证等书面文件确认。承包人能够证明发包人同意其施工,但未能提供签证文件证明工程量发生的,可以按照当事人提供的其他证据确认实际发生的工程量。当事人对承包人实际施工范围和项目存在争议的,人民法院和鉴定机构应当通过施工资料以及组织双方当事人勘验现场予以确定。如争议工程属于施工图纸范围内,发包人主张由其另行分包施工的,应由发包人提供相关证据证明。

(二)工程质量鉴定

1. 发包人主张工程质量不符合合同约定,应当提交初步证据证明,否则一般应由发包人向人民法院申请鉴定,但承包人主张工程价款时,无工程质量合格证明的除外;根据初步证据能够证明质量不符合合同约定的,应当由承包人申请鉴定。建设工程经竣工验收合格,承包人要求发包人支付工程价款,发包人以工程质量提出抗辩并要求对工程进行质量鉴定的,人民法院一般不予准许,但涉及地基基础工程和主体结构质量的除外。对于缺乏建设用地规划许可证、建设工程规划许可证、国有土地使用权证的“三无”工程,发包人主张工程存在质量问题申请鉴定的,人民法院一般不予准许。

2. 合同约定的质量标准高于国家规定的强制性标准,应当以合同约定的质量标准作为鉴定依据;合同约定的质量标准低于国家规定的强制性标准,应当依据国家规定的强制性标准进行鉴定。委托鉴定机构对建设工程质量进行鉴定,在确定鉴定事项时不应仅要求鉴定人作出质量合格或不合格的鉴定意见,应当根据案件审理需要要求鉴定人对质量是否符合施工图设计文件以及相关标准、技术文件以及造成质量问题的原因和责任作出鉴定意见。

3. 对于工程存在质量缺陷,经有资质的鉴定机构确定修复方案后,可以委托鉴定机构根据鉴定时施工当地建设行政主管部门制定的工程计价依据计算修复加固费用。

(三)停工窝工损失鉴定

1. 对于可以通过工程联系单、签证、函件等证据能够确认窝工损失赔偿数额,或者根据合同约定的赔偿标准认定。上述情形外的,可以按照定额根据停工窝工的时间进行计算。[①] 能够通过证据认定赔偿数额的,一般不予鉴定。

2. 对于窝工损失司法鉴定,一般可以鉴定下列费用:(1)保护、保管暂停施工部分的工程或全部工程的费用;(2)由于暂停施工而引起的、必需的安全费用;(3)项目经理部人员的工资及进入施工现场生产工人的工资;(4)由于暂停施工而引起的需延期租赁的施工机械和施工机具租赁费用;(5)暂停施工部分的工程复工所必需的准备费用。

3. 窝工损失,原则上仅以实际发生额为限。对于现场机械设备费用损失,可以参考设备租赁合同和租赁费用支付凭证;对于工人工资损失,可以参考现场人员名单及工资发放凭证,相关材料可以经监理工程师确认。工资标准无法确定的,可以套定额计价。

四、对鉴定意见书的审查

(一)送达

人民法院收到鉴定意见书后,应当及时将副本送达当事人。当事人对鉴定意见书的内容有异议的,应当在指定期限内以书面方式提出。对于当事人的异议,应当责令鉴定人作出解释、说明或者补充。人民法院认为有必要的,可以依职权要求鉴定人进行解释、说明和补充。

---

① 杜万华主编:《中华人民共和国民法典实施精要》,法律出版社2021年版,第636页。

（二）质证

鉴定报告应当开庭质证，未经质证的鉴定意见不具有证据效力。当事人对鉴定意见有异议或者人民法院认为鉴定人有必要出庭的，人民法院应当在开庭3日前通知鉴定人出庭，接受当事人质询和人民法院询问。鉴定人拒不出庭作证的。鉴定意见不得作为认定案件事实的依据。当事人可以申请有专门知识的专家辅助人就案件中有关专业问题进行对质，审判人员和当事人也可以对专家辅助人进行询问，专家辅助人发表的意见属于当事人陈述，应当结合其他证据才能发挥事实证明作用。[①] 人民法院应当听取当事人质证意见及鉴定人意见，并结合其他相关证据进行审查，依法对双方争议事项作出认定。

（三）鉴定人鉴定资格的审查

依据《民事诉讼法》第79条规定，依当事人申请或人民法院指定就工程质量或工程造价进行鉴定，鉴定人应当具备鉴定资格。人民法院审核鉴定人是否具有鉴定资格，应当注重审核以下几个方面：一是鉴定人应当取得工程质量或工程造价鉴定的业务许可文件；二是按照行业主管部门规定，鉴定人实行资质等级管理模式的，鉴定人的资质等级应当等于或大于鉴定事项所需资质；三是主管部门规定特定专业鉴定事项，如水利工程、民航、信息产业等，需要特定资质的，鉴定人应当具备相应资质；四是造价工程师等鉴定人员应当通过全国统一执业资格考试并取得执业注册证书。

（四）鉴定意见书的主要内容审查

鉴定意见书一般应当载明以下内容：（1）委托人名称、委托鉴定的内容；（2）委托鉴定的资料；（3）鉴定的依据原理、方法及使用的科学技术手段；（4）对鉴定过程的说明；（5）明确的鉴定意见；（6）鉴定机构及鉴定人执业范围、鉴定资格情况；（7）对当事人争议事项的说明；（8）承诺书；（9）需要说明的其他情况。建设工程鉴定书应当由鉴定机构盖章，并由具有相关专业鉴定资质的两名

---

① 最高人民法院民事审判第一庭编著：《最高人民法院新民事诉讼证据规定理解与适用》，人民法院出版社2020年版，第733页。

及以上参加现场勘验和鉴定的专业技术人员签名并盖章。

(五)鉴定意见书未完成的认定

根据《最高人民法院关于人民法院民事诉讼中委托鉴定审查工作若干问题的规定》第 11 条的明确规定,对于下列情形,视为未完成委托鉴定事项,应当要求鉴定人补充鉴定或重新鉴定。具体内容为:(1)鉴定意见和鉴定意见书的其他部分相互矛盾的;(2)同一认定意见使用不确定性表述的;(3)鉴定意见书有其他明显瑕疵的。对于补充鉴定或者重新鉴定仍不能完成委托鉴定事项的,应当责令鉴定人退回已经收取的鉴定费用。

(六)重新鉴定

当事人对鉴定意见有异议申请重新鉴定,存在下列情形之一的,人民法院应予准许:鉴定机构或鉴定人员不具备相应的鉴定资格,或者鉴定机构超出执业范围鉴定的;鉴定程序严重违法;鉴定人应当回避而未回避的;鉴定意见不完整、不确定且无法通过补充鉴定的方式解决的;鉴定人在鉴定过程中存在违法行为,影响鉴定意见准确性的;其他严重影响鉴定意见中立性、公正性或科学性的情形。

对有缺陷的鉴定意见,可以通过补充鉴定、重新质证或者补充质证的方法解决的,不予重新鉴定。

第七节　建设工程合同的缔约过失责任与违约责任

一、建设工程合同的缔约过失责任

《民法典》第 500 条规定:“当事人在订立合同过程中有下列情形之一,造成对方损失的,应当承担赔偿责任:(一)假借订立合同,恶意进行磋商;(二)故意隐瞒与订立合同有关的重要事实或者提供虚假情况;(三)有其他违背诚信原则的行为。”建设工程施工合同的缔约过失责任,是指当事人在订立合同过程中,因违背诚实信用原则而给对方造成损失的赔偿责任,是以诚信原则为基础的民事责任。[①] 合同无效或被撤销,亦应承担缔约过失责任。

承包人未取得建筑业企业资质或者超越资质等级,没有资质的实际施工人借用有资质的建筑施工企业名义,建设工程必须进行招标而未招标或者中标无效,承包人因转包、违法分包建设工程与他人签订的建设工程施工合同,应当依据《民法典》第153条第1款及第791条第2、3款的规定,认定无效。对于勘察、设计等合同,亦因不具有相应的资质等级或违反法律、行政法规的效力性规定等原因导致合同无效。

对于实施以上行为给对方或者其他当事人造成损害的,依法承担赔偿责任。双方当事人均有过错的,按照各自的过错承担责任或者减轻对方的责任。招标文件要求中标人提交履约保证金的,中标人应当提交。中标人不履行与招标人订立的合同的,履约保证金不予退还,给招标人造成的损失超过履约保证金数额的,还应当对超过部分予以赔偿;没有提交履约保证金的,应当对招标人的损失承担赔偿责任。

二、建设工程施工合同的违约责任方式

(一)发包人违约的主要情形

1. 发包人未能按合同约定提供图纸或所提供的图纸不符合合同约定。

2. 发包人未能按合同约定提供施工现场、施工条件、基础资料、许可、批准等开工条件。

3. 发包人未能在计划开工日期之日起7天内同意下达开工通知。

4. 发包人未能按合同约定日期支付工程预付款、进度款。

5. 发包人提供的主要建筑材料、建筑构配件和设备不符合强制性标准或者不履行协助义务,致使承包人无法施工。

6. 不按照合同约定接收工程。

---

① 黄薇主编:《中华人民共和国合同编释义》,法律出版社2020年版,第90页。

(二)承包人违约的主要情形

1. 主体资格问题。根据《招标投标法》第 48 条第 1、2 款的规定,中标人应当按照合同约定履行义务,完成中标项目。中标人不得向他人转让中标项目,也不得将中标项目肢解后分别向他人转让。中标人按照合同约定或者经招标人同意,可以将中标项目的部分非主体、非关键性工作分包给他人完成。接受分包的人应当具备相应的资格条件,并不得再次分包。实践中主要有挂靠、转包、违法分包等类型。

2. 工程质量违约。根据《建筑法》第 58 条的规定,建筑施工企业对工程的施工质量负责,必须按照工程设计图纸和施工技术标准施工,不得偷工减料。工程质量问题包括符合国家强制性标准和合同约定标准。对于导致不能竣工验收的,影响承包人支付工程款的请求权。对于不符合合同约定更高质量标准的,应当按照违约处理。

3. 工期违约。建设工程的工期是指建设项目从开工起到完成承包合同约定的全部工程内容,达到竣工验收标准所经历的时间。具体计算方式为开工日期与竣工日期之间的时间,扣除工期顺延的时间。施工时间超过合同约定的,为工期违约。

4. 其他违约。由于建设工程合同内容较为复杂,除质量、工期外,还有其他涉及违约的情形,有些建设工程合同中还进行了专门的约定,违反这些约定的行为,包括没有及时交付工程资料及开具发票,考核罚款、未及时发放工人工资引起纠纷等,一般构成违约。

(三)责任方式

1. 对方享有合同解除权。根据《民法典》第 806 条第 1、2 款的规定,承包人将建设工程转包、违法分包的,发包人可以解除合同。发包人提供的主要建筑材料、建筑构配件和设备不符合强制性标准或者不履行协助义务,致使承包人无法施工,经催告后在合理期限内仍未履行相应义务的,承包人可以解除合同。

2. 继续履行或者承担履行费用。根据《民法典》第 801 条的规定,因施工人的原因致使建设工程质量不符合约定的,发包人有权请求施工人在合理期限内无偿修理或者返工、改建。经过修理或者返工、改建后,造成逾期交付的,施工人应当承担违约责任。对于已完工的工程不能通过竣工验收的，施工人无权要求支付工程款。

当事人一方不履行债务或者履行债务不符合约定，根据债务的性质不得强制履行的，对方可以请求其负担由第三人替代履行的费用。

3. 顺延工期。因发包人原因导致承包人停工窝工，承包人催告后发包人逾期仍不履行的，应顺延工期。

4. 支付违约金。根据《民法典》第 585 条的规定，当事人可以约定一方违约时应当根据违约情况向对方支付一定数额的违约金，也可以约定因违约产生的损失赔偿额的计算方法。约定的违约金低于造成的损失的，人民法院或者仲裁机构可以根据当事人的请求予以增加；约定的违约金过分高于造成的损失的，人民法院或者仲裁机构可以根据当事人的请求予以适当减少。当事人就迟延履行约定违约金的，违约方支付违约金后，还应当履行债务。

5. 赔偿损失。根据《民法典》第 583、584 条的规定，当事人一方不履行合同义务或者履行合同义务不符合约定的，在履行义务或者采取补救措施后，对方还有其他损失的，应当赔偿损失。当事人一方不履行合同义务或者履行合同义务不符合约定，造成对方损失的，损失赔偿额应当相当于因违约所造成的损失，包括合同履行后可以获得的利益；但是，不得超过违约一方订立合同时预见到或者应当预见到的因违约可能造成的损失。

三、建设工程合同的索赔

（一）赔偿损失的基本原则

根据《民法典》的相关规定，合同纠纷案件中，赔偿损失的主要原则如下：

1. 当事人一方不履行合同义务或者履行合同义务不符合约定的，在履行义务或者采取补救措施后，对方还有其他损失的，应当赔偿损失。

2. 当事人一方不履行合同义务或者履行合同义务不符合约定，造成对方损失的，损失赔偿额应当相当于因违约所造成的损失，包括合同履行后可以获得的利益；但是，不得超过违约一方订立合同时预见到或者应当预见到的因违约可能造成的损失。

3. 对于损害行为应当采取减少损害措施而未采取的,对扩大的损失承担责任。当事人一方违约后,对方应当采取适当措施防止损失的扩大;没有采取适当措施致使损失扩大的,不得就扩大的损失请求赔偿。

4. 当事人因防止损失扩大而支出的合理费用,由违约方负担。

(二)停工窝工损失索赔

1. 根据《民法典》第 803 条的规定,发包人未按照约定的时间和要求提供原材料、设备、场地、资金、技术资料的,承包人可以顺延工程日期,并有权请求赔偿停工、窝工等损失。发包人的主要义务是支付工程款,但建设工程合同履行期限长、涉及事项多,履行阶段发包人还应承担相应的合同义务及协助义务。无论是发包人提供的原材料不符合合同要求、还是迟延履行提供义务等,都有可能导致承包人工期延误,甚至造成停工窝工损失。

2. 根据《民法典》第 804 条的规定,因发包人的原因致使工程中途停建、缓建的,发包人应当采取措施弥补或者减少损失,赔偿承包人因此造成的停工、窝工、倒运、机械设备调迁、材料和构件积压等损失和实际费用。按照"谁主张、谁举证"的原则,承包人应当对其遭受的损失承担举证责任。实践中认定损失的方式主要有四种:一是索赔签证认定的损失数额;二是根据合同约定的标准进行计算;三是参照合同履行地的市场价格和实际损失数额进行计算;四是委托鉴定机构进行鉴定。①

3. 根据《民法典》第 805 条的规定,因发包人变更计划,提供的资料不准确,或者未按照期限提供必需的勘察、设计工作条件而造成勘察、设计的返工、停工或者修改设计,发包人应当按照勘察人、设计人实际消耗的工作量增付费用。另外,如果发包人的违约行为造成勘察人、设计人财产损失或者人身损害的,发包人应当赔偿损失。

(三)质量问题索赔

1. 根据《最高人民法院关于审理建设工程施工合同纠纷案件适用法律问题

---

① 最高人民法院民法典贯彻实施工作领导小组主编:《中华人民共和国民法典合同编理解与适用》,人民法院出版社 2020 年版,第 2023 页。

的解释(一)》第12条的规定,因承包人的原因造成建设工程质量不符合约定,承包人拒绝修理、返工或者改建,发包人请求减少支付工程价款的,人民法院应予支持。

2. 根据《建筑法》第66条的规定,建筑施工企业转让、出借资质证书或者以其他方式允许他人以本企业的名义承揽工程的,对因该项承揽工程不符合规定的质量标准造成的损失,建筑施工企业与使用本企业名义的单位或者个人承担连带赔偿责任。

3. 根据《建筑法》第67条的规定,承包单位将承包的工程转包的,对因转包工程或者违法分包的工程不符合规定的质量标准造成的损失,与接受转包或者分包的单位承担连带赔偿责任。

4. 根据《民法典》第800条的规定,勘察、设计的质量不符合要求或者未按照期限提交勘察、设计文件拖延工期,造成发包人损失的,勘察人、设计人应当继续完善勘察、设计,减收或者免收勘察、设计费并赔偿损失。勘察人、设计人的违约责任一般有两种违约行为,一种是迟延履行,一种是瑕疵履行。如果勘察人、设计人提交的合同成果不符合要求,导致工程质量安全事故或者其他事故的,勘察人、设计人应当采取补救措施,通过所投责任保险向发包人承担赔偿责任,或者根据损失大小向发包人支付赔偿金。①

5. 根据《民法典》第802条的规定,在建筑物的合理使用寿命内,因建筑工程质量不合格受到损害的,有权向责任者要求赔偿。包括施工人、勘察人、设计人等各方主体。

6. 根据《最高人民法院关于审理建设工程施工合同纠纷案件适用法律问题的解释(一)》第18条的规定,因保修人未及时履行保修义务,导致建筑物毁损或者造成人身损害、财产损失的,保修人应当承担赔偿责任。保修人与建筑物所有人或者发包人对建筑物毁损均有过错的,各自承担相应的责任。

(四)工期索赔

在发包人有证据证明承包人存在工期延误的情况下,主张赔偿工期延误给发包人造成损失的情况较为多见。一般情况下,双方会在建设工程合同中约定

---

① 杜万华主编:《中华人民共和国民法典实施精要》,法律出版社2021年版,第647页。

一定数额的工期违约金,或者约定工期延误损失的计算方法。如果没有约定违约金,或者约定违约金不足以弥补损失的,发包人一般主张赔偿损失。实践中,由于工期延误造成损失的认定较为复杂,损失认定范围存在较大争议。比较突出的是,因为迟延竣工造成作为开发商的发包方迟延履行商品房交付义务,发包方向购房者支付一定数额的违约金或者赔偿损失。

由于发包方造成工期延误的,承包人有权请求顺延工期。建设工程合同中一般会约定发包人原因、监理人员原因、客观条件变化、不可抗力等非承包人原因作为工期顺延的理由。实务中,除对相关签证进行审查外,还需对承包方是否提出了顺延工期申请,以及是否符合建设工程合同约定的工期顺延情形进行实质性审查。

(五)合同无效情形下的索赔

根据《民法典》第157条的规定,民事法律行为无效、被撤销或者确定不发生效力后,行为人因该行为取得的财产,应当予以返还;不能返还或者没有必要返还的,应当折价补偿。有过错的一方应当赔偿对方由此所受到的损失;各方都有过错的,应当各自承担相应的责任。法律另有规定的,依照其规定。

根据建设工程施工合同的特点,《最高人民法院关于审理建设工程施工合同纠纷案件适用法律问题的解释(一)》第6条规定:"建设工程施工合同无效,一方当事人请求对方赔偿损失的,应当就对方过错、损失大小、过错与损失之间的因果关系承担举证责任。损失大小无法确定,一方当事人请求参照合同约定的质量标准、建设工期、工程价款支付时间等内容确定损失大小的,人民法院可以结合双方过错程度、过错与损失之间的因果关系等因素作出裁判。"

这里需要关注的是,对于合同无效造成的损失,应当按照合同法律制度的一般原则进行认定,结合损失的发生、当事人的过错、因果关系等进行分析判断。除此之外,建设工程施工合同无效损失赔偿原则的显著特点是,在合同无效的情况下,无过错方就其实际损失请求赔偿时,如果损失大小难以确定的,可以参照无效合同约定的质量标准、建设工期、工程款支付时间等内容确定。这样处理并非是将无效合同有效处理,而是寻找一种符合建设工程施工合同特点的损失赔偿计算方式,由于合同约定是双方签约时对施工合同核心内容的真实意思表示,参照该约定可以避免当事人因合同无效而获得比合同有效额外的利益。[①]

第八节　建设工程合同争议的法律解决途径

建设工程合同纠纷是民商事纠纷中一个相对比较复杂的纠纷类型,为应对日益凸显的各类矛盾纠纷,我国建立了和解、仲裁、诉讼等解纷机制,其中仲裁和诉讼是当前最为主要的两种解决争议的法律途径。另外,随着我国多元解纷机制的不断完善,达成调解协议后申请人民法院司法确认也是解决纠纷的一种合理选择。

一、仲裁

(一)仲裁的定义

仲裁是一种在世界范围内被普遍认可的与诉讼并行的纠纷解决方式,[②]指发生争议的双方当事人,根据其在争议发生前或争议发生后所达成的协议,自愿将该争议提交中立的第三者进行裁判的争议解决制度和方式。[③]

在现行法律体系中,我国有多部法律、行政法规对仲裁作出规定,其中有三部专门的法律,一是1994年发布2017年第二次修正的《仲裁法》,对平等主体的公民、法人和其他组织之间的合同纠纷和其他财产权益纠纷的仲裁作出了规定。二是2007年发布的《劳动争议调解仲裁法》对用人单位与劳动者之间发生的劳动争议纠纷作出了规定。三是2009年发布的《农村土地承包经营纠纷调

---

① 最高人民法院民法典贯彻实施工作领导小组主编:《中华人民共和国民法典合同编理解与适用》,人民法院出版社2020年版,第1948页。

② 最高人民法院民事诉讼法修改研究小组编著:《〈中华人民共和国民事诉讼法〉修改条文理解与适用》,人民法院出版社2012年版,第535页。

③ 江伟、肖建国主编:《仲裁法》,中国人民大学出版社,2009年版,第11页。

解仲裁法》,对农村土地承包经营纠纷的仲裁作出了规定。对于建设工程合同纠纷争议而言,解决纠纷是指第一种《仲裁法》规定的仲裁方式。

(二)仲裁范围

根据《仲裁法》第 2 条规定,平等主体的公民、法人和其他组织之间发生的合同纠纷和其他财产权益纠纷,可以仲裁。对于依法应当由行政机关处理的行政争议,不属于平等主体之间民事关系,因而不属于仲裁的范围。而婚姻、收养、监护、扶养、继承纠纷,往往涉及当事人不能自由处分的身份关系,因此也不能纳入仲裁调整的范围。建设工程合同属于平等民事主体之间的合同纠纷,属于可以约定仲裁的纠纷争议范围。

申请仲裁需要满足以下两个条件:(1)当事人之间订立仲裁协议。仲裁协议既是当事人授权仲裁机构解决争议的依据,也是排除法院司法管辖权的依据。因此,当事人之间订有仲裁协议是当事人申请仲裁的必要前提。(2)有具体的仲裁请求和事实、理由。即具有申请人请求仲裁保护的合法权益和要求被申请人履行实体义务的具体内容。

另外,当事人达成的仲裁协议无效时,一方当事人可以向人民法院起诉。

(三)仲裁的主要特点

1. 体现自愿原则。或裁或审是尊重当事人选择解决争议途径的制度。根据《仲裁法》的相关规定,仲裁程序中充分体现了当事人自愿,主要内容包括:仲裁方式解决争议需要双方协议约定、仲裁机构由双方选择、当事人有权选择仲裁庭部分成员等。

2. 裁决具有法律效力。仲裁裁决作出后,一方当事人不履行的,另一方当事人可以依照《民事诉讼法》的有关规定向人民法院申请执行,由此仲裁裁决书具有法律约束力。另外,仲裁庭主持下形成的调解书与裁决书,具有同等法律效力。

3. 一裁终局。即裁决一旦作出,就发生法律效力,没有上诉程序,一般也不能再向法院起诉。在裁决被人民法院依法裁定撤销或者不予执行时,当事人可以重新达成的仲裁协议申请仲裁,也可以向人民法院起诉。

4. 不公开审理。为保护当事人的商业秘密,仲裁从庭审到裁决都不公开,可以有效减少争议对于当事人的不利影响。

5. 独立。仲裁委员会不隶属于行政机关，仲裁委员会之间也不具有隶属关系，仲裁不实行级别管辖和地域管辖。仲裁由仲裁庭独立进行，不受其他任何机构和个人的干涉。

（四）仲裁的撤销和不予执行

当事人提出证据，证明裁决有下列情形之一的，可以向仲裁委员会所在地的中级人民法院申请撤销该仲裁裁决。在仲裁执行中，有同样情形的，人民法院对该仲裁裁决可以裁定不予执行：

（1）当事人在合同中没有订有仲裁条款或者事后没有达成书面仲裁协议的；

（2）裁决的事项不属于仲裁协议的范围或者仲裁机构无权仲裁的；

（3）仲裁庭的组成或者仲裁的程序违反法定程序的；

（4）裁决所根据的证据是伪造的；

（5）对方当事人向仲裁机构隐瞒了足以影响公正裁决的证据的；

（6）仲裁员在仲裁该案时有贪污受贿，徇私舞弊，枉法裁决行为的；

（7）人民法院认定该裁决违背社会公共利益的。

二、民事诉讼

（一）民事诉讼的范围和任务

民事诉讼是刑事、行政、民事三大诉讼的基本类型之一。根据《民事诉讼法》第 3 条的规定，人民法院受理公民之间、法人之间、其他组织之间以及他们相互之间因财产关系和人身关系提起的民事诉讼，适用本法的规定。民事诉讼既包括法院依法进行的审判活动，也包括当事人和其他诉讼参与人依法进行的诉讼活动。

根据《民事诉讼法》第 2 条的规定，民事诉讼法的任务是保护当事人行使诉讼权利，保证人民法院查明事实，分清是非，正确适用法律，及时审理民事案件，确认民事权利义务关系，制裁民事违法行为，保护当事人的合法权益，教育公民自觉遵守法律，维护社会秩序、经济秩序，保障社会主义建设事业顺利进行。

（二）民事诉讼的受理和管辖

平等主体的公民之间、法人之间、其他组织之间以及他们相互之间因财产关系和人身关系提起的诉讼，属于民事诉讼。对于建设工程合同纠纷而言，向人民法院起诉时，还应当具体符合《民事诉讼法》第 122 条规定的起诉条件：(1)原告是与本案有直接利害关系的公民、法人和其他组织；(2)有明确的被告；(3)有具体的诉讼请求和事实、理由；(4)属于人民法院受理民事诉讼的范围和受诉人民法院管辖。

民事诉讼实行级别管辖、地域管辖、专属管辖制度。根据《民事诉讼法》第 34 条的规定，因不动产纠纷提起的诉讼，由不动产所在地人民法院管辖。对于建设工程合同中的施工合同而言，应当由建设工程所在地的人民法院管辖。对于建设工程勘查、设计、监理等纠纷，则没有严格的规定。根据《民事诉讼法》第 35 条的规定，合同或者其他财产权益纠纷的当事人可以书面协议选择被告住所地、合同履行地、合同签订地、原告住所地、标的物所在地等与争议有实际联系的地点的人民法院管辖，但不得违反本法对级别管辖和专属管辖的规定。

在当事人没有合同约定的情形下，因合同纠纷提起的诉讼，由被告住所地或者合同履行地人民法院管辖。同一诉讼的几个被告住所地、经常居住地在两个以上人民法院辖区的，各人民法院都有管辖权。

（三）民事诉讼的审级

我国法院体系有最高人民法院、高级人民法院、中级人民法院、基层人民法院四级，诉讼案件实行两审终审。根据《民事诉讼法》第 10 条的规定，人民法院审理民事案件，依照法律规定实行两审终审制度。地方各级法院对于按照管辖的规定对由其审判的第一审案件作出判决或裁定以后，若当事人不服，可以在法定期限内向上一级法院提起上诉；上一级法院有权受理针对下一级法院第一审判决或裁定不服的上诉或抗诉，改变或维持第一审法院的判决或裁定。上级法院的第二审判决、裁定，是终审判决、裁定，当事人不得上诉。

对于部分诉讼案件，根据《民事诉讼法》第 165 条的规定，基层人民法院和它派出的法庭审理事实清楚、权利义务关系明确、争议不大的简单金钱给付民事案件，标的额为各省、自治区、直辖市上年度就业人员年平均工资 50% 以下的,实行一审终审。这类诉讼在建设工程合同中较为少见。另外,对于非诉讼民事案件适用一审终审,主要包括人民法院适用特别程序、督促程序、公示催告程序审理的案件。

对于人民法院作出的二审判决,根据《民事诉讼法》第206条的规定,当事人对已经发生法律效力的判决、裁定,认为有错误的,可以向上一级人民法院申请再审;当事人一方人数众多或者当事人双方为公民的案件,也可以向原审人民法院申请再审。当事人申请再审的,不停止判决、裁定的执行。

对于人民法院驳回再审申请和逾期未对再审申请作出裁定的,当事人可以向人民检察院申请检察建议或者抗诉。

(四)民事诉讼的特点

1. 强制性。强制性是公权力的重要属性。只要原告起诉符合民事诉讼法规定的条件,无论被告是否愿意,诉讼均会发生。当事人不自动履行生效裁判所确定的义务,法院可以依法强制执行。

2. 程序性。民事诉讼是依照法定程序进行的诉讼活动,无论是法院还是当事人和其他诉讼参与人,都需要按照民事诉讼法设定的程序实施诉讼行为,违反诉讼程序常常会引起一定的法律后果。

3. 公开性。法院审理民事案件,除法律另有规定外,其审理过程和判决宣告一律公开。公开的内容,包括审理开庭前的公告、开庭、法庭调查、法庭辩论以及判决宣判的公开。

三、仲裁与诉讼的联系和区别

(一)仲裁与诉讼的联系

1. 仲裁裁决的一方当事人如不自愿履行义务,权利人需向法院提出申请,由法院审查后进行强制执行。发现符合法律规定不予执行情形的,可以裁定不予执行。

2. 仲裁裁决作出后6个月内,当事人可以向仲裁委员会所在地的中级人民法院申请撤销裁决,人民法院经组成合议庭审查核实裁决法定撤销情形之一的,应当裁定撤销。

人民法院受理撤销裁决的申请后,认为可以由仲裁庭重新仲裁的,通知仲裁庭在一定期限内重新仲裁,并裁定中止撤销程序。仲裁庭拒绝重新仲裁的,人民法院应当裁定恢复撤销程序。

3. 当事人达成仲裁协议,一方向人民法院起诉未声明有仲裁协议,人民法院受理后,另一方在首次开庭前提交仲裁协议的,人民法院应当驳回起诉,但仲裁协议无效的除外;另一方在首次开庭前未对人民法院受理该案提出异议的,视为放弃仲裁协议,人民法院应当继续审理。

4. 仲裁程序中,当事人申请财产保全的,仲裁委员会应当将当事人的申请依照民事诉讼法的有关规定提交人民法院。当事人申请证据保全的,仲裁委员会应当将当事人的申请提交证据所在地的基层人民法院。

(二)仲裁与诉讼的区别

1. 管辖权的取得不同。仲裁由仲裁委受理,民事诉讼由法院受理。一旦合同双方约定选择仲裁解决合同纠纷,就不能到法院再进行诉讼。诉讼过程中,一方当事人需要向有管辖权的法院起诉,法院依法受理后,另一方必须应诉。而到仲裁委员会申请仲裁,则必须要有仲裁协议。法院存在级别管辖、地域管辖等规定,比如建设工程施工合同纠纷,应当按照不动产纠纷管辖原则进行判断,而仲裁则可以由当事人选择确定。

2. 审理组织的组成方式不同。案件审理的合议庭成员由人民法院指定,当事人一般无权进行选择,而仲裁当事人有权选定仲裁员。

3. 案件处理标准不同。法院严格以法律为审理案件的标准,法院适用法律不当会导致判决的错误。仲裁机构的审理标准更为灵活,依据事实不违反法律规定即可,仲裁裁决则可按仲裁规则或当事人的约定,根据"公平正义原则""商业习惯"等作出,甚至可以在裁决中不说明理由。

4. 公开性不同。民事诉讼案件审理一般公开进行,只有某些涉及国家机密或个人隐私的案件,可以不公开审理,判决书全部公开。仲裁庭审理案件一般不公开进行。

5. 裁判机制不同。民事诉讼四级法院两审终审,对已经发生法律效力的判决,发现确有错误,可适用审判监督程序。我国仲裁委员会则实行一裁终局制,并适用有限的司法监督。

四、调解协议的司法确认

司法确认案件是指对涉及当事人之间的民事权利义务纠纷，经行政机关、人民调解组织、商业调解组织、行业调解组织或者其他具有调解职能的组织调解，达成具有民事合同性质的协议后，由双方当事人共同到人民法院申请确认调解协议法律效力的案件类型。[①] 这里的调解是指在中立第三方调解组织的主持下，促使争议双方当事人之间就纠纷达成调解协议的纠纷解决方式。与审判和仲裁的最大区别在于，调解人员没有权利和义务对争议事项作出判断和决定。

（一）构成要素

1. 双方当事人在调解组织主持下达成调解协议；
2. 管辖法院为调解组织所在地的基层人民法院或人民法庭；
3. 需由双方共同提出申请；
4. 提起时间是在调解协议生效之日起30日内。

当事人申请司法确认调解协议，应当提供调解协议、调解组织主持调解的证明，以及与调解协议相关的财产权利证明等材料，并提供双方当事人的身份、住所、联系方式等基本信息。

（二）受理范围

根据《最高人民法院关于适用〈中华人民共和国民事诉讼法〉的解释》第357条第1款的规定，当事人申请司法确认调解协议，有下列情形之一的，人民法院裁定不予受理：（1）不属于人民法院受理范围的；（2）不属于收到申请的人民法院管辖的；（3）申请确认婚姻关系、亲子关系、收养关系等身份关系无效、有效或者解除的；（4）涉及适用其他特别程序、公示催告程序、破产程序审理的；（5）调解协议内容涉及物权、知识产权确权的。根据上述规定，建设工程合同案件的司法确认，需要到有管辖权的人民法院申请，不得超出民事诉讼的受理范

---

① 沈德咏主编、最高人民法院修改后民事诉讼法贯彻实施工作领导小组编著：《最高人民法院民事诉讼法司法解释理解与适用》，人民法院出版社2015年版，第919页。

围,且不能涉及破产等特别程序,也不涉及物权、知识产权等确权纠纷。

(三)调解的主要路径

1. 建设工程施工合同的当事人在诉讼外,经人民调解组织、行政调解组织、行业调解组织、商事调解组织等调解后,达成协议到法院申请确认。

2. 在立案前,由人民法院委派有关调解组织进行调解,达成协议。

3. 立案后,人民法院把案件委托给特邀调解组织或特邀调解员进行调解,达成协议。

(四)司法确认的审查

根据《最高人民法院关于适用〈中华人民共和国民事诉讼法〉的解释》第360条的规定,调解协议有下列情形之一的,人民法院应当裁定驳回申请:

(1)违反法律强制性规定的;

(2)损害国家利益、社会公共利益、他人合法权益的;

(3)违背公序良俗的;

(4)违反自愿原则的;

(5)内容不明确的;

(6)其他不能进行司法确认的情形。

(五)法律效力

人民法院作出确认调解协议有效的裁定,具有法律执行力。当一方当事人未按照裁定履行义务时,对方当事人可以向人民法院申请强制执行。同时,由于司法确认的程序保障程度较弱,司法确认调解协议所依据的事实很可能并非纠纷的真实情况,为避免确认错误对将来的诉讼造成不利影响,不宜赋予确认裁定积极意义的既判力。同时,在人民法院作出驳回申请裁定时,也没有赋予当事人上诉的权利。[①] 当事人可以另行达成调解协议,或者通过仲裁、诉讼程序主张权利。

---

① 沈德咏主编、最高人民法院修改后民事诉讼法贯彻实施工作领导小组编著:《最高人民法院民事诉讼法司法解释理解与适用》,人民法院出版社2015年版,第952页。